Regine Schneider

Gefühle lügen nicht

Die Intelligenz der Emotionen

Fischer Taschenbuch Verlag

Veröffentlicht im Fischer Taschenbuch Verlag GmbH,
Frankfurt am Main, Dezember 1999

Lizenzausgabe mit Genehmigung
des Wolfgang Krüger Verlages GmbH, Frankfurt am Main
© Wolfgang Krüger Verlag, Frankfurt am Main 1997
Druck und Bindung: Clausen & Bosse, Leck
Printed in Germany
ISBN 3-596-14628-3

Inhalt

Vorwort

Wir leben in einer Kultur, in der wir die Bedeutung des Gefühlslebens und ihre Signale aus den Augen verloren haben. In Zeiten von Wissenschaftsgläubigkeit, Forschung und Technik, von Internet und Cyberspace, hat der Verstand ein derartiges Übergewicht bekommen, daß vielen Menschen der Kontakt zu ihren Gefühlen abhanden gekommen ist. Wir haben das Leben aus dem Bauch verlernt. Und wir leiden darunter. Denn wer seine Gefühle nicht wahrnimmt oder ihnen nicht traut, dem fehlt der wichtigste Kompaß im Leben.

Wir aber leben in einer »Gut-drauf-Gesellschaft« und haben unsere Emotionen unter einem Berg von Urteilen, Ge- und Verboten begraben, sie eingeteilt in gute und schlechte, in erwünschte und unerwünschte Gefühle, anstatt sie insgesamt zu achten und als Wegweiser wertzuschätzen. Wir haben uns eingepfercht in eine enge Definition dessen, welche Gefühle gezeigt werden dürfen, weil sie als »normal« gelten.

Doch unsere Gefühle haben eine eigene Logik und eine eigene Wahrheit, man kann sagen, eine eigene Intelligenz. Sie machen uns darauf aufmerksam, ob wir mit oder gegen unser Naturell leben. Die gesamte Gefühlspalette gehört zu einem kompletten Leben dazu.

Viele Menschen sind mit ihren Emotionen durchaus in Tuchfühlung, aber sie trauen ihren Wahrnehmungen nicht. Weil sie eine Idealvorstellung davon haben, wie sie sein müßten. Zu sehr schielen wir darauf, wie wir uns fühlen sollten, anstatt, wie wir uns wirklich fühlen. Ganz deutlich wird das, wenn Frauen ein Baby bekommen haben und bestürzt feststellen, daß sie todunglücklich sind. Die gesellschaftlichen Erwartungen sind so hochgeschraubt – eine Mutter hat vor Glück zu platzen, wenn sie ihr langersehntes Kind im Arm hält –, daß frischgebackene Mütter sich nicht trauen zuzugeben, alles andere als glücklich zu sein. Viele vergraben sich mit Depressionen im stillen Kämmerlein und versuchen verzweifelt, nach außen das gewünschte Bild aufrechtzuerhalten. Postnatale Depression gilt immer noch als tabu und nicht als erklärbarer und nachvollziehbarer Zustand.

Frauen trauen sich oft nicht, sich abzugrenzen und nein zu sagen, weil sie glauben, dann nicht mehr geliebt zu werden. Lieber schlucken sie ihren Unmut über den Ehemann, den Chef, die Freundin herunter. Obwohl ihnen ihr Gefühl signalisiert hat, hier mußt du ablehnen statt mitzumachen. Wenn du die Forderung, die an dich gestellt wird, erfüllst, geht es dir nicht gut. Dein Lächeln ist unecht, und dein Bravsein bekommt dir nicht. Männer dagegen haben meist Probleme damit, ihre »weichen« Gefühle auszuleben und zuzulassen. Doch auf Dauer macht es krank, seine Bedürfnisse zu unterdrücken und nur erwartungsgemäß zu funktionieren. Wer fremdbestimmt lebt, findet nie heraus, was ihm guttut und was nicht und was für eine Persönlichkeit er ist.

Gefühle zu verstecken erzeugt Druck. Und Gefühle versteckt zu halten kostet ungeheuer viel Energie. Unterdrückte Gefühle arbeiten in uns und machen schlimmstenfalls krank. Viel besser ist es, zu seinen Gefühlen zu stehen. Sich zu seinem reichen Gefühlsleben zu bekennen, die gesamte Gefühlsvielfalt anzunehmen und wahrzunehmen. Es hat sich herausgestellt, daß man in dem Moment, wo man seine Gefühle wahrhaftig äußern und zeigen kann, bereits Erleichterung spürt. Der angemessene Umgang mit unseren Gefühlen hält uns gesund.

Doch lange galt allein ein hoher Intelligenzquotient als Maß für Leistungsfähigkeit und Lebenstüchtigkeit. Mit ihm wurde eine rationale, von bestimmten Bildungsidealen geprägte Intelligenz gemessen. Inzwischen wissen wir, daß Intelligenz an sich kaum etwas darüber aussagt, wie wir unseren Alltag meistern. Der Regensburger Pädagogikprofessor Helmut Heid drückte es treffend aus: »Intelligenz ist das, was der Intelligenztest mißt.« Nicht mehr und nicht weniger.

Wissenschaftler meinen heute sogar, daß der IQ höchstens zu 20 Prozent zum Lebenserfolg beitrage. Der Rest sei auf andere Faktoren zurückzuführen. Beispielsweise auf die Fähigkeit, an sich zu glauben, sich selbst zu motivieren, sich von Mißerfolgen und Enttäuschungen nicht entmutigen zu lassen, seine Bedürfnisse anzuerkennen, aber auch, sie aufschieben zu können, sich von seinen Gefühlen nicht überfluten zu lassen, sich in andere hineinversetzen zu können und Hoffnung zu haben.

Dem amerikanischen Psychologen und Bestsellerautor Daniel Goleman haben wir den Begriff der »emotionalen Intelligenz« zu verdanken. Er brachte es auf den Punkt: »Menschen mit einem hohen IQ kommen im Privatleben manchmal erstaunlich schlecht zurecht.«[1] Menschen mit der Fähigkeit, sich von ihren Gefühlen steuern zu lassen, sind oft trotz eines durchschnittlichen IQ im Berufsleben und privat erstaunlich erfolgreich. Emotionale Intelligenz bedeutet zum einen, seine Gefühle zu akzeptieren, aber auch angemessen mit ihnen umzugehen. Klug ist, wer auf seine Gefühle hört, wer sich bei seinen Handlungen von ihnen beraten läßt, statt sie zu ignorieren. Unsere Emotionen steuern uns, sofern wir nach ihnen leben, hochintelligent durchs Leben. Wer auf seine innere Stimme hört, ist schon vor manchem Fehler bewahrt worden.

Leider werden unsere Gefühle und der intelligente Umgang mit ihnen im Augenblick überwiegend im Hinblick auf unsere Leistungsfähigkeit und unseren beruflichen Erfolg diskutiert. So sehr haben wir den Leistungsgedanken schon verinnerlicht. Es scheint, daß wir gar nicht anders können.

Doch nicht jeder, der sein Gefühlsleben voll entfalten will, hat das Ziel, damit Karriere zu machen.

Glück und Zufriedenheit sind Lebensziele, die wir auch ohne hochgesteckte berufliche Ziele erreichen können. Oft verwechseln wir Glück allerdings mit materiellem Reichtum. Wir streben unermüdlich danach, unsere materielle Lage zu verbessern. Die Menschen, die sich den Werten und Normen dieser Leistungsgesellschaft untergeordnet haben, sind aber meist unzufrieden. Denn sie führen ein von sich und ihrem Gefühlsreichtum abgeschnittenes Leben.

Was sollen wir tun? Den Kontakt zu unseren Gefühlen wiederherstellen. Sie spüren und dem vertrauen, was sie uns signalisieren. Unsere Emotionen ausleben, und zwar »kultiviert«, ohne uns und anderen zu schaden. Das kann man lernen. Am deutlichsten wird das beim Zorn. Es gibt viele Menschen, die unterdrücken ihre Wut und schaden sich selbst, weil sie das Gefühl gegen sich richten. Es gibt auch Menschen, die ihren Zorn ohne Rücksicht auf Verluste an ihrer Umgebung auslassen. Die fühlen sich dann selbst oft besser, aber der, der den Zorn abbekommen hat, fühlt sich hundsmiserabel. Es geht weder darum zu schlucken noch zu explodieren. Ein freundliches »das finde ich nicht in Ordnung« an der richtigen Stelle kann viel Wind aus den Segeln nehmen.

Es geht darum zu lernen, mit sich selbst zurechtzukommen, größere persönliche Zufriedenheit zu erreichen, aber auch den Umgang mit unseren Mitmenschen auf ein erfreulicheres Niveau zu heben, als wir es zur Zeit gewohnt sind. Wir sollten lernen, zwischenmenschliche Kontakte besser zu pflegen. Es geht darum, ein »authentischer« Mensch zu werden. Seine Persönlichkeit ausreifen zu lassen. Ein in sich ruhender Mensch akzeptiert sich selbst mit seinen Stärken und Schwächen und hat aus dieser Position heraus auch Verständnis für die Schwächen seiner Mitmenschen. Er hat es darüber hinaus nicht nötig, seine eigene Unausgegorenheit an anderen auszulassen. Ein Mensch, der mit sich und seinem Gefühlsleben im reinen ist, ist aufgeschlossen, neugierig, positiv, freundlich, dem Leben und seinen Herausforderungen zugewandt. Das ist für die Hausfrau und Mutter ebenso wichtig wie für die Frau auf dem Chefsessel, für die Verkäuferin genauso wie für die Leiterin der VHS. Nur wenn wir es schaffen, uns selbst und auch anderen Menschen wieder näherzukommen, Verständnis zu entwickeln für das Leben und seine Gesetzmäßigkeiten, können wir zufriedener werden. Und glücklicher. Und das ist es doch, wonach wir alle streben. Gerade Frauen beschreiten heute häufig diesen Weg. Sie machen eine Therapie, entwickeln ihre Persönlichkeit, entdecken sich selbst und streifen alte Rollenbilder ab. Um authentisch zu werden, innerlich ausgeglichener und zufrieden. Um sich einfach wohler in ihrer Haut zu fühlen. Sie entdecken die reiche Gefühlswelt als Wert an sich. Dieses Buch soll ihnen dabei helfen.

Wie wir funktionieren

Menschen, die in unserem Kulturkreis leben, gehen davon aus, daß nur das gültig und existent ist, was wir mit den Methoden der Wissenschaft erforschen, beweisen und erfassen können. Mit Hilfe seines Verstandes versucht der Mensch, »richtige« und von Vernunft geprägte Entscheidungen zu fällen. Was wir nicht im Kopf nachvollziehen können, empfinden wir als »Glaubenssache« und somit als Humbug. Wie oft werden beispielsweise Menschen wegen ihrer Religiosität belächelt und nicht für voll genommen. Unsere logischen, naturwissenschaftlichen, technischen und kognitiven Fähigkeiten werden folglich stark gefördert, während wir unsere emotionalen und kreativen Talente wenig beachten. Unsere Gefühle zu beobachten und zu ertragen ist uns fremd. Wir begeben uns selten freiwillig in Situationen, in denen wir engen Kontakt zu unseren Emotionen bekommen könnten, beispielsweise indem wir uns zurückziehen und längere Zeit mit uns allein sind.

In jeder Gesellschaft lernen Menschen Vorzeigeregeln von Emotionen. Wir verinnerlichen sie so sehr, daß sie zu Teilen unserer Persönlichkeit werden. Dazu gehören bei uns zu lächeln, obwohl wir verletzt sind, etwas mitzumachen, obwohl es uns überhaupt nicht paßt, cool zu tun, obwohl wir innerlich kochen. Eine Regel, die wir fast alle lernen, lautet: Verdecke deine wahren Gefühle, wenn sie einen nahestehenden Menschen kränken. Zeige lieber ein verlogenes als ein zurückweisendes Gefühl. Wie oft heucheln wir z. B. Freude über Geschenke, die uns überhaupt nicht gefallen.

Eine weitere unausgesprochene gesellschaftliche Regel lautet: Negative Gefühle sind unerwünscht. Dazu gehören Deprimiertheit, Melancholie, Traurigkeit, Schmerz und auch Weltschmerz und Tristesse. Fühlen wir uns deprimiert, suchen wir Ablenkung und Zerstreuung, gehen zum Psychiater oder greifen zu Medikamenten. Wir lassen uns ruhigstellen oder aus dem Verkehr ziehen.

Wir haben ein Idealbild vom Menschen, dem wir immer weniger in der Lage sind, gerecht zu werden: den perfekt funktionierenden Strahlemann, der »locker« ist und »gut drauf«. Und dabei unendlich leistungsmotiviert. Ohne Rücksicht auf sich selbst, auf Familie, Kinder, Partnerschaft. Wie ein Roboter. Analyse, Bewertung, Einschätzung und Kontrolle sind ihm über alle Maßen wichtig. Mit ihrer Hilfe glaubt er, Lebensglück zu erreichen. Glück ist für ihn machbar und Ergebnis angenehmer äußerer Zustände. Er will die Welt, sein Leben überschauen und planen können. Er will sein Schicksal kontrollierbar machen, indem er sich einbildet, durch »richtiges« Verhalten verlaufe sein Leben ohne Zwischenfälle, ohne Krisen und damit »gut«.

Klaus Lange, Dozent für Statistik im Bereich Wirtschaftswissenschaften der Uni Hamburg meint: »Ebenso werden die Ursachen für eigene unangenehme Zustände von außen gesehen. Schlechte oder böse Gefühle werden auf andere Menschen oder äußere Situationen zurückgeführt. Die meisten Krankheiten gelten als äußerlich verursacht oder als zufällig.«[1] Die Menschen sehen sich als Opfer von Krankheiten, die sie ohne ihr Zutun überfallen. Sie beklagen dann ihr hartes Schicksal, das es nicht gut mit ihnen meint. Viele sind diesem Denken so verhaftet, daß sie regelrechten Kontrollzwängen unterliegen. Jedes noch so kleine »Risiko« soll ausgeschaltet werden. Daß sie unbeweglich, rigide, verholzt werden, bemerken sie nicht.

Unser Leben ist damit ausgefüllt, unsere materielle Versorgung zu sichern und somit angenehme äußere Bedingungen für unser Leben zu schaffen. Unter angenehmen äußeren Bedingungen verstehen wir materiellen Reichtum, der es uns erlaubt, unsere Freizeit erlebnisorientiert auf hohem Niveau zu verbringen. Und auch das mit dem Ziel, Gefühle wie Trauer, Schmerz, Angst, Depression gar nicht aufkommen zu lassen. Wir machen uns vor, eine Gehaltserhöhung oder ein Lottogewinn könnten uns retten und erlösen. Lange: »Hinter dieser Lebenseinstellung liegt eine tiefe Sehnsucht nach einem angenehmen Leben ohne Leid. Man versucht, die Sehnsucht in der physischen Welt zu verwirklichen.«[2]

Doch wir müssen täglich feststellen, daß unser Leben trotz der Herrschaft der Vernunft immer unübersichtlicher und bedrohlicher wird. Obwohl die Medizin auf einem hohen technischen Stand ist, sind Krankheiten nicht weniger geworden. Es gibt immer neue Gefahren. Obwohl wir auf hohem wirtschaftlichen und wissenschaftlichen Niveau leben, machen wir die Natur kaputt, rüsten wir derart hoch, daß wir die Erde vernichten können. Wir hochzivilisierten Menschen lassen die dritte Welt verkommen. Je mehr wir uns vermeintlich in die Lage versetzen, die Natur und das Leben zu beherrschen, um so mehr ist unsere Existenz auf der Erde bedroht.

Dieses Paradox zeigt sich auch auf privater Ebene. Die so funktionierende Gesellschaft produziert hilflos und ohne innere Stärke fremdbestimmt durchs Leben schwimmende Menschen, die nach einem Sinn suchen und nicht in der Lage sind, den Sinn in sich selbst zu finden. Der einzelne lebt häufig in einem desolaten Zustand. Depression als globales Krankheitsbild trifft immer mehr Menschen. Viele fühlen sich einsam. Andere werden von Panikattacken überfallen, leiden an Angstzuständen.

Zerbrechende Familien, wachsende Gewaltbereitschaft bei Kindern und Jugendlichen und steigende Selbstmordziffern sind ein Indiz für den Zustand unserer Gesellschaft. Glücksdrogen überschwemmen den Markt. Steigender Alkoholkonsum macht die Menschen kaputt. Schlafprobleme sind schon fast die Norm, ebenso wie Burn-out, vegetative Störungen und Kreislauferkrankungen. Fernsehkonsum rund um die Uhr ersetzt die zwischenmenschliche Kommunikation. Wir leben wider die Natur. Die Folge: Selbstentfremdung und Isolierung. Letztlich geringes Selbstwertgefühl und Selbsthaß.

Obwohl die Psychologie uns in die Lage versetzt, das Verhalten von Menschen zu erklären und durchsichtig zu machen, was die Ursachen für unser Verhalten angeht, sind unsere Beziehungen von Kindheit an bis in die Partnerschaft und weit darüber hinaus schmerzhaft und schwierig. Wir können zwar viel erklären und richtig interpretieren, doch glückliche Beziehungen haben wir dadurch nicht. Statt dessen sprechen wir vom »Muttermythos«, dem »Mythos von der glücklichen Kindheit« und dem »Mythos von der romantischen Beziehung« und rennen diesen Mythen hinterher. Obwohl wir täglich in der Realität an deren Grenzen stoßen.

Im Beruf strampeln wir uns oft bis an unsere Grenzen und darüber hinaus – bis zum Burn-out – ab. Oder wir verbringen soviel Zeit am Arbeitsplatz, daß er unser Leben beherrscht, und manche zwar viel Geld verdienen, aber das Leben gar nicht mehr genießen können. Wir leben nur noch für unseren Beruf. Unzufrieden und unglücklich. Das, was wir erreichen können, ist nicht das, was uns auch innerlich erfüllt. Es ist ein Kampf gegen Windmühlenflügel, denn unsere gesellschaftlichen Werte geben keinen Lebenssinn. Sie sind hohl. Diese fragwürdige Art zu leben ist bis zu einem Grad ausgereizt, daß die Werte brüchig geworden sind. Ohne Umdenken in vielen menschlichen Lebensbereichen müssen wir Angst haben um unsere Existenz und unsere Zukunft. Trotz unserer hochentwickelten Instrumentarien ist die Welt außer Kontrolle geraten. Es geschehen zu viele Dinge, die eigentlich niemand will. Und wir fühlen uns trotz unserer Kontrollmöglichkeiten machtlos und hilflos.

Klaus Lange stellt fest: »Alle Menschen spüren Sehnsucht nach Ruhe, Frieden und Glück. Viele erleben jedoch immer neues Leid und große Schwierigkeiten. Manche resignieren und führen ein freudloses und für sie selbst sinnloses Leben voller Angst und Depression.«[3] Das ist sicherlich die Mehrheit. Andere begeben sich auf die Suche nach anderen Werten und nach einem Sinn, auf die Suche nach sich selbst. Haben erkannt, daß unser Denken begrenzt ist. Daß die Wahrnehmung von dem, was Menschsein und Leben bedeutet, begrenzt ist. Und daß es da mehr zu leben und zu entdecken gibt. Wichtig auf diesem Weg ist, spüren zu lernen, was in uns ist, unsere Emotionen wahrzunehmen und den Umgang mit ihnen zu lernen.

Immer angepaßtes und den gesellschaftlichen Erwartungen entsprechendes Verhalten macht uns auf Dauer krank, und es dient auch nicht der Verständigung zwischen den Menschen. Im Gegenteil, solche Verhaltensweisen erschweren uns und unseren Mitmenschen den Umgang miteinander. Irritationen im Kontakt untereinander führen zu Mißverständnissen und verursachen Aggressionen.

Natürlich geht es nicht darum, unsere Gefühle in jeder Situation unkontrolliert herauszulassen. Es geht um die Frage, wie sinnvoll oder krankmachend sind die Spielregeln in unserer Gesellschaft, und gäbe es nicht andere, für den Umgang der Menschen miteinander sinnvollere Möglichkeiten, unsere Gefühle zu zeigen und mit ihnen umzugehen?

Juliane

Meine Gefühle habe ich immer unterdrückt, habe alles mit dem Kopf entschieden. Ich bin ein durch und durch rationaler Mensch. Ich stelle das Denken immer über das, was ich fühle. Ein Verstandesmensch, sagt meine Mutter. Ich fand immer, daß ich genauso reagiere, wie ich das von mir erwarte, besser gesagt, wie ich meinte, daß man das von mir erwarten darf. Ich habe bei allem, was ich tue, das Gefühl, ich bin zwei Personen. Die eine guckt mir zu, steht neben mir und beurteilt kritisch, was ich tue. Die andere ist die, die agiert, und die fühlt sich verfolgt von der, die beurteilt. Die Rationale sagt immer: »Moment mal, so weit geht das nicht, stopp jetzt. Weiter als bis hierher darfst du in deinen Gefühlen nicht gehen.« Sie beurteilt meine Gefühle.

Es ist mir immer sehr schwergefallen, die beobachtende Person auszuschalten. Die Beobachtende schreibt mir vor, daß ich stets Herr der Lage zu sein habe und bloß keine Schwächen zu zeigen habe. Schwächen sind Eifersucht, Weinen, Zorn. Ich habe mich nicht emotional zu zeigen. Freude allerdings ist ein gutes Gefühl und darf gezeigt werden. Ich bin ja eigentlich ein spontaner Mensch. Und manchmal wundere ich mich, daß die Selbstkontrolle und die Spontaneität sich nicht ausschließen.

Natürlich sind die Gefühle in mir drin, aber sie kommen nicht nach außen. Wut beispielsweise schlucke ich und werde dann völlig cool. Ruhig. Ich hatte immer das Gefühl, es ist richtig, wie ich mich verhalte. Ich habe das nie in Frage gestellt. Die Person, die neben mir stand, war immer normal und gehörte zu mir. Ich kam nie auf die Idee, daß diese Person vielleicht unrecht haben könnte. Mein Verstand war meine Kontrollinstanz, und ich bin lange damit klargekommen.

Probleme hatte ich mit dieser Haltung in Liebesbeziehungen. Da habe ich diese Haltung zwar durchgehalten, doch das ging regelmäßig schief. Einige Beziehungen sind dadurch kaputtgegangen. Ich habe nicht aushalten können, daß mir jemand sehr nahekommt. Ich hatte Angst, daß ich etwas von mir verliere, daß ich meine Kontrolle verliere. Das hat mir große Probleme gemacht. Das alles begreife ich jetzt erst. Daß ich meine ganzen Beziehungen nicht zugelassen habe. Ich konnte mich nie auf jemanden einlassen.

Auseinandersetzungen hat man nicht, wenn man über den Dingen steht. Ich bin immer eher weggegangen. Und wenn ich wiedergekommen bin, wurde möglichst wenig darüber gesprochen. Wenn mich etwas sehr genervt hat, habe ich nicht versucht, das Problem anzusprechen. Ich hätte mich dabei ja verlieren können. Nein, dann habe ich Schluß gemacht. Immer habe ich Schluß gemacht.

Ich hatte beispielsweise meist Männer, die wahnsinnig nett waren. Sehr lieb zu mir, aber auch zu anderen Frauen. Die haben für andere Frauen alles mögliche getan. Sie haben tapeziert, deren Auto abgeschleppt, irgendwelche handwerklichen Arbeiten erledigt. Damit konnte ich schlecht umgehen. Was ich nicht konnte, war, einfach nur zu fragen: »Ist da möglicherweise mehr, als daß du nur nett bist?« Ich habe mich nicht getraut, das zu fragen, man steht da ja drüber. Eifersüchtig ist man nicht und ich schon überhaupt nicht. Das paßt nicht ins Bild. Deswegen habe ich keinen einzigen gefragt, ist da mehr? Ich habe aber doch mehr dahinter vermutet. Ich habe meine Gedanken vergiftet und meinen Männern sogar nachspioniert. Das wußte natürlich niemand. Nach außen muß ich so gewirkt haben, daß der Eindruck entstand, ich hätte kein Problem damit, ich fände das in Ordnung.

Es hätte vermutlich einfach genügt zu sagen: »Du, ich bin eifersüchtig, und ich kann mit deinem Verhalten nicht gut umgehen.« Dann hätte der Partner die Chance gehabt, das richtigzustellen. Mir zu sagen, mit dir hat das nichts zu tun. Aber ich habe mir das selber nicht eingestanden und habe auch vor mir behauptet, Eifersucht, das kennen wir gar nicht. Ich habe dann andere Gründe gesucht, um letztlich Schluß zu machen.

Ich hätte nie sagen können, dieses oder jenes Problem nagt in mir. Ich hätte niemals zugegeben, daß ein Gefühl in mir arbeitet und mich verunsichert. Das hätte ich als absolute Schwäche empfunden.

Ich habe auch in meiner Ehe keine Nähe zugelassen und mit diesem Verhalten fast meinen Mann verloren. Ich war immer die Starke, die alles allein schafft. Meinem Mann habe ich das Gefühl gegeben, keine Nähe geben zu können, und das hat ihn gestört. Er hat es mir gesagt, und das war ein extremer Streitpunkt zwischen uns. Ich habe das heftigst bestritten.

Ich muß immer auf meinen eigenen Füßen stehen. Ich kann mich nicht anlehnen. Bisher habe ich mich niemals tief in eine Beziehung fallen lassen können. Und meine Ehe wäre fast daran zerbrochen. Nach diesem alten Muster, ich, die Starke, habe alles im Griff. So haben wir uns immer mehr voneinander entfernt, und irgendwann bin ich ausgezogen. Das war für mein Verständnis der richtige Weg. Ich wäre nicht auf die Idee gekommen, daß ich mich vielleicht mal selbst hinterfragen sollte, vielleicht auch an mir arbeiten müßte. Wir haben die Beziehung zwar nicht richtig beendet, aber auch nicht richtig weitergeführt.

Eines Tages sagte mein Mann, er interessiere sich nun, da das mit uns wohl nichts mehr werde, für eine andere Frau. Das hat in mir Gefühlsstürme ausgelöst. Ich spürte plötzlich, ich wollte ihn nicht verlieren. Und ich bin das erste Mal in meinem Leben über meinen Schatten gesprungen und habe ihm meine wahren Gefühle offenbart. Das war wahnsinnig schwer für mich. Aber es hat uns einander nahegebracht. Eine Nähe, die ganz neu für mich ist und die ich nie zuvor in meinem Leben erfahren oder besser gesagt zugelassen habe.

Im Moment bin ich dabei, mir meine früheren Muster klarzumachen und an mir zu arbeiten. Ich entdecke gerade, daß es mir überhaupt nicht schadet zu sagen, du, ich komme hier an meine Grenzen, unterstütz mich mal. Oder mal zu weinen und zu sagen, das hat mich verletzt oder zornig gemacht. Wir haben jetzt eine zarte neue Beziehung. Anders als früher, ganz ungewohnt und nicht einfach. Daß ich endlich geschafft habe zu sagen, ich liebe dich, und ich will dich behalten, hat mich einen großen Schritt weitergebracht. Wenn ich heute zurückdenke, tut es mir um die verschenkten

Jahre leid. Ich habe jahrelang mit meinem Mann in einem Kleinkrieg gelebt. Das mußte nicht sein, wie ich heute weiß. Andererseits ist es ja gut, daß ich den Schritt überhaupt gemacht habe. Ich versuche jetzt ernsthaft, mich auf meine Beziehung einzulassen, und dann werden wir sehen, was aus ihr wird.

Christiane

In jungen Jahren glaubte ich, das Leben verlaufe richtig, wenn es ohne Mißstimmungen wie Trauer, Wut, Deprimiertheit abliefe. Wenn man immer fröhlich und gut drauf ist. Schon als Teenager hatte ich aber oft deprimierte Tage, und wenn ich meine Mutter fragte, was mit mir los sei, wenn ich so einen Kloß im Hals und einen Druck auf der Brust verspürte, bekam ich den Eindruck, mit mir laufe etwas verkehrt. Ich nahm an, normale Kinder hätten so etwas nicht, und hörte natürlich auf zu fragen. Ich fing schon damals an, solche »komischen Gefühle« zu unterdrücken oder sie mir zumindest nicht anmerken zu lassen. Schon damals fing ich an, auf die Frage, wie es mir gehe, nicht ehrlich, sondern grundsätzlich mit »gut« zu antworten.

War ich enttäuscht, gekränkt, wurde ich zurechtgewiesen: »Zieh keine Grimasse, sonst siehst du aus wie Onkel Karl-Heinz.« Onkel Karl-Heinz war alles andere als eine Schönheit. Wie er aussehen war das letzte, was ich wollte. Es hat mich sehr verletzt, mit ihm verglichen zu werden, aber das durfte ich so nie äußern. Dann »stellte ich mich an«. Ich gewöhnte mir an, in solchen Situationen ein falsches Lachen aufzusetzen, wie meine Mutter das heute im hohen Alter noch macht, um zu demonstrieren, daß so eine Ohrfeige mir nichts anhaben konnte. »Darüberstehen« war etwas, was ich früh lernen mußte. Man hatte über den Dingen zu stehen, weswegen man sich dann auch nicht auseinandersetzte, sein Recht einforderte. Nein, man hatte einfach nur »darüberzustehen«, was damit gleichzusetzen war, daß man sich große

Respektlosigkeiten gefallen lassen mußte. Zeigte man mal, daß man berührt oder verletzt war, war man »überempfindlich«. Eine Mimose, was auch als negativ galt.

Kinder bekommen von Zeit zu Zeit Wutanfälle. Es ist wichtig, daß sie das dürfen. Machte ich meiner Empörung mal lauthals Luft, wurde ich zurechtgewiesen, ich sei ja hysterisch. Ich solle mich nur ja zusammennehmen. Und es folgte wieder ein gemeiner Vergleich. »Sonst siehst du aus wie die Elli aus Castrop Rauxel.« Auch das saß. Diese Elli aus Castrop Rauxel, eine Cousine meines Vaters, kreischte nämlich mit schöner Regelmäßigkeit in den höchsten und schrillsten Tönen ihren Mann an. Es war sehr unbehaglich und peinlich, bei ihr zu sein. Und jede wütende Äußerung meinerseits wurde mit ihrem Benehmen gleichgesetzt. Wurde ich zornig, war das begleitet von einem miserablen Selbstbild. Dann sah ich mich als keifende Elli. Daß meine Mutter genauso keifend und ohne Achtung meinen Vater herumkommandierte, nahm sie nicht wahr. Soviel Selbstkritik besaß sie nicht. Und wenn jemand vorsichtig wagte, sie darauf aufmerksam zu machen, wurde er mit Haß und verbalen Ausfällen attakkiert. Das bei anderen zu kritisieren, aber für sich in Anspruch zu nehmen, schien für sie in Ordnung zu sein.

Man merkt es bereits, mein Elternhaus war alles andere als in Ordnung und nicht dazu geeignet, aus mir einen selbstbewußten und sich selbst akzeptierenden jungen Menschen zu machen. Ich habe kein Selbstwertgefühl entwickelt. Ich kann mich nicht daran erinnern, für etwas gelobt worden zu sein. Talente wurden für selbstverständlich gehalten. Meine Mutter zeigte mir nie, daß sie mich liebenswert fand. Ich weiß bis heute nicht, wie sie mich fand: Es kam immer nur Kritik. Dies führte zudem dazu, daß mir bis heute jedes Kompliment, so sehr es mich auch freut, hochnotpeinlich ist. Ich habe einfach nicht gelernt, mit offen gezeigter Zuneigung umzugehn. Es ist mir unangenehm, wenn mich jemand lobt. Dann mache ich mich klein und halte die Luft an.

So wurde die Gefühlswelt für mich kein Gradmesser dafür, wo es langgeht, sondern ein Irrgarten, in dem ich mich nicht zurechtfand. Es ging mir immer öfter schlecht, und ich fand es immer anstrengender zu überspielen. Eine andere Möglichkeit kannte ich aber nicht. Mein Leben war ein einziges Getue. Ein einziges darauf Achten, ob ich so war, wie ich zu sein hatte. Ich führte ein völlig fremdbestimmtes Leben, versuchte, wie eine Marionette zu funktionieren, und war mir selbst völlig fremd. Ich hatte keinen Kontakt zu meinen Gefühlen. Ich war weit davon entfernt, zu mir und meinen Gefühlen zu stehen, und so wurde auch mit mir umgegangen. Ich habe viel zugelassen, was mich verletzt hat, weil ich mich nicht angemessen wehren konnte. Ich wußte einfach nicht, wie das geht, und glaubte, ich darf das nicht. Ich konnte mir nicht eingestehen, daß ich verletzt war. Ich stand ja darüber.

Als ich 17 war, entdeckte ich die angenehme Wirkung von Drogen. Von Schlaftabletten, Tranquilizern, Aufputschmitteln und Alkohol. Ich entdeckte, daß man mit Drogen seine Gefühle unter der Decke halten kann. Und ich fing an, mich regelmäßig zu betäuben. Wenn ich nichts mehr empfand, glaubte ich, jetzt läuft es richtig. Gemaßregelt zu werden tangierte mich im Rausch nicht, ich konnte frech sein. Trauer spürte ich im Suff nicht. Oder ich konnte meinen Tränen ungehemmt freien Lauf lassen, und es störte mich nicht, daß man »nicht flennt«. Das neutrale Wort weinen gab es in unserem Sprachgebrauch nicht.

Ich konsumierte jahrelang alle möglichen Drogen. Alles, was ich kriegen konnte. Und ich brauchte immer mehr, um einen bestimmten, gleichförmigen Zustand herzustellen. Bis ich auffällig wurde und für meine Umwelt nicht mehr tragbar war. Ich hatte mich unter Drogen nicht mehr unter Kontrolle. Die Drogen entglitten mir. Wie durch Nebel nahm ich wahr, daß sich Freunde abwandten. Ich wollte mich aber nicht damit auseinandersetzen und erklärte sie für »doof«.

Ich machte damals eine Fortbildung, und in der Schule gab es einen Lehrer, der hielt mich eines Tages am Arm fest und sagte in sehr scharfem Ton: »Du bist vollgepillt und zugedröhnt. Glaub nur ja nicht, ich wüßte nicht Bescheid, was mit dir los ist. Wenn du noch ein einziges Mal in diesem Zustand in die Schule kommst, schmeiße ich dich raus. Und jetzt geh nach Hause und schlaf dich aus.« Der hatte mir gründlich den Brunnen vergiftet. Bis dahin hatte ich nämlich geglaubt, es merke keiner, daß ich alle möglichen Pillen schlucke. Ich dachte ja, daß ich richtig funktionierte, wenn ich Drogen nahm. Daß ich dann so bin, wie von mir erwartet wurde.

Das saß. Ich torkelte nach Hause und nahm verzweifelt ein ganzes Röhrchen Schlaftabletten. Nachmittags kam eine Mitschülerin, die konnte ich gerade noch hereinlassen, dann brach ich zusammen. Sie alarmierte sofort einen Krankenwagen. Ich wurde in die Klinik eingeliefert und bekam den Magen ausgepumpt. Von der Vergiftung bekam ich zwei Tage später Krampfanfälle mit Schaum vor dem Mund. Es war furchtbar. Ein junger Arzt, der mir sehr gefallen hätte, stand an meinem Bett und sagte bedauernd: »Sie sind so hübsch, warum dröhnen Sie sich so voll?« Da sagte ich: »Hübsch sein reicht im Leben leider nicht.«

Ich hatte sehr viel Glück. Ich kam zu einer sehr guten Therapeutin, die meine Misere schnell erfaßte. Mir war im Krankenhaus gesagt worden, wenn ich nicht die Finger von den Drogen ließe, könnte ich mir für mein ganzes Leben Schaden zufügen. Daß ich auf das Gift mit Krampfanfällen reagiert hatte, hatte mich sehr schockiert. Bis dahin hatte ich Schlaftabletten für ein Kavaliersdelikt gehalten. Für harmlos. Nun wußte ich, wie kaputt man sich mit Tabletten und Alkohol macht. Ich war damals nur noch Haut und Knochen. Die Therapeutin half mir beim Entzug, der furchtbar war. Zittern, Schmerzen, wie aufgedreht sein, keinen Schlaf finden. Ich habe damals eine ganze Woche fast nicht geschlafen, und das ist Folter. Ich hatte das Gefühl, ich verliere meinen Verstand. Ich fing schon an zu phantasieren und wußte nicht mehr, wo ich war, als sich nach acht Tagen endlich das erste Mal der Körper seinen Schlaf holte. Danach ging es aufwärts.

Sehr mühsam lernte ich in der Therapie meine Gefühle kennen und erfuhr zu meiner großen Erleichterung, daß es gut ist, sie zu haben. Alle. Die Ge- und Verbote saßen tief. Es waren sechs Jahre harter Arbeit und großer Tiefen, die ich durchgehen mußte, bis ich kapiert hatte, daß ich so, wie ich bin, okay bin. Daß meine Gefühle alle in Ordnung sind. Daß ich sie alle wahrnehmen kann und mir überlegen kann, wie ich angemessen mit ihnen umgehe. Wie ich ihnen angemessen Ausdruck verleihe. Und noch etwas habe ich begriffen. Meine Gefühle sind sehr klug. Sie zeigen mir, wo es langgeht. Sie bewahren mich davor, distanzlos und unvorsichtig mit mir und meinem Leben umzugehen. Sie leiten mich, damit ich gut auf mich aufpasse. Sie bremsen mich, wenn ich mich überfordere. Sie warnen mich, wenn jemand mich schlecht behandelt.

Es passiert mir immer wieder, daß ich meine Gefühle phasenweise überrenne, sie nicht wahrnehme. Einfach aus alter Gewohnheit. Doch dann melden sie sich mit aller Macht. Manchmal stehe ich vor mir und denke, was bist du schlecht mit dir umgegangen. Was hast du alles mit dir machen lassen. Dann kommen wieder Phasen, wo ich Grenzen setze, öfter als notwendig nein sage. Es ist nicht einfach, seine Gefühle immer gleich wahrzunehmen und im richtigen Moment angemessen zu reagieren. Aber es lohnt sich, daran zu arbeiten. Ich hatte schon viele Momente, wo ich rechtzeitig abgebremst habe und gesagt habe, nein, so gefällt mir das nicht. Nein, so paßt es mir nicht. Wo ich etwas für mich gefordert habe. Und dann bin ich sehr stolz auf mich. Dann überkommen mich richtige Glücksgefühle. Ich glaube heute, darum geht es, und nur so wirst du eine Persönlichkeit. Wenn du in engem Kontakt mit deinen Gefühlen lebst. Wenn du authentisch sein kannst, egal, was gerade von dir erwartet wird. Ich bin auf dem Weg. Und ich bin glücklich, daß ich das in diesem Leben lernen darf. Meine Mutter kann nicht damit umgehen. Sie ist weit davon entfernt, eine Persönlichkeit zu sein. Aber ich habe gelernt, mich von ihren Spielchen nicht mehr beeindrucken zu lassen. Heute tut sie mir leid, weil sie das Leben so beschränkt und eingeengt erfahren hat.

Welche Irrtümer unser Denken beherrschen

Wir haben gesehen, daß es eine Menge Denkfallen gibt, die dazu führen, daß wir uns in einer bestimmten Weise verhalten, obwohl wir unzufrieden damit sind. Es gibt viele Irrtümer, was unsere Meinung darüber angeht, wie die Menschen sind oder zu sein haben. Oder was sie tun müssen, um irgendeiner Norm zu entsprechen. Wie sie sich zu verhalten haben.

Melvyn Kinder, Autor des Buches *Machen Sie das Beste aus Ihren Stimmungen*, meint: »Diese Mythen, wie die Gesellschaft sie aufrechterhält und festigt, führen uns in die Irre und wecken falsche Erwartungen, wenn es darum geht, wie wir fühlen sollten oder nicht, wie wir uns nach außen geben, ausdrücken und verhalten sollten oder wie wir uns nicht zeigen, ausdrücken und verhalten sollten. Sie sind schuld daran, daß unsere eigentlichen Gefühle unter Bergen von Urteilen, Ge- und Verboten begraben und kaputtgemacht werden.«[1]

Kinder hat sechs Mythen ausgemacht:

– Der *Uniformitätsmythos* besagt, daß alle Menschen dieselben Gefühle haben, jeder auf bestimmte Situationen gleich reagiert, ja daß »normale« und »gesunde« Personen Gleiches fühlen und vergleichbar reagieren.[2]

Diesem Mythos zufolge haben »gesunde normale Menschen« ein bestimmtes Spektrum von Gefühlsmustern. Man erwartet bei bestimmten Ereignissen bestimmte Gefühlsäußerungen. Wenn jemand gestorben ist, hat man traurig zu sein und zu weinen. Menschen, die erstarren und dann scheinbar unbeteiligt weiterfunktionieren, wird vorgeworfen, sie trauerten nicht. Sie wären kalt.

Wenn jemand dagegen zu lange trauert und sich nicht nach einiger Zeit wieder mäßigt, wird gesagt, er steigert sich hinein und läßt sich gehen. Verhalten, das über bestimmte Erwartungen hinausgeht, gibt Anlaß zu Kritik und Tratscherei. »Der Mythos von Uniformität und Gleichförmigkeit veranlaßt uns auch, anderen falsches Verhalten vorzuwerfen, wenn sie nicht so reagieren, wie wir es tun würden. Hier gibt es große geschlechtsspezifische Differenzen: Frauen hacken auf Männern herum, weil diese ihre Gefühle nicht sofort zeigen können, und Männer werfen Frauen vor, sie würden emotional reagieren. Die Frau unterstellt dem Mann Desinteresse, und der Mann unterstellt der Frau mangelnde Rationalität.«[3]

– Der *Mythos von Gut und Böse* teilt die Gefühle in gut und schlecht ein. Die Folgerung: Schlechte Gefühle sind zu beherrschen und zu unterdrücken. Sie sollen nicht gezeigt werden.

»Gut ist es, wenn man glücklich und zuversichtlich ist; schlecht ist, wenn man melancholisch und ängstlich ist. Unsicherheit, Niedergeschlagenheit und Ängstlichkeit sind ein Zeichen von Schwäche. Zorn und Wut sind negativ. Zufriedenheit, Heiterkeit und Begeisterungsfähigkeit sind bewundernswert. Scham ist Gift. Diese vorurteilshafte Werteskala unserer Gefühle ist derart weit verbreitet und grundlegend, daß man sich möglicherweise nur noch ganz schwach bewußt ist, wie leicht man selbst solchen Schwarz-Weiß-Urteilen aufsitzt.«[4]

Weit verbreitet ist die Meinung, wenn es mir schlechtgeht, »stimmt etwas nicht mit mir«. Reagieren wir gefühlsmäßig sehr intensiv, macht uns das Angst, wir befürchten, durchzudrehen oder einen Nervenzusammenbruch zu bekommen. Wir tun dann alles, um uns wieder in einer sicheren Mittellage einzupendeln und wieder ruhig zu werden. Und so sind wir pausenlos dabei, alles zu tun, damit wir nur »gute« Gefühle erleben.

– Der *Mythos von Kontrolle und Selbstbeherrschung* besagt, daß wir in der Lage sind, und uns darauf trainieren sollten, unsere Gefühle unter Kontrolle zu halten. »Reiß dich zusammen!« Mit diesem Appell leben viele Menschen. In der Kindheit hörten sie es von den Eltern, später vom Partner, oder sie sagen es sich selbst. »Unsere moralische Bewertung von Emotionen enthält das Dogma, es sei möglich und erstrebenswert, Gefühle unter Kontrolle zu halten.«[5] Wir drücken sie weg, lassen sie nicht hochkommen, wollen sie nicht spüren. Man suggeriert uns, ein Leben verlaufe richtig, wenn es ruhig, ausgewogen, beherrscht sei. Doch jede unangenehme Nuance unterdrücken zu wollen »ist ein todsicheres Rezept, wie man das Wesen eines Menschen beschädigen und seine Unfähigkeit, sich zu ändern, noch mit einer gehörigen Portion Frustration beschweren kann«.[6]

– Der *Vollkommenheitsmythos* macht uns weis, wir könnten uns perfekt verhalten. Psychische Vollkommenheit ist gefragt. Vor allem dieser Mythos verursacht uns ständige Schuldgefühle, denn kein Mensch ist vollkommen. Aber wir streben danach. Viele Menschen, die eine Therapie anfangen, stellen sich zunächst einmal vor, wenn sie die Therapie hinter sich gebracht haben, würden sie ein anderer Mensch sein. Positiv und perfekt. Und oft sind sie am Ende der Therapie enttäuscht, daß sie noch immer die alten sind. »Wer von uns kann schon diesen ständigen Spitzentanz aufführen, immer alles, was er an Begabung und Intelligenz zu bieten hat, zum Einsatz zu bringen und dabei auch noch stets gleichbleibend freundlich und mitfühlend zu sein?«[7] Eine gute Therapie lehrt auch, nachsichtig mit sich und seinen Fehlern und Schwächen zu sein, zu akzeptieren, daß wir auch mal neben uns stehen. Wirklich stark ist nämlich nur, wer sich Stärke und Schwäche zugesteht.

– Der *Mythos von Gemütskrankheit* besagt, daß Kummer und Leid auf emotionaler Ebene gleichzusetzen sind mit seelischer oder psychischer Erkrankung. Wer verzagt und deprimiert ist, steht sogleich im Verdacht, depressiv und damit krank zu sein. Eine Ursache sieht Kinder darin, daß Krankenkassen Kosten für Psychotherapie nur dann übernehmen, wenn diese als Heilbehandlung gilt. Die meisten Patienten können es sich aber nicht leisten, eine Therapie aus eigener Tasche zu bezahlen. Die Folge: Damit die Patienten nicht ausbleiben, wurde das Krankheitsspektrum einfach erweitert. Aus menschlicher Ängstlichkeit wurde eine affektive Störung, aus besonderen Persönlichkeitsmerkmalen wurden Persönlichkeitsstörungen. Kinder: »Wir haben zügellosen Therapiekonsum produziert, indem wir den Menschen klarmachten, sie seien gestört und müßten sich dringend behandeln lassen.«[8] Kinder hält seine Patienten an, ihre Gefühle unter einem anderen Blickwinkel zu betrachten, auch ein melancholisch-trauriges Naturell zu akzeptieren, statt voreilig zu Antidepressiva zu greifen.

– Der *Mythos vom positiven Denken* schließlich redet uns ein, daß wir unsere Gefühlswelt durch unser Denken bestimmen können. Daß wir mit Willensstärke unsere Gefühle beeinflussen können und es nur eine Frage der Denkdisziplin sei, daß wir immer gutgelaunt, zuversichtlich und fröhlich in die Welt blicken. »Die intellektuellere Version dieses Mythos besagt, daß jedes Unwohlsein, jeder Schmerz auf eine negative irrationale Einschätzung, die ein Mensch von sich oder seiner Umwelt hat, zurückzuführen sei.«[9] Folglich müßte der, der sich mit Willenskraft von seiner gefühlsmäßig negativen Einschätzung freimachen kann, auch seine quälenden Gefühle loswerden. »Vermittelt wird hier, daß wir aus Dummheit und Sturheit an bestimmten Gefühlen festhalten, obwohl wir es besser wissen könnten.«[10]

Der Mythos vom positiven Denken ist deshalb so irreführend, weil er feiner Unterscheidung bedarf. Tatsache ist, daß die Art und Weise, wie wir über etwas denken, sich auf unsere Gefühle auswirkt. Wir leiden an etwas, das wir für schlechthalten. Ein anderer, der der gleichen Sache vielleicht gleichgültig oder positiv gegenübersteht, leidet nicht. »Die Beziehung zwischen Denken und Fühlen zu begreifen ist ein ganz zentraler Punkt auf dem Weg zur Selbsterkenntnis. Was an diesem Mythos nicht stimmt, ist jedoch die Unterstellung, Gefühle erwüchsen ausschließlich aus dem Denken und seien vollkommen von ihm bestimmt.«[11] Die neuesten Erkenntnisse auf dem Gebiet der Neurochirurgie lassen sogar vermuten, daß Emotionen biologisch gesteuert werden. Umwelt und Umgebung haben demnach untergeordnete Funktionen. Deshalb hält Kinder es für besser, anstatt sich krampfhaft positiv zu motivieren, seine unerwünschten Gefühle nicht länger abzulehnen, sondern »wie mit einem vertrauten Freund« mit ihnen umzugehen.

Stimmungsdiktat

Der Mythos von guten und schlechten Gefühlen hängt eng zusammen mit dem Mythos von Kontrolle und Selbstbeherrschung und verdient eine tiefere Betrachtung, bestimmt er doch unser Leben ganz außerordentlich. Auf einer meiner Lesungen über *Krisen als Chancen* traf ich eine Frau, die empört behauptete, ihr Leben verliefe ohne Krisen, und sie ließe sich diese auch nicht von mir einreden. Sie kenne weder negative Gefühle noch sei sie je deprimiert. Und dies sei eine Sache der inneren Einstellung. Sie lehne es ab, zu jammern und zu klagen. Eine andere Frau unter den Zuhörerinnen konterte gleich treffend, an dieser Aussage sehe man, wie stark die gesellschaftliche Regel wirke, bestimmte Gefühle seien schlecht.

Sie hatte recht. Im Laufe des weiteren Gespräches stellte sich heraus, daß die Frau »ohne Krisen« das Gebot, »sei immer fröhlich und gutgelaunt, dann funktionierst du gut«, so stark verinnerlicht hatte, daß sie ihre »schlechten Gefühle« gar nicht wahrnehmen wollte. Sie kannte sehr wohl Höhen und Tiefen in ihrem Leben, aber die Tiefen versuchte sie auszublenden, indem sie sie nicht in ihr Bewußtsein vordringen ließ.

Von früh an werden wir, was unser Gefühlsleben angeht, reglementiert. »Ein braves Kind weint nicht.« »Reiß dich zusammen.« »Stell dich nicht so an.« »Führ dich nicht so auf.« »Wenn du dich nicht beherrschen kannst, geh in dein Zimmer und mach die Tür zu.« Diese Sätze dienen der emotionalen Beherrschung durch Bewertung der Gefühle. Wir werden schon früh gesellschaftlich konditioniert.

Freundliche, zufriedene, friedliche und glückliche Kinder werden gelobt und als Vorbild dargestellt. Sind sie schüchtern oder introvertiert, macht man sich Sorgen. Man erklärt nicht, daß es genauso akzeptabel ist, wütend, traurig oder verletzt zu sein. Oder auch ängstlich. Kinder, die häufig »negative Gefühle« ausleben, werden als »Problemkinder« eingestuft. Unerwünschte, gefühlsmäßige Reaktionen sollten aufgearbeitet und überwunden werden.

Dabei vergessen wir, daß sich das Leben zwischen zwei Polen abspielt. Ohne Licht kein Schatten, ohne Hunger kein Sättigungsgefühl, ohne Häßlichkeit keine Schönheit, ohne Kälte keine Hitze. Das eine bedingt das andere. Das gilt auch für unser Gefühlsleben. Ohne Leid zu kennen, könnten wir kein Glück empfinden, ohne Trauer keine Freude und ohne Sehnsucht keine Zufriedenheit. Thorwald Dethlefsen schreibt in seinem Buch *Schicksal als Chance*. »Die menschliche Grunderfahrung der Polarität ist der Atem. An ihm können wir die Gesetze der Polarität studieren, sie lassen sich auf das gesamte Universum übertragen. Denn wie unten so oben. Wenn wir einatmen, so folgt ohne weiteres Dazutun mit absoluter Gewißheit als Gegenpol das Ausatmen. Diesem Ausatemstrom folgt mit gleicher Gewißheit wieder der Einatmenstrom. Der ständige Wechsel beider Pole ergibt den Rhythmus. Rhythmus ist das Grundmuster des Lebens.«[12]

Wenn man versucht, den Rhythmus zu stören, zerstört man damit ein vollständiges Leben. Man reduziert es. Auf Gefühle übertragen heißt das: Wer immer nur die sogenannten »guten« Gefühle anstrebt und die »schlechten« versucht zu unterdrücken oder ihnen auszuweichen, lebt nicht im Rhythmus der Lebensgesetzmäßigkeiten. Leben bedeutet immer beides, ein Sowohl-Als-auch. Wir aber leben ein Entweder-Oder. Dethlefsen: »Ein Pol lebt von der Existenz des anderen Pols. Beseitige ich einen Pol, verschwindet auch der andere... Was beim Atmen allen als Selbstverständlichkeit einleuchtet, wird jedoch auf fast allen anderen Gebieten mißachtet.«[13]

Jeder Mensch trägt einen Teil Gefühle mit sich herum, der ihm als untragbar, beschämend und falsch erscheint, ist eingepfercht in die enge Definition dessen, welche Gefühle in welchen Situationen als vorzeigbar gelten. Die Gefühle, die zwar auftauchen, aber nicht akzeptiert werden können, führen dazu, daß wir uns in unserer Haut unwohl fühlen.

Scham, Wut, Angst, Niedergeschlagenheit, Neid gehören zu den »schlechten« Gefühlen, die man nicht zu fühlen hat. »Gute« Gefühle dagegen sind Liebe, Glück, Mitleid, Fröhlichkeit und freundliche Lebhaftigkeit.

Als Erwachsene haben wir längst verinnerlicht: die »schlechten« Gefühle haben nicht stattzufinden. Sie sollten möglichst gar nicht wahrgenommen werden. In der Erwachsenenwelt sind sie ein Zeichen von Schwäche, von sichgehenlassen.

Depressionen sind eine Krankheit. Zufriedenheit, Heiterkeit, Vertrauen, Spontaneität und Begeisterungsfähigkeit sind

zu bewundern. Oder, wie wir heute sagen: Wir müssen
»Fun« und »Power« haben. Immer ein Lächeln auf den Lippen. Die anderen mitreißen. Wir leben in einer regelrechten »Gut-drauf-Gesellschaft« mit lachenden Siegertypen.
Übermütige Models demonstrieren uns, wie es geht. Schließlich leben wir in einer Spaß-, Konsum- und Genußkultur.
Das Leitmotiv des Alltags ist der Zwang, positiv zu sein. Nur
wer pausenlos strahlt, kommt gut an. Und das wollen wir
schließlich alle. Die Elite in Politik und Wirtschaft gibt sich –
je düsterer die Zukunftsprognosen – um so heiterer. Krampfhaft lockere Mienen signalisieren, »alles easy«, denn von der
positiven Ausstrahlung hängt schließlich der persönliche Erfolg ab. Wem es schwerfällt, ständig Optimismus zur Schau
zu stellen, der kann auf diverse Ratgeber, Workshops, Therapeuten, Lebenshelfer zurückgreifen, die Rezepte verbreiten,
wie aus deprimierten, ernsten, nachdenklichen Menschen
fröhliche Männer und Frauen werden. Depressiv ist nur der
Verlierer. Traurig nur der Versager. Und die sind nicht gefragt.

Gut funktionieren allerdings kann nur, wer Probleme systematisch ausblendet. Wer schwierig, langweilig, trübe oder
spröde ist, wird ausgegrenzt. Es herrscht ein Stimmungsdik-
tat. Niemand darf den anderen »runterziehen«. Anfängliche
Anteilnahme bei Lebenskrisen schlägt bald in Ungeduld um.
Und bei all den Ansprüchen reicht es, wenn man nur heiter
und glücklich wirkt. Wenn man die Fassade aufrechterhält
und nicht »unangenehm« auffällt. Wie es drinnen wirklich
aussieht, interessiert keinen. Gerade im Berufsleben gilt eine
rigide Gefühlsnorm. Als professionell gilt der, der sich völlig
beherrscht, keine Gefühlsregung zeigt, sich von Rationalität
und Vernunft leiten läßt. Das gilt um so mehr, je höher man
in einer Hierarchie aufsteigt. Ein Mangel an emotionaler Beherrschung kann eine berufliche Laufbahn regelrecht gefährden. Und so haben Mental-Trainer, häufig von Firmen fürs
Management angeheuert, regen Zulauf.

Ein bestimmtes Menschenbild ist das heimliche Leitbild: der leicht aufgedrehte, kontaktfreudige, gutgelaunte Selbstanimateur. Der amerikanische Soziologe David Riesmann nennt ihn den »außengeleiteten Menschen«, der sich flexibel an die jeweilige Situation anpaßt und immer genau spürt, was verlangt wird. Ein Meister der Selbstdarstellung, der auf Knopfdruck alle geforderten Gefühle produziert. Der Chefredakteur von *Psychologie Heute* und Stern-Autor Heiko Ernst spricht von »emotionaler Nötigung«. Das ewige Gutdraufsein zwinge dazu, negative Gefühle ständig mit hohem psychischen Aufwand zu verdrängen oder zumindest unter Kontrolle zu halten.[14]

Aber nicht nur im Beruf, auch im Privatleben haben wir uns in einer emotionalen Mittellage einzupendeln. Das Leben verläuft »richtig«, wenn es ohne größere Höhen und Tiefen abgeht. Wer dem aufgrund seines Naturells nicht entsprechen kann, fühlt sich außerhalb der »Normalität«. »Als wenn Emotionen zügellose Kinder wären, die Selbstdisziplin lernen müssen, oder Zirkustiger, die man hinter Gitter sperrt.«[15]

Da wir brav gelernt haben, nur gute Gefühle zu empfinden, wollen wir natürlich gut funktionieren und sind nur allzu leicht bereit, das, was uns weh tut, traurig macht, mit Wut erfüllt, unter den Teppich zu kehren. Frauen kennen das: Es gibt Situationen, da könnten sie vor Zorn gegen das Tischbein treten. Aber sie stehen da und lächeln. Oder ein Mann ist so verletzt und traurig, daß er weinen könnte. Aber er steht tapfer »seinen Mann«, statt in Tränen auszubrechen. Es macht uns angst, wenn wir zu intensive Gefühlsregungen wahrnehmen, und wir setzen unsere ganze Kraft darein, sie zu unterdrücken und uns wieder in einer akzeptierten Mittellage einzupendeln. Nach dem Motto: Wenn es mir schlechtgeht, bin ich nicht in Ordnung.

Dethlefsen: »Jede Haltung für oder gegen etwas ist eine Fixierung. Leben ist Rhythmus und somit Bewegung. Alles fließt, sprach Heraklit. Fixierung aber verhindert Bewegung und ist somit lebensfeindlich. Mit jeder fixierten Meinung oder Ansicht, die ein Mensch auf irgendeinem Gebiet hat, verhindert er Entwicklung.«[16]

Nichts scheint dem Menschen in unserem Kulturkreis so schwerzufallen, wie mit den Höhen und Tiefen, den angenehmen und unangenehmen Gefühlen, die das Leben bietet, beweglich mitzugehen. Wir machen uns ständig Gedanken darüber, wie wir Leid vermeiden können. Dadurch sind viele Menschen empfindungsarm, innerlich taub und von ihren Gefühlen abgeschnitten. Es fällt ihnen schwer, ihre Gefühle wahrzunehmen und zum Ausdruck zu bringen. Sie wirken kühl, monoton, ohne emotionale Schwingungen. Die Empfindungswelt ist für sie wie ein Labyrinth. Teile des Lebens werden nicht oder kaum gelebt. Das Gefühl für die eigene authentische Persönlichkeit wird nicht entwickelt.

Wenn man versucht, der zu sein, für den man gehalten wird, nimmt man sich seine lebendige Ausstrahlung. Sein wahres Ich kann man nur ausleben, wenn man die Vorstellungen und Mythen davon, wie man sein sollte, losläßt. Der Versuch, nur gute Gefühle zu empfinden und schlechte zu unterdrükken, raubt uns Energie und gelingt meist nicht. Die Tatsache, daß man ein Individuum ist, heißt auch, die ganze Breite seiner menschlichen Gefühle und Empfindungen zu akzeptieren und zu schätzen. Es bedeutet, daß man sich nicht in irgendwelche Schubladen von Normalität pressen läßt.

Unsere Emotionen sind die Quelle unserer wahren Identität. Wer sein Naturell akzeptiert, setzt eigene Maßstäbe und läßt sich nicht irgendwelche von außen vorgeben. Egal, wie unabhängig man ist, man wird immer damit konfrontiert, daß einem Botschaften vermittelt werden, wie man sich verhalten soll, welche Reaktionen als passend empfunden werden und was man haben oder tun muß, um geliebt zu werden. Das sollte sich klarmachen, wer sich entschließt, seinem Selbst gemäß zu leben. Selbsttäuschung und Verleugnung führen dazu, daß wir das Gefühl dafür verlieren, wer wir wirklich sind. Das macht uns emotional hilflos und konfus. Akzeptanz dagegen ist der erste Schritt zur emotionalen Erstarkung.

Unsere Gefühle können wir nicht ändern. Worauf wir aber Einfluß haben, ist die Art und Weise, wie wir mit unseren Gefühlen umgehen. Ob wir sie annehmen oder verdrängen. Auch, wie wir reagieren. Manchmal passiert es, daß wir unsere Gefühle nicht mehr unterdrücken können, denn diese werden, wenn unter Verschluß gehalten, immer stärker und suchen sich andere Wege. Wenn die verstandesmäßige Kontrolle nicht mehr funktioniert, platzen unterdrückte Gefühle aus uns heraus, brechen sich Bahn in Krankheiten, Aggressivität, Passivität, Starrheit, Depressionen oder gar in Amokläufen oder Panikattacken. Kinder: »Ich meine, wir sollten bestimmte Gefühle, anstatt sie einfach beiseite zu schieben, als Lehrmeister würdigen lernen. Gefühle sind nämlich Wegweiser, die uns helfen, unsere Reaktionen in den Griff zu bekommen.«[17]

Es macht krank, wenn wir einen Teil unserer Gefühle immer weiter unterdrücken. Krebs und viele andere lebensgefährliche Krankheiten sind darauf zurückzuführen. Kinder: »Jede unangenehme Nuance unterdrücken und unterbinden zu wollen ist ein todsicheres Rezept, wie man das Wesen eines Menschen beschädigen und seine Unfähigkeit, sich zu ändern, noch mit einer gehörigen Portion Frustration beschweren kann. Ich halte meine Patienten lieber dazu an, Achtung und Anerkennung vor einem starken, expressiven Gefühlsleben zu haben.«[18]

Elvira

Ich habe ein starkes Harmoniebedürfnis. Ich kann schlecht Gefühle zulassen, die der Harmonie entgegenstehen. Beispielsweise jemandem offen sagen, daß man mit dem, was er tut, nicht einverstanden ist. Ich kann niemanden wissentlich verletzen, ihm sagen, du, ich finde das so und so nicht gut. Ich gehe nie offen an jemanden heran, wenn ich etwas an ihm nicht mag oder wenn mich etwas stört. Einmal habe ich, wenn ich sage, das finde ich nicht in Ordnung, die Angst, der mag mich nicht mehr. Zum anderen fühle ich selber, wenn mich jemand kritisiert, immer meine ganze Person in Frage gestellt. Und deshalb kann ich auch andere nicht kritisieren. Ich befürchte, die ganze Person niederzumachen. Ich gehe davon aus, daß wir alle nicht kritisiert werden wollen. Und wenn ich das tue, dann könnte ich den anderen verletzen. Das ist so ein Automatismus.

Deshalb schlucke ich mehr, als ich schlucken sollte. Das geht soweit, daß ich mich hinterher ärgere. Daß Gefühle, die ich geschluckt habe, in mir arbeiten und mich aufwühlen. Denn so rücksichtsvoll wie ich sind längst nicht alle. Vor allem im Berufsbereich erlebe ich das oft. Es passiert mir immer wieder, daß ich Leute mit Glacéhandschuhen anfasse und selber kritisert werde, daß sogar gegen mich intrigiert wird. Ich sage nie: »Was fällt dir ein?« oder »Wie kommst du dazu, dich so zu verhalten?« Ich schlucke und schweige. Das ist ungeheuer anstrengend und kostet mich viel Kraft. So viel, daß ich abends völlig ausgelaugt bin und oft keinen Menschen mehr sehen will. Ich trinke auch mehr Alkohol, als gut für mich ist, um das auszuhalten. Ich sage zu oft ja statt nein.

Ich glaube, daß das die Rolle ist, die von mir erwartet wird. Es gibt Tage, da nehme ich mich permanent zusammen. Obwohl mir elend zumute ist. Ich funktioniere dann.

Der andere Effekt ist, daß ich viel Wut ansammele und manchmal so übervoll bin, daß ich bei Kleinigkeiten plötzlich unangemessen explodiere. Beispielsweise fuhr ich neulich Auto und stand im Stau. Es ging Stück für Stück weiter, und ich kam auf einem Zebrastreifen zum Stehen. Da wollte ein alter Mann über die Straße und klopfte mir mit seinem Krückstock demonstrativ aufs Autodach. Da bin ich explodiert, war unangemessen aggressiv. Der Mann bekam eine vielfache Ladung meines Zorns ab. Ich bin wie eine Furie aus dem Auto gesprungen und habe aus Leibeskräften geschrien: »Hau ab, du alter Kerl, ich schlage dich sonst tot.« Der alte Mann war so erschrocken, daß er weglief. Das hört sich im Nachhinein vielleicht komisch an, vor allem wenn man bedenkt, daß ich nur 1,56 m groß bin. Aber in der Situation haben sich meine ganzen angesammelten Aggressionen entladen, und das hat der Mann gespürt. Er hatte Angst vor mir. Ich selbst fühlte mich nicht besser, sondern schlecht wegen dieses Ausbruchs.

Ich empfinde es als verständliche Reaktion zu explodieren. Ich kann das mit meinem Verstand nachvollziehen. Wenn du dich permanent zusammennimmst, lächelst, wenn du eigentlich nicht lächeln willst, und die Starke mimst, wenn du dich schwach fühlst, dann muß das irgendwann herauskommen. Wer immer die Rolle der unberührbaren Starken spielt, sich keine Schwäche zugesteht, so wie ich das im Berufsleben tue, der kann irgendwann nicht mehr.

Ich glaube übrigens, es ist ein typisches Frauenproblem, ständig eine Fassade aufrechterhalten zu wollen. Das tun auch die Hausfrauen und Mütter, die sich dafür zuständig fühlen, das Bild der heilen Familie hochzuhalten. Mädchen werden ja schon von der Erziehung her viel mehr in eine harmonieerhaltende Rolle gedrängt.

Ich habe viel Angst davor, verletzt zu werden. Ich glaube, mich durch die Fassade, die ich errichtet habe, schützen zu können. Das ist wie eine Schutzmauer. Mein Lächeln soll sagen, ich bin dir wohlgesonnen, tu du mir auch nichts.

Meine Rolle: die starke, toughe, stets fröhliche Elvira, die immer gut drauf ist und immer alles wuppt. Ich bilde mir ein, wenn mir die anderen diese Rolle abnehmen, greifen sie mich auch nicht an. Wenn ich aber Leuten die Breitseite biete, wenn sie sehen, daß ich schwach bin, daß es mir schlechtgeht, dann glaube ich, daß sie dies ausnutzen. Die stochern dann in meinen Wunden. Ich glaube, mich am besten schützen zu können, indem ich in diese angepaßte pflegeleichte Rolle schlüpfe.

Manchmal wünsche ich mir, aggressiver und ehrlicher zu sein. Meine Rolle hat ja viel mit Verlogenheit zu tun. Ich wünsche mir, daß es mir leichter fallen würde, Leuten die Wahrheit zu sagen, auch wenn sie negativ ist. Ich wünsche mir, mehr Abstand zu haben, von innen heraus, anstatt mir immer vorsichtig zu überlegen, tue ich dem jetzt wohl weh, wenn ich das sage? Ich wünsche mir, bei mir sein zu können, wahrhaftig zu sein. Auch mal einfach sagen zu können, dein Gerede stört mich, sei ruhig, ich will arbeiten.

Nicht mal das kann ich.

Es gibt auf meiner Arbeitsstelle eine sehr distanzlose Sekretärin. Sie redet ohne Punkt und Komma nur über ihre ganz persönlichen Probleme. Das geht mir auf die Nerven. Gerade hat sie ein Gebiß bekommen. Dieses Gebiß paßt nicht. Nun erzählt sie mir seit Wochen und Monaten ihre Zahngeschichte. Ohne Ende. Sie steht in meinem Büro, redet, und dann nimmt sie auch noch ihr Gebiß heraus und zeigt mir, wo es nicht sitzt. Eine Distanzlosigkeit sondergleichen. Ich ekle mich. Sie verletzt mein ästhetisches Empfinden, aber ich bin in diesem Augenblick nicht in der Lage zu sagen, hau ab, tu deine Zähne in den Mund und geh raus.

Diese Unfähigkeit führt dazu, daß mich viele Kollegen als Kummerkasten benutzen. Sie kommen ungefragt in mein Büro, belagern mich und erzählen mir ihre Lebensprobleme. Die will ich gar nicht hören, und trotzdem schaffe ich es nicht zu sagen: »Es ist mir zuviel, ich will es nicht hören.« Es nervt mich, daß mir Kollegen, mit denen ich gar keinen großartigen Kontakt habe, ihre Beziehungsprobleme erzählen. Aber nein, ich höre ihnen zu, obwohl ich gleichzeitig registriere, es nimmt mir meine Energie, es zieht mich herunter. Ich lasse mich zumüllen, ohne mich abgrenzen zu können. Ich lasse mir so nah auf den Pelz rücken, daß es unerträglich ist. Und dann stauen sich die Aggressionen in mir auf und sammeln sich. Ich bekomme das Gefühl, ich habe soviel Aggression in mir, es muß nur noch eine Kleinigkeit hinzukommen, dann explodiere ich. Das ist mir zu extrem. Manchmal fürchte ich mich vor meiner eigenen Aggression.

Gespräch mit der Hamburger Diplompsychologin Bärbel Raulf über das Wahrnehmen von und den Umgang mit Gefühlen

▷ Warum haben wir Probleme mit unseren Gefühlen?

▶ Wir sind geprägt durch die Leistungsgesellschaft. Wir setzen, weil wir es so gelernt haben, auch im Gefühlsbereich Leistungsgrenzen an. Beispiel aus dem Alltag: Wir haben uns überreden lassen, etwas mitzumachen, was wir nicht wollen. Statt im nachhinein zu sagen, du, ich habe es mir überlegt, ich möchte das doch nicht, setzen wir uns noch selbst unter Druck. Und ärgern uns über uns, daß wir nicht sofort nein gesagt haben. Wir haben den Anspruch, immer »richtig« reagieren zu müssen. Den Ärger, den wir nicht gezeigt haben, richten wir anschließend gegen uns. Wir schlagen uns selbst, statt zu sagen, ich bin froh darüber, daß ich noch rechtzeitig gemerkt habe, daß ich etwas doch nicht will.

▷ Was wäre besser?

▶ Keiner kann immer sofort richtig reagieren. Wir sollten nachsichtiger mit uns umgehen und sagen können, gut, im ersten Moment habe ich es so gesehen, doch jetzt sehe ich es anders und ändere meine Zusage. Oder aber ich nehme den Erfahrungswert und ändere es in Zukunft. Erfahrung ist etwas, das ich im nachhinein positiv sehen kann. Auch wenn ich im Moment das Gefühl hatte, es ist verkehrt gelaufen.

Beim nächsten Mal versuche ich dann, eher oder angemessener zu reagieren. Ohne mir Druck zu machen. Das ist in Ordnung. Das ist übrigens etwas, was ich meinen Klienten immer wieder sagen muß. Der Hang zur Selbstzerfleischung ist groß.

▷ Wir gehen ganz schön rigide mit uns um.

► Ja, wir setzen uns selbst unter hohen Erwartungsdruck. Und wenn wir den nicht erfüllen, meinen wir, wir hätten versagt, nicht richtig funktioniert. Dann werden wir unzufrieden mit uns selbst, und genau so sollte es nicht sein. Wir kommen aus der Leistungsebene, und die Leistungsebene hat in der Gefühlswelt nichts zu suchen. Sonst stellst du dich unter Dauerdruck. Du kannst dich nicht erweitern, du kannst dich nicht entfalten. Dein kreatives Potential geht dir verloren.

▷ Worin liegt denn jetzt das Hauptproblem beim gestörten Kontakt zu unserer Gefühlswelt?

► In meiner Praxis gibt es wenige, die ihre Gefühle gar nicht wahrnehmen. Die gar kein Empfinden für ihre Emotionen haben. Das ist eher selten, obwohl es das auch gibt. Bei den meisten Menschen funktioniert die Wahrnehmung. Sie spüren schon, da stimmt etwas nicht. Wie der Chef, wie mein Mann, meine Freundin oder meine Nachbarin mit mir umgehen. Wie sie mit mir reden. Wie sie meine Grenzen überschreiten. Es scheitert an der Umsetzung. Daran, rechtzeitig »stopp« zu sagen. Einmal verhindern gesellschaftliche Normen diesen Abgrenzungsprozeß, zum anderen ist da sehr viel Angst vor Ablehnung. Gerade Frauen trauen sich nicht.

▷ Frauen bekommen ja auch oft gesagt, sei nicht so überempfindlich, stell dich nicht so an.

▶ Richtig. Und deshalb fragen sie sich lieber unentwegt, sehe ich das jetzt zu eng? Stelle ich mich an? Müßte ich jetzt nicht eigentlich viel cooler oder einfühlsamer sein? Nicht so leicht beleidigt? Immer dieses »ich müßte doch jetzt«. Diese Norm, die von dem anderen an uns herangetragen wird. Oft zählt die Meinung der anderen (autoritären) Personen mehr als die eigene Wahrnehmung. In dem Moment, wo eine Person idealisiert wird oder ihr mehr Bedeutung und Macht zugestanden wird, als ihr zusteht, gehen die Menschen weg von ihren eigenen Gefühlen. Vielleicht hat er ja doch recht, und ich sehe das falsch. Ich sollte doch nochmal darüber nachdenken. Eigentlich stimmt es ja, wenn er sagt, ich habe den ganzen Tag frei, ich habe ja nur das bißchen Haushalt und die Kinder.

▷ Es fehlt also das Vertrauen in unsere Gefühle?

▶ Ja, es liegt einmal am mangelnden Vertrauen, daß meine Gefühle richtig sind, und natürlich daraus folgend an dem großen Schritt der Umsetzung, dem Übergehen in Verhalten. Zuerst muß ich lernen, daß das, was ich fühle und denke, einen Stellenwert hat. Auch wenn er nur für mich allein gültig ist. Ich fühle eben im Moment so. Das kann jeder nur selbst entscheiden. Dadurch wird ja deine Persönlichkeit getragen. Das ist ein ganz zentraler Punkt in jeder Therapie. Wichtig auch: Wir müssen nicht immer gleich fühlen und reagieren, sonst gäbe es keinen »Lebensprozeß«.

▷ Das heißt, ich reagiere auf die gleiche Sache mal so und mal so?

▶ Das wäre realistisch. Es kommt darauf an, sich nicht selber zu stressen, sondern zu sagen, gut, einen Tag brülle ich zurück. Am anderen Tag gehe ich auf eine sachliche Ebene.

Oder aber ich sage ruhig, ich möchte mich so nicht unterhalten, und gehe weg. Es ist wichtig, sich zu gestatten, zu variieren, körperliches Empfinden und äußere Umstände mit einzubeziehen. Es gibt keine Rezepte für richtiges Verhalten. Es ist wichtig, sich die innere Freiheit zuzugestehen zu sagen, ich setze mich nicht unter Erwartungsdruck. Vielleicht kann ich nicht immer sachlich sein, wenn ich mich derart aufrege. Manchmal schafft ein Aggressionsausbruch Erleichterung, ein anderes Mal eine dezente Zurechtweisung. Das, was ich emotional und körperlich leisten kann in diesem Augenblick, ist in Ordnung. Auch, wenn ich einfach nur weggehe.

▷ Um in dieser Gesellschaft klarzukommen, müssen wir uns sehr verbiegen.

▶ Dabei sollten wir uns zugestehen, daß wir uns mal so und mal so fühlen. Doch wir dürfen nicht krank sein, wir dürfen nicht depressiv sein, wir müssen aktiv sein und gute Laune versprühen, wir müssen stark und ausgeglichen sein. So funktioniert das Leben aber nicht. Wer ist denn immer aktiv, wer ist denn immer gesund? Wir alle sind mal deprimiert, traurig, wütend, fühlen uns schlecht oder stecken in einer Krise. Das gehört zu unserem Leben dazu. Wir tabuisieren bestimmte ganz natürliche Lebensbereiche bis hin zum Tod. Tod hat ja bei uns eigentlich überhaupt nicht stattzufinden. Und wenn, dann bitte im stillen Kämmerlein und ganz für sich allein. Bloß nicht die Allgemeinheit damit belästigen.

▷ Ich kenne viele Menschen, die meinen, so wie ich bin, bin ich eigentlich nicht richtig.

▶ Ja, ich werde immer häufiger damit konfrontiert, daß Menschen kommen und sagen, ich möchte so sein wie Freundin sowieso. Die ist so toll und stark. Im Grunde ist es ein mühsames und auswegloses Unterfangen, immer so sein zu wollen wie jemand anders. Überhaupt nicht hinzugukken, welche Qualitäten habe ich, was macht mich denn aus? Ich bin vielleicht besonders interessant, weil ich ein zurückhaltender Mensch bin. Oder durch meine Schüchternheit werde ich im zwischenmenschlichen Bereich angenehm erlebt. Man muß und sollte nicht dauernd der superstarke Mensch sein wollen.

▷ Der »superstarke« Typ voller »Power« ist aber das Menschenbild, was uns immer als erstrebenswert vorgeführt wird.

► Das ist der Mensch, durch den die Leistungsgesellschaft funktioniert. So sind längst nicht alle Menschen. Daran liegt es aber, daß Menschen, die nicht so nach außen gehen, extrovertiert sind, meinen, sie wären weniger wert. Mauerblümchen, die keiner will. Solche Menschen finden auf einer negativen Skala wahnsinnig viele Argumente gegen sich, und wenn sie dann nach ihren positiven Werten gefragt werden, fällt ihnen nichts oder sehr wenig ein. Es macht einen Menschen liebenswert, wenn er auch mal zurückhaltend sein kann oder schweigsam. Wenn er andere nicht permanent überstimmt, sondern auch ein guter Zuhörer ist, Verständnis hat für andere, mitgehen kann und auch ernsthaft ist. Das sind Aspekte, die ich in Therapien immer wieder betone gerade für Menschen, die wenig Selbstwert für sich entwickelt haben. Die auf dieser Ebene ein Nachholbedürfnis haben. Diesen Menschen würde ich übrigens auch immer eine Therapie empfehlen. Es ist einfach wahnsinnig anstrengend, nach außen immer eine Fassade aufrechtzuhalten, fremdbestimmt durchs Leben zu gehen.

▷ Warum schafft man es nicht alleine?

▶ Menschen, die auf einer Werteskala wenig Positives für sich benennen können, brauchen sehr viel Motivation. Es muß jemand dasein, der Aspekte erfüllt, erahnt. Das ist oft wie ein Puzzle, wie Detektivspielen. Therapie hat auch viel mit Einübung zu tun und damit, sich Handwerkszeug zu erarbeiten, um Verhaltensweisen neu zu lernen. Aufkommende Ungeduld und Leistungsdruck – vom Klienten oder auch von Angehörigen bei Äußerungen wie: »Bist ja schon zehn Stunden da. Man merkt ja noch gar keine Veränderung. Es hat sich ja überhaupt noch nichts getan« – müssen aufgefangen und verifizierbar gemacht werden.

▷ Sind wir nicht viel zu atemlos?

▶ In der Tat, dabei muß man sich Zeit geben und das Ganze als Prozeß betrachten. Wir sind viel zu ungeduldig, was auch durch unsere Leistungsgesellschaft verstärkt wird.

▷ Wer sucht Hilfe in einer Therapie, und was kann sie leisten?

▶ In der Therapie kann ein Mensch wachsen und Hilfestellung für sein Leben erfahren. Die Therapeuten werden mehr von Frauen als von Männern frequentiert, am häufigsten von Personen im Alter zwischen 20 und 40 Jahren. Meist sind es Menschen in Lebenskrisen. Ehekrisen. Sie haben Schwierigkeiten mit Partnern oder am Arbeitsplatz. Wenn Menschen an Punkte der Weichenstellung kommen und es darum geht, einen Weg aus Stagnation, Depression und Ausweglosigkeit zu finden, dann nehmen sie therapeutische Hilfe in Anspruch.

▷ Offenheit ist sicher wünschenswert, aber auch gefährlich.

► Ein Mensch kann mit seiner Wahrnehmung und seinen Gefühlen nur wachsen und leben, wenn er auch gleichzeitig in der Lage ist, sich zu schützen. Er sollte nicht jedem gegenüber völlig offen sein. Wichtig ist es, der eigenen Wahrnehmung gegenüber wach zu sein. Sehen, wie benimmt er/sie sich anderen gegenüber, wie benimmt er/sie sich im Kontakt mit mir? Einen Schutz für sich aufbauen kann erst einmal bedeuten, zurückhaltend zu sein. Sich Zeit zu geben. Nicht alles an sich heranzulassen. Eine angenehme sachliche Ebene kann zu einem späteren Zeitpunkt immer noch in eine persönliche Beziehung übergehen. Lassen Sie Grenzen variieren. Bei sympathischen Personen ist die Abgrenzung nicht so stark, bei unsympathischen stärker. Außerdem ist mein Verhalten davon abhängig, wie ich mich gerade fühle, wie mein Tag war. Wie arbeitsintensiv er war, wieviel Streß ich hatte. Je besser ich lerne, mit meiner Wahrnehmung umzugehen, um so leichter kann ich meine Grenzen variieren.

▷ Wir leben in einer Zeit, in der die Schwächeren immer mehr an den Rand gedrängt werden.

► Der Wert des Menschen wird an Leistung, Ausdauer, Kraft gemessen. Werte wie Verständnis, positives mitfühlendes miteinander Umgehen, Humanität, geraten in Vergessenheit. Es geht um Produktionszahlen, bei der aktuellen wirtschaftlichen Lage mehr denn je. Der ganze zwischenmenschliche Bereich wird dabei ausgeklammert. Der Irrwitz daran ist, daß der Mensch viel mehr leisten könnte, wenn er positiv motiviert würde und Verständnis für ihn aufgebracht würde. Statt dessen wird damit gearbeitet, Angst zu schüren. Angst um den Arbeitsplatz, Existenzangst. Überall ist Existenz bedroht, es reicht schon, die Nachrichten zu lesen oder die Tagesschau anzuschalten. Und seitdem der Osten mit seinem Kommunismus gescheitert ist, können bei uns die kapitalistischen Mechanismen um so mehr greifen. Ellenbogenmentalität, Konkurrenz ausschalten ist angesagt. Wer sich am stärksten durchsetzen kann, wird etwas. Was da auf uns zukommt, ist erschreckend.

▷ Wir überbetonen das kognitive Wissen und die Intelligenz.

▶ Wir sind sehr kopflastig. Und es nützt uns nichts. Auch Akademiker geraten in Lebenskrisen. Intelligenz ist kein Schutz vor Krisen. Es kommt auf die Handlungsebene an. Es reicht nicht aus, Probleme erklären zu können. Wir Therapeuten gehen davon aus, daß der Mensch ein ganzheitliches Wesen ist, das heißt, Kopf, Gefühl und Seele greifen ineinander, und alles funktioniert zusammen. Defizite treten auf, wenn der Kopf das Übergewicht hat, der Mensch verharrt und stagniert auf der Handlungsebene. Es gibt die Leute, die brillant über alle ihre Probleme reden können, aber allein aufgrund ihres theoretischen Wissens keine Lebens- oder Verhaltensänderung erreichen können.
Analysieren allein bringt kein Wachstum. Dahinter steckt ein großer Verdrängungsmechanismus. Nur Kopfwissen allein garantiert keine Änderung. Ich erlebe das bei Akademikern immer wieder. Der Kopf ist so stark, und der Gefühlsbereich spiegelt das Gegenteil davon. Sie öffnen sich nicht für ihre Gefühle. Durch Intelligenz und Darstellungsfähigkeit wird viel kompensiert. Das sind Schutzmechanismen, die häufig Angst verdrängen. Sehr intellektuelle Menschen haben das Gefühl, sie hätten alles unter Kontrolle. Wo sie doch soviel wissen und erklären können. Die kopflastigen Menschen befürchten häufig Kontrollverlust und sind deshalb oft starr und festhaltend. Trauen sich nicht, sich mal auf eine Situation einzulassen.

▷ Wie sollte ich Entscheidungen fällen?

▶ Es gibt kein Patentrezept für die jeweiligen Situationen. Aber man sollte bei Entscheidungen immer die Gefühle mit einbeziehen. Beispielsweise bei der Entscheidung, warte ich auf den Anruf meines Partners, oder soll ich ihn anrufen? Ich merke ja, denke ich ständig daran? Drängt es mich, daß ich mich melden müßte? Leide ich unter der Warterei, oder bin ich locker? Finde ich die Wartezeit völlig in Ordnung, fühle ich mich gut damit, daß ich mich nicht melde? Gefühle sind Indikatoren, die hinzugenommen werden sollten, um Entscheidungen abzuwägen, zu treffen, um überhaupt entscheidungsfähig zu werden. Gefühle sind Entscheidungshilfen. Sofern man sich traut, auf die Gefühlswelt zu hören, und sie einzuschätzen weiß.

Der Lohn ist mehr Zufriedenheit bei Entscheidungen. Wenn ich immer ferngesteuert handele, mit dem Blick auf andere, bleibt ein großes Gefühl der Leere, der Unzufriedenheit, der Frustration, der Stagnation. Schlimmstenfalls erlebt der Mensch sich als leblose Hülle und braucht dann fachliche Hilfe. Das passiert, wenn man kein eigenes Wertesystem hat. Es gibt Menschen, die gar nicht wissen, wer sie sind. Dabei ist die Frage nach dem eigenen Ich so wichtig für das Wohlbefinden.

▷ Männer sind sehr viel entscheidungsfreudiger als Frauen. Haben Frauen mehr Angst vor Kritik?

▶ Bei Frauen geht Kritik sofort in den emotionalen Bereich. Gleichzeitig wird bei Frauen der Finger auf diese empfindliche Stelle gelegt. Ich stelle immer wieder fest, männliche Chefs gehen mit männlichen Untergebenen anders um als mit Frauen. Frauen fällt es schwer, mit Aggression umzugehen. Sich rechtzeitig bei Aggression und Ungerechtigkeit abzugrenzen. Die Folge von derartigem Verhalten ist Kränkung und Verletzung.

▷ Mit welchen Emotionen haben Männer zu kämpfen und mit welchen Frauen?

▶ Das ist schwer zu pauschalieren. Bei den Männern ist es so, daß sie mit Aggression weniger Schwierigkeiten haben. Mehr Probleme haben sie, wenn es um Verständnis geht. Sie wissen häufiger, was sie wollen und wo sie hinwollen, zumindest im beruflichen Bereich. Für Männer ist es schwieriger, auf die schwachen Seiten zu schauen, wo sie etwas brauchen, z. B. auch von ihrer Frau. Männer bewerten oft: das darf nicht sein, das ist unmännlich. »Mann« darf nicht schwach sein. Das wird ganz negativ besetzt. Bei Männern ist es wesentlich schwieriger, die bedürftigen Seiten aufzuzeigen. Sie dahin blicken zu lassen, wo sie Bedürftigkeit nach Anlehnung, nach Liebe, nach Verständnis verspüren. Mal irgendwo den Kopf anlehnen zu können. Nicht immer nur die starke Schulter darzureichen, derjenige zu sein, der permanent auffängt, ganz oben steht, sondern auch mal die andere Seite zu zeigen, zu sagen, heute war es aber wirklich schwer, heute bräuchte ich auch mal ein paar Streicheleinheiten. Das haben Frauen auch. Doch Frauen gestatten sich die schwachen Seiten häufiger. Sie verspüren eher die gegenteilige Tendenz. Frauen fühlen sich häufig schwach und erkennen ihre positiven Anteile nicht. Auch ihre Stärken nicht. Weil sie eine Trennung vollziehen, wie ich als Frau sein muß, und wenn ich das nicht bin, dann bin ich unzureichend. Dann falle ich durchs Raster. Frauen fällt es leichter, sich in andere hineinzuversetzen. Aber sie vertrauen oft ihrer eigenen (richtigen) Wahrnehmung nicht und verhindern ein positives Umsetzen.

Über Frauengefühle und Männergefühle

Untersuchungen messen heute biologisch-genetischen Ursachen für die emotionalen Unterschiede zwischen Mann und Frau eine größere Bedeutung bei, als das in den siebziger und achtziger Jahren der Fall war, wo man glaubte, der erzieherische Einfluß sei ausschlaggebend für das Verhalten. Das heißt aber nicht, daß Erziehung unwichtig ist. Mit Sicherheit lassen sich Differenzen im Verhalten von Männern und Frauen auch auf die unterschiedliche Kindheit von Jungen und Mädchen zurückführen. Es gibt umfangreiche Untersuchungen darüber, daß Jungen und Mädchen in getrennten Welten aufwachsen, daran haben Frauenbewegung, technischer Fortschritt und Männergruppen bis heute nichts geändert. In diesen getrennten Welten lernen sie auch einen unterschiedlichen Umgang mit ihren Emotionen.

Experten haben zahllose Details untersucht, wie Erwachsene sich – oft unbewußt – Jungen gegenüber anders verhalten als Mädchen. So sprechen Eltern mit Töchtern beispielsweise mehr und anders über Gefühle als mit ihren Söhnen. Mädchen bekommen auch mehr Informationen über Gefühle. Das gilt allerdings nicht für Zorn. Während sie ihren Tränen meist freien Lauf lassen dürfen, lernen Mädchen, Zorn zu unterdrücken. Zornig werden gilt als Privileg der Männer, gilt als ausgesprochen unweiblich.

Wenn Eltern sich für ihre Kinder im Vorschulalter Geschichten ausdenken, verwenden sie gegenüber Töchtern mehr emotionale Begriffe als gegenüber Söhnen; wenn Mütter mit ihren kleinen Kindern spielen, zeigen sie Töchtern ein breiteres Spektrum an Emotionen als Söhnen; wenn Mütter mit ihren Töchtern über Gefühle sprechen, gehen sie ausführlicher auf den emotionalen Zustand selbst ein, als sie dies bei Söhnen tun, während sie bei den Söhnen ausführlicher über die Ursachen und Folgen von Emotionen sprechen.[1]

Schlagen Eltern ihren Töchtern Spiele vor, dann eher welche, die harmonisch verlaufen, bei denen Zusammenarbeit im Vordergrund steht, die Lösung einer Aufgabe den Mittelpunkt bildet. Bei Spielvorschlägen für Jungen geht es drum, sich zu beweisen. Mut und Sieg, Wettkampf stehen im Vordergrund. Die Sprache unterstützt die Auswahl. Bei Mädchen wird Rücksicht betont, bei Jungen der Siegeswille. Wenn ein Junge weint, wird ihm Ärger als Grund unterstellt, weint ein Mädchen, denkt man zuerst, es traut sich nicht oder hat Angst.

Wilhelm Johnen, der sich in seinem Buch *Die Angst des Mannes vor der starken Frau* mit Männerängsten befaßt, setzt sich auch mit Erziehungsstilen auseinander, die er für unterschiedliches Verhalten von Mann und Frau verantwortlich macht, und kommt zu dem Ergebnis: Viel spricht für das Modell, daß die Erwachsenen weitgehend den Unterschied in den Verhaltensweisen von Jungen und Mädchen bestimmen. Die Unterschiede sind Produkte der Erziehung, gewollt und ungewollt.

»Nun würden heute keine Mutter und wahrscheinlich nur wenige Väter darauf bestehen, daß Jungen nicht weinen dürfen oder daß sie zu kämpfen hätten, statt zu fliehen. Keine Mutter würde bewußt einen harten Mann, der weder Tod noch Teufel fürchtet, erziehen. – So einfach vermittelt sich das Klischee nicht.«[2] Vielmehr seien es eine Vielzahl von harmlos scheinenden Episoden, die das Kind formen. Der Blick etwa, den ich meinem Sohn schicke, wenn er weint. Die Wortwahl: »Er heult.« »Dieser Blick des Vaters oder der Mutter kann unbewußt bleiben. Viele würden den Blick bestreiten, zumindest so lange, bis sie ihn auf einer Videoaufnahme erkennen können.«[3]

Weiter gehe es bei den Klassifizierungen. Ein Kriterium für Männlichkeit sei, alles zu vermeiden, was als weiblich gelte. Und so ist es eine harsche Kritik an kleinen Jungen, wenn wir ihnen sagen: »Du benimmst dich ja wie ein Mädchen.« Umgekehrt ist das anders. Wenn wir über ein Mädchen sagen: »An ihr ist ein Junge verlorengegangen«, meinen wir, sie ist wild, draufgängerisch, frech. Und insgeheim gefällt uns das. Solange es ein gewisses Maß nicht übersteigt. Dann wird es lästig, und wir steuern gegen. Spätestens wenn aus dem Mädchen eine Frau wird.

Selbst Neugeborene werden schon anders behandelt. Johnen: »Ganz zu Anfang liegen die Unterschiede in den Kommentaren der Eltern oder anderer Erwachsener. Da werden Ähnlichkeiten in Kindergesichtern gesucht und Charakterzüge von Eltern und Großeltern *hineininterpretiert*.«[4] Die *vermeintlichen* Eigenschaften spiegeln *natürlich nur* Wünsche und Befürchtungen wider, und so werden schon früh Projektionen an Kinder herangetragen, wie sie zu sein haben, wie man sie gut fände. Und daß man einen Jungen anders gut fände als ein Mädchen, ist fast schon selbstverständlich. Es steckt tief in uns drin.

Unterschiedliche Schulung von Gefühlen hat natürlich zur Folge, daß anders damit umgegangen wird. So spielen Mädchen schließlich mehr in kleinen intimen Gruppen, in denen viel kooperiert und wenig gestritten oder gekämpft wird. Mädchen können ihre Gefühle besser artikulieren als Jungen und können Streitigkeiten verbal analysieren. Jungen spielen in größeren Gruppen, in denen sie sich miteinander messen und konkurrieren. Und wenn sie erwachsen sind, haben sie ganz andere Bewertungen verinnerlicht.

Deborah Tannen hat in ihrem Buch *Du kannst mich einfach nicht verstehen* beschrieben, welch unterschiedliche Erwartungen Männer und Frauen an ein Gespräch haben. Frauen suchen emotionale Gemeinsamkeiten, Männern reicht es, über Dinge zu sprechen. Frauen sind sensibel, wenn es darum geht, verbale und nonverbale Signale richtig zu deuten. Sie können Mitgefühl entwickeln und sind fähig, an Tonfall, Körpersprache und Gesichtsausdruck unausgesprochene Gefühle des anderen abzulesen. Frauen ist es wichtig, über die Beziehung und die durch sie erzeugten Gefühle zu sprechen, gemeinsame Situationen hinsichtlich der erlebten Gefühle zu analysieren, und zwar gemeinsam. Frauen kann man in der Regel ihre Gefühle besser vom Gesicht ablesen. Frauen erleben das gesamte Spektrum von Gefühlen intensiver als Männer.

Männer sind Meister im Herunterspielen und Ignorieren von Gefühlen. Besonders wenn es um Verletztheit und Angst geht. Im allgemeinen verstehen Männer nicht, was Frauen von ihnen wollen. Mit der Frau etwas zu machen bedeutet für sie, eine Arbeit schweigend gemeinsam zu tun, zusammen fernsehen oder gemeinsam irgendwo hinzugehen. Wenn Frauen über Beziehungsschwierigkeiten reden wollen, bleiben sie stumm. Männer haben eine ausgesprochene Abneigung gegen emotionale Konfrontationen. Der Bestand einer Beziehung hängt aber wesentlich davon ab, wie wunde Punkte diskutiert werden. Um eine emotionale Entzweiung zu vermeiden, muß man darüber reden können, in welchem Sinne man sich nicht versteht.

Wir wissen, daß Männer und Frauen meistens aneinander vorbeireden. Frauen kommunizieren mehr auf der Gefühlsebene, Männer ziehen sich gerne auf eine Sachebene zurück. Frauen treibt es zur Verzweiflung, wenn sie das Gefühl haben, ihr Partner versteht sie nicht, und sie können ihn nicht verstehen. Männer sind da eher hilflos.

Ein Gespräch mit dem Hamburger Therapeuten
Michael Thiel, der sich mit den
unterschiedlichen Kommunikationsebenen
von Mann und Frau befaßt hat

▷ Welche Folgen hat es, wenn Mann und Frau ständig aneinander vorbeireden?

▶ Für mich ist dies die Kardinalursache für Beziehungskrisen überhaupt. Verbale und nonverbale Kommunikation ist die wichtigste Basis für eine gesunde Partnerschaft. Nicht miteinander reden, aneinander vorbeireden tötet jede Beziehung. Gestörte Kommunikation führt zu gestörten Beziehungen. Mit Kommunikation – auch in den Arm nehmen, tief in die Augen schauen – befriedigen wir gegenseitig unsere wichtigsten Grundbedürfnisse. Das Bedürfnis nach Sicherheit, Geborgenheit, Anerkennung, Liebe, Geltung und Wertschätzung. Tatsache aber ist leider, 90 Prozent aller Patienten, die wegen Partnerproblemen in meine Praxis kommen, sagen fast wörtlich: »Er versteht mich nicht. Ich weiß einfach nicht, was in ihm vorgeht.«

▷ Was ist an der zwischengeschlechtlichen Kommunikation so problematisch?

▶ Viele Männer sind Gefühlsdistanzler und hassen nichts so sehr, als wenn ihre Partnerin mit ihnen über Liebe reden will. Diese Distanzler haben häufig Angst vor Nähe, vor Hingabe, weil sie fürchten, daß sie dadurch ihre männliche Unabhängigkeit, ihre Freiheit, ihre Individualität verlieren. Deshalb sind Männer oft Kommunikationsvermeider. Sie verschließen ihre Gefühle, schlucken anscheinend emotionslos bei Partnerkonflikten ihre Gefühle herunter, schweigen eisig und kapseln sich ab, tauen erst bei Sachproblemen wieder so richtig auf.

▷ Entsetzlich für eine Frau!

► Ja. Frauen liegen nämlich kommunikationspsychologisch gesehen meist auf der Beziehungslauer, hören vieles mit dem Beziehungsohr, was zur Folge hat, daß sie in Gesprächen mit dem Partner vieles persönlich nehmen, sich leicht angegriffen und beleidigt fühlen – auch wenn es tatsächlich um Sachprobleme geht. Viele Frauen gehören zu den gefühlsbetonten Nähemenschen, die einen starken Wunsch nach Nähe, zwischenmenschlichem Austausch, nach Geborgenheit und Zärtlichkeit haben. Sie brauchen Kommunikation.

▷ Da prallen zwei Welten aufeinander.

► Das kann man wohl sagen. Da, wo die Frau Gefühle braucht, schafft der Mann durch Sachlichkeit Distanz, in der er sich frei fühlen kann. Die Frau hingegen schafft im Ausdruck von Gefühlen Nähe, in der sie sich geliebt und sicher fühlen möchte.

▷ Sie sprechen von verschiedenen Gefühlsebenen. Welche gibt es?

► Jede Nachricht, die zwischen zwei Menschen ausgetauscht wird, hat mindestens vier Ebenen: die Sachebene, wo es um den Inhalt geht. Die Selbstoffenbarungsebene, auf der wir durch die Form der Selbstdarstellung Informationen über den Sender erhalten. Die Beziehungsebene drückt durch Tonfall, nonverbale Gestik und Körperhaltung aus, was ich von meinem Gesprächspartner halte und wie wir zueinander stehen. Da liegt Zündstoff drin. Auf der Appellebene schließlich kommt rüber, wozu ich den Partner veranlassen möchte. Nichts ist nämlich nur so dahingesagt.

▷ Frauen hassen eine Sorte Mann besonders: den Schweiger, der verbissen die Lippen aufeinanderkneift und in den Fernseher glotzt.

► Selbst das Anschweigen in einer Beziehung ist Kommunikation. Immer wiederkehrendes Beispiel: Eine Frau sitzt ihrem schweigenden, zeitungslesenden Mann am Frühstückstisch gegenüber. Sie meint, folgende Botschaft von ihm zu empfangen. »Ich will meine Ruhe haben.« (Selbstoffenbarung) »Du bist keine attraktive Gesprächspartnerin für mich.« (Beziehung) »Dräng mir bloß kein Gespräch auf.« (Appell) Das Fatale daran ist: Das ist die Interpretation der Frau. Vielleicht will er wirklich nur Zeitung lesen und meint nichts anderes. Die Frau aber hat auf ihrem Beziehungsohr gehört. Sie könnte ihm nun vorwerfen: »Du interessierst dich wohl nicht mehr für mich, sonst würdest du dich mit mir unterhalten«, und der Mann könnte antworten: »Was du wieder denkst, ich will nur meine Zeitung lesen.« Und schon haben wir den Anfang einer ausbaufähigen Beziehungskrise.

▷ Haben Sie noch ein typisches Beispiel für irrtümliche Botschaften?

► Jede Menge. Ganz typisch auch: Eine Frau beklagt sich, ich kann mit meinem Mann nichts machen. Noch nicht mal zusammen Auto fahren. Ständig kritisiert er mich, hält mich für unfähig und versucht, mich zu bevormunden. Dauernd gibt es Streit. Daraufhin sagt er: »Das darf nicht wahr sein. Ich habe lediglich gesagt: Die Ampel ist rot. Daraufhin bist du ausgeflippt und bist persönlich geworden. Mit dir kann man einfach nicht sachlich reden.« Diese Beispiele aus dem Alltagsleben lassen sich beliebig fortsetzen.

▷ Wo liegen denn die tieferen Ursachen für das ständige aneinander Vorbeireden?

► Männer lernen schon von klein auf, möglichst früh selbständig, unabhängig und unemotional zu sein. Probleme sollen sie männlich, d. h. nüchtern, sachlich und effektiv lösen. Gefühle stören hierbei nur. In unserer technologischen Gesellschaft wird dieser sachliche Sprachstil noch weiter gefördert. Wer in knappen, nüchternen, sachlichen Worten sein Anliegen vortragen kann, signalisiert geschäftsmäßige Solidität und Kompetenz. Mit dieser Sprache wird Politik gemacht, wir lesen sie, hören sie im Fernsehen und im Radio. Diese Sprache ist aber ein Beziehungskiller.

▷ Warum?

► Weil unterdrückte Emotionen, die der Sprecher ja trotz seines sachlichen Stils hat, weiterwirken. Allerdings unbewußt und damit unkontrollierbar. Was an Ängsten beispielsweise nicht ausgesprochen wird, drängt in körperlichen Symptomen und Krankheiten an die Oberfläche. Nicht zufällig ist der Herzinfarkt bei Männern zweithäufigste Todesursache. Der zweite Grund: Redet ein Mann mit seiner Partnerin permanent in diesem nüchternen Stil, weiß sie irgendwann nicht mehr, woran sie ist, was er meint, ob er sie verstanden hat. Sie wird aufs Reagieren reduziert. Meist reagiert sie mit wütenden Beschimpfungen, Belehrungen, Forderungen. Nur um irgendeine Gefühlsäußerung von ihm zu bekommen. Das geht bis zur körperlichen Auseinandersetzung, in der Frauen ihre Männer schlagen, damit sie endlich Reaktionen zeigen.

▷ Ist dieses unterschiedliche Sprachverhalten anerzogen oder angeboren?

► Weder noch ausschließlich. Ich bin der Überzeugung, daß gerade in frühen Jahren das Gehirn seine Strukturen je nach Umweltbeschaffenheit verändert. Wissenschaftlich ist heute bewiesen, daß die Anzahl der Neuronenvernetzungen, also die Verbindungen von Nervenzellen, die unterschiedliche Gehirnteile miteinander verbinden und für die Aufnahme und Weiterleitung von Nervenimpulsen verantwortlich sind, je nach Umweltreizen unterschiedlich sind. Somit entwickelt sich die Funktionsweise des Gehirns umweltabhängig.

▷ Können Sie das am Beispiel verdeutlichen?

▶ Ein 23jähriger Patient von mir wuchs beispielsweise seit dem fünften Lebensjahr in einem reinen Frauenhaushalt auf. In der Therapie konnte er mühelos über seine Gefühle berichten, weinte hemmungslos und genoß es, über seine Frauenbegegnungen zu reden – in gefühlsreicher, blumiger Frauensprache. Er hat gelernt, auf einer Gefühlsebene zu kommunizieren. Eine alleinlebende 50jährige Sachbearbeiterin dagegen, nie verheiratet, aufgewachsen zwischen drei Brüdern und einer schwachen Mutter, wirkte in meiner Praxis wie verpanzert: kaum Mimik, emotionslose männliche Wortwahl, kaum Kontakt zu den eigenen Gefühlen. Die Worte »ich« und »ich fühle« waren für sie nicht aussprechbar. Das bedeutet, auch wenn Gehirnstrukturen geschlechtsabhängig sind, spielt die Umgebung, was jemandem geboten wird oder auch nicht, eine dominierende Rolle für die unterschiedliche Entwicklung des Sprachvermögens und -verhaltens.

▷ Was raten Sie gefühlsgestörten Männern?

▶ Kommunikation ist die Brücke zwischen zwei Inseln. Je besser der Kontakt zu sich selbst, je besser das Wahrnehmen der eigenen Gefühle, Bedürfnisse und Wünsche, um so stabiler ist die Brücke. Deshalb ein Tip für Männer im Geschlechterkampf. Besser ist immer, sich auszudrücken, als sich zurückzuziehen und abzukapseln. Reden ist hier Gold. Auf keinen Fall sagen: »Laß mich erst in Ruhe Luft holen.« Deshalb geht sie ja hoch, bei soviel Luft. Besser: »Ich bin blockiert. Ich kann nicht so über mich sprechen wie du. Hilf mir dabei.«

▷ Hier geht es also um emotionale Intelligenz. Wer muß denn da mehr lernen? Mann oder Frau?

▶ In meinen Therapien müssen meistens die Männer an ihrer Selbstklärung arbeiten, die ja Voraussetzung für den Umgang mit ihren Emotionen ist. Frauen sind in ihrer Sprache persönlicher, bitten und entschuldigen sich mehr. Sie vergewissern sich häufiger, richtig verstanden zu haben. Frauensprache ist gekennzeichnet durch gefühlsmäßige Offenheit, durch Akzeptieren und Verstehen. Alles wichtige Voraussetzungen für eine tiefer gehende Kommunikation. Frauen müssen eher lernen, sich von ihren Emotionen nicht so überfluten zu lassen, ein wenig sachlicher damit umzugehen.

Die Schuldgefühle der Frauen

Frauen neigen zu sehr dazu, in allen möglichen Situationen Schuldgefühle zu haben. Vor allem, wenn sie ihre eigenen Interessen vertreten. Haben sie sich abgegrenzt, gewehrt, haben sie ihre Meinung vertreten oder durchgesetzt, sind sie häufig nicht froh darüber oder stolz auf sich, sondern fragen sich ängstlich: »Habe ich den anderen verletzt?« »War ich zu hart?« »Habe ich das jetzt zu eng gesehen?«
Das Erbe von Frauen über Generationen hinweg ist das sich Aufopfern für andere. Jahrhunderte hatten Frauen die Verantwortung für die Gefühle anderer zu übernehmen. Sorgen

für andere auf Kosten ihrer Selbst war ihre Aufgabe. Erst recht, nachdem sie Mutter geworden waren. Spätestens dann hatten Frauen ihre eigenen Bedürfnisse hintan zu stellen und freudig und willig dem Wohle des Kindes und der Familie zu dienen.

Auch die Harmonie in der Partnerschaft ist ihre Aufgabe. Das geht bei manchen Frauen so weit, daß sie ohne zu murren die schmutzige Wäsche aufheben, die der Mann fallen läßt, wo er geht und steht, und ihm morgens die frische Wäsche zurechtlegen wie einem kleinen Kind.

Es gibt Frauen, die stellen ihre Intelligenz und Kompetenz unter den Scheffel, um nicht als Blaustrumpf oder als besserwisserisch zu gelten. Viele tun alles, um geliebt und gemocht zu werden, und haben Angst davor, von anderen als bedrohlich oder streitsüchtig empfunden zu werden. Lieber versuchen sie, sich in andere hineinzuversetzen, als ihre eigenen Gefühle zu verteidigen. Lieber verstehen sie, daß jemand eine bestimmte Meinung vertritt, als die eigene zu vertreten. Frauen können sich leichter innerlich verbiegen, als den eigenen Gefühlen zu trauen und danach zu handeln. Lieber sind sie hilfsbereit und machen tausend Kompromisse. Ute Ehrhardt schreibt: »Frauen sind das brave Geschlecht. Freundlich, nachgiebig, bescheiden und großzügig. Das wird erwartet, entspricht aber auch dem Bild, das jede Frau in sich trägt.«[5]

Deshalb sind Schuldgefühle der tägliche Begleiter vieler Frauen und hindern sie, ihre Interessen wahrzunehmen und durchzusetzen. Berufstätige Frauen haben Schuldgefühle, weil sie sich oft als Rabenmütter fühlen. Hausfrauen haben Schuldgefühle, weil sie nicht so oft ihre Fenster putzen und Gardinen waschen wie die Nachbarin, obwohl sie »nur« zu Hause sind. Eine Ehefrau, die schon längere Zeit nicht mit ihrem Mann geschlafen hat, hat Schuldgefühle, weil er einen Anspruch auf ihren Körper hat. Mütter haben Schuldgefühle, wenn sie nicht täglich zum Spielplatz rennen, weil sie denken, sie kümmern sich zu wenig um ihre Kinder. Es gibt viele Gründe, sich Schuldgefühle zu machen.

Schuldgefühle entstehen, wenn man etwas tut, zu dem man nicht voll und ganz stehen kann. Wer meint, eine Sache eigentlich perfekter, zuverlässiger, öfter, länger, anders machen zu müssen, bekommt Schuldgefühle, weil das, was und wie er es tut, nicht richtig oder nicht genug ist. Schuldgefühle erzeugen ein schlechtes Gewissen, und ein schlechtes Gewissen belastet und schränkt uns in unserer Bewegungsfreiheit ein.

Ich habe beispielsweise immer wieder starke Schuldgefühle meiner Tochter gegenüber. Das merkt sie natürlich, und entsprechend überzogen sind ihre Forderungen. Ich habe Schuldgefühle, wenn ich abends ausgehe, weil sie doch schon tagsüber zu einer Tagesmutter geht. Wenn ich müde bin und mich zurückziehe, weil sie mir auf der Nase herumtanzt, habe ich Schuldgefühle, weil ich denke, eigentlich müßte ich mich ihr jetzt widmen. Auch wenn ich ihr Grenzen setze, habe ich manchmal Schuldgefühle. So ist es auch im beruflichen Bereich. Als Freiberufler kann man sich seine Arbeitszeit einteilen. Wenn mich ab und zu das Faulfieber packt und ich mich nicht überwinden kann, mich an meinen Schreibtisch zu setzen, dann habe ich ein Gefühl, als ob ich die Schule schwänze. Denn zu tun ist eigentlich immer etwas. Und mit diesen Schuldgefühlen bringe ich mich darum, den Freiraum zu genießen, den ich mir nehme.

Ich habe eine Freundin, die ein schlechtes Gewissen bekommt und sich abtrünnig fühlt, wenn sie in einer öffentlichen Diskussion nicht mit ihrer Freundin übereinstimmt. Das führt dazu, daß sie ihre Meinung lieber verschweigt. Eine andere hat Schuldgefühle, wenn sie nicht immer gute Laune versprüht und die Stimmungskanone macht. Sie hat das Gefühl, das ihren Mitmenschen schuldig zu sein. Eine Dritte hat Schuldgefühle, wenn sie sich einen schönen

Abend ohne ihren Mann macht, weil sie das Gefühl hat, sie läßt den Armen allein. Ich könnte die Beispiele beliebig fortsetzen.

Schuldgefühle macht sich nur, wer nicht zu sich, seinen Empfindungen, Entscheidungen und Bedürfnissen steht. Wer ein Bild davon verinnerlicht hat, wie er eigentlich sein müßte. Und gerade Frauen überfordern sich da sehr, weil sie bis zur Selbstaufgabe meinen, alles leisten zu müssen. Schuldgefühle tragen dazu bei, unser Leben zu belasten und uns Energie zu rauben. Letztlich führen Schuldgefühle zu einem fremdbestimmten Leben, denn sie sorgen dafür, daß wir uns ständig überlegen, wie wir uns nach den Erwartungen der anderen eigentlich verhalten müßten, um anerkannt zu werden.

Oft werden die Schuldgefühle, die wir uns machen, von anderen noch mißbraucht und genutzt, um uns an die Kandarre zu nehmen. Gerade in der Partnerschaft verstehen es manche Männer ausgezeichnet, ihre Partnerinnen durch Schüren von Schuldgefühlen bei der Stange zu halten. Und Kinder nutzen Schuldgefühle ihrer Mütter sowieso gnadenlos aus, denn Kinder suchen sich geschickt alle Wege, um das Angenehmste und Beste für sich herauszuholen.

Gegen Schuldgefühle geht man am besten an, indem man lernt, seine Grenzen und Bedürfnisse wahrzunehmen und ernstzunehmen. Und indem man die Denkfallen, in denen wir alle verhaftet sind, durchschaut. Indem man aufhört mit: »Eigentlich müßte ich doch...« »Vielleicht sollte ich lieber...« Stehen Sie zu dem, was Sie brauchen. Sagen Sie: »Ich brauche dieses und jenes, um mich wohlzufühlen...« Wenn Sie Ihren Bedürfnissen gemäß leben, sind Sie keine Egoistin, sondern sorgen gut für sich. Das sollten Sie auch so nennen. Denn nur, wenn Sie ausgeglichen und zufrieden sind, können Sie auch entspannt nach außen gehen. Fragen Sie sich: »Was brauche ich heute für mich, um meinem Kind eine ausgeglichene zufriedene Mutter zu sein?« Oder: »Was muß ich für mich tun, daß ich unbelastet mit meinem Mann kuscheln kann?«

Frauen bekommen immer dann Schuldgefühle, wenn sie etwas für sich tun. Stellen Sie sich vor, Sie müßten Schuldgefühle bekommen, wenn Sie es unterlassen, für sich zu sorgen. Weil Sie dann eine unzufriedene, vielleicht schlecht gelaunte Mutter, Partnerin oder Kollegin sind. Wer ständig unter einem Mangelgefühl leidet, weil er meint, ich muß mich für die anderen pflegeleicht verhalten, verbreitet unbewußt eine unerträgliche Atmosphäre. Es ist wichtig, gut für sich zu sorgen. Sonst ist man nicht ausgeglichen. Machen Sie sich also keine Schuldgefühle, sondern sorgen Sie für Ihre eigene Zufriedenheit.

Ich selbst kann mich noch an die ersten Monate mit meiner Tochter erinnern. Ich habe es als große Anstrengung und Streß empfunden, den ganzen Tag zu Hause zu bleiben und nichts anderes zu tun, als mich um die Bedürfnisse eines Säuglings zu kümmern.

Nach acht Monaten ging ich wieder arbeiten. Ich war erleichtert. Wie befreit. Und obwohl ich Schuldgefühle hatte, denn ich bekam mehr oder weniger deutlich überall vermittelt, eine gute Mutter gehöre zum Kind, stellte ich fest, meiner Tochter geht es besser mit einer Tagesmutter und einer Mutter, die sich abends wirklich auf ihr Kind freut. Das sage ich mir immer wieder. Eine mit sich zufriedene Mutter ist immer besser als eine, die sich aufopfert, ihre eigenen Bedürfnisse übergeht und dann angestrengt und mißmutig mit ihrem Kind umgeht.

Sabine

Für mich ist bis vor kurzem selbstverständlich gewesen, das Leben ist schwer, und es keine Frage ist, daß man es erleiden muß. Da gab es für mich gar keine Alternative. Ich habe mich in mein Schicksal gefügt, habe alles erduldet. Ich habe mich selten widersetzt, und wenn, dann hatte ich sofort

Schuldgefühle. Ich bekam sofort den Eindruck, jetzt verhältst du dich nicht richtig.

Ich erkläre mir das mit einem einschneidenden Kindheitserlebnis. Wir lebten im damaligen Osten und besuchten Verwandte in Westberlin. Wir hatten nur das Übliche mitgenommen, was man halt mitnimmt, wenn man zu Besuch fährt. Abends dann teilten uns unsere Eltern ohne weitere Erklärungen plötzlich mit: »Wir bleiben hier, wir gehen nicht zurück.« Das hat meine Kinderwelt völlig ins Wanken gebracht. Ich hatte keine persönlichen Sachen mitgenommen. Keine Lieblingspuppe, keinen Teddy, nichts. Ich hatte mich von keinem verabschiedet. Ich habe drei Tage lang geweint.

Meine Eltern haben uns nicht getröstet. Mein Bruder und ich hatten uns damit abzufinden. Das war einfach so. Wir hatten nichts zu fragen und nichts zu sagen. Die Zeit danach war schrecklich für mich. Ich fühlte mich einsam und verlassen. Keine Freunde, keinen Bekannten. Ich war sowieso kein kontaktfreudiges Kind. Eher scheu. Man mußte auf mich zugehen. Was hinzu kam, die Leute aus dem Osten wurden im Westen als minderwertig angesehen. Das habe ich schon als Kind ganz stark empfunden.

Wir hatten kein Geld, und ich mußte geschenkte Klamotten tragen. Darunter war eine Trachtenjacke mit Goldknöpfen, die mit Goldkettchen verbunden waren. Die fand ich so abgrundtief häßlich und unmodern – im Westen liefen ja alle nach dem letzten Schrei gekleidet herum –, ich habe mich in den Erdboden geschämt. Aber ich mußte sie tragen, es gab nichts anderes. Ich hatte sowieso kein tolles Selbstbewußtsein und dann noch mit diesen Sachen, das war schrecklich. Es hat mein angeknacktes Selbstwertgefühl tief untergraben. Ich fand auch keinen Anschluß bei meinen Mitschülern. Ich stand immer einsam und allein in der Pause auf dem Schulhof herum. Das ist furchtbar für ein Kind. Ich war sehr allein. Und ich habe es halt erduldet. Ich habe damals die

Vorstellung entwickelt, deine Situation ist schwer, aber das Leben ist eben schwer. Es geht nicht anders. Ich muß es erdulden. Diese Vorstellung habe ich verinnerlicht. Und so habe ich bis heute immer wieder Dinge erduldet, statt mich rechtzeitig abzugrenzen und zur Wehr zu setzen. Ich kann mich an kaum einen Versuch erinnern aufzubegehren.

Es mußte sehr dicke kommen, ehe ich wach wurde. Ich bin ein absolut zuverlässiger Mensch. Ich habe natürlich einen Mann genommen, der hoch unzuverlässig ist, sich nie an Absprachen hält, und auf den ich mich nicht verlassen konnte. Der in mir das gleiche Gefühl der Unsicherheit erzeugte wie damals meine Eltern. Ich habe mich während der gesamten Ehe an Absprachen gehalten, mein Mann hat gemacht, was er wollte. Mein Mann mußte sein Vergnügen haben, seinen Sport, er mußte schick gekleidet sein. Er hat uns Zeit gestohlen, er hat uns keine Zuwendung gegeben, er hat unser Geld behalten, auch wenn es knapp für uns war und wir Engpässe hatten. Er hat nur an sich gedacht. Nicht mal sein Sohn schien ihm wichtig.

Ich war in dieser Beziehung immer sehr unzufrieden und unglücklich, kam permanent zu kurz, aber ich wäre nie auf die Idee gekommen, meinem Mann ernsthaft Knüppel zwischen die Beine zu werfen oder gar Forderungen an ihn zu stellen. Ich habe sogar noch versucht, die Defizite, die sein Sohn durch sein egozentrisches Verhalten hatte, auszugleichen. Ich war ständig zu Hause, ich habe mich gekümmert, ich habe gesehen, wie ich an Geld kam, wenn er uns keins gab.

Auch in unserer Firma – wir hatten eine Schreinerei – habe ich ausgebügelt, geradegebogen, entschuldigt, Kunden und Mitarbeiter bei der Stange gehalten. Ich habe lange geduldet. Zu lange. Aber ich kannte es ja nicht anders. Bis ich dahinter kam, daß mein Mann eine andere Frau und ein zweites Kind mit ihr hatte und unsere Schreinerei praktisch in den Bankrott gewirtschaftet war. Ich aber hatte für alle Schulden gebürgt. Das hat mir den Boden unter den Füßen weggezogen. Für mich mußte es wohl so knüppeldicke kommen, ehe ich aufwachen konnte.

Als ich das erfahren habe, habe ich mich das erste Mal richtig zur Wehr gesetzt. Das war heftig. Ich habe eine elektrische Stichsäge genommen und unser gemeinsames Ehebett auseinandergesägt. Ich war voller Wut. Und ich konnte plötzlich nicht mehr verstehen, daß ich noch immer das Bett teilte mit diesem Kerl. Er fiel aus allen Wolken. So kannte er seine sanfte duldsame Frau nicht. Damals fing ich auch an, gegen meine Schuldgefühle zu kämpfen. Es wurde mir bewußt, wie sehr sie mich behinderten.

Der zweite Schritt war, daß ich ihn gezwungen habe, meine Kündigung zu unterschreiben. Ich habe nämlich lange in unserer Firma, die auf seinen Namen lief, mitgearbeitet. Dann ging es Schlag auf Schlag. Heute sind wir getrennt, und natürlich verbreitet mein Mann überall, ich sei schuld. Ich wäre unbegreiflicherweise ausgeflippt und würde spinnen. Dabei hätte er immer getan, was ich gewollt hätte. Er war einfach gewohnt, daß ich 20 Jahre lang geschluckt und geschwiegen habe.

Ich dagegen fühlte zum erstenmal in meinem Leben ein Gefühl der Erleichterung. Es war für mich und mein Wohlbefinden richtig gut, mich endlich gewehrt zu haben. Ich habe mich weiter gewehrt, Grenzen gesetzt. Mein Mann kann damit überhaupt nicht umgehen. Er braucht eine Frau, die ja und amen sagt. Er ist der Egozentriker in Person. Manchmal habe ich sogar das Gefühl, er ist ein Psychopath.

Ich kann heute kaum begreifen, daß ich mein halbes Leben mit diesem Menschen verbracht habe. Und daß ich so hart mit der Nase drauf gestoßen werden mußte, was mit mir los ist. Heute kann ich mein Verhalten auf den Nenner bringen: Dinge, die mir nicht gutgetan haben, habe ich ertragen, wenn ich gesehen habe, daß der andere davon profitiert hat. Ich habe zugelassen, daß es anderen auf meine Kosten gutging, und habe gedacht, das Leben wäre halt so. Ich habe immer gedacht, es wäre zu egoistisch von mir, etwas zu verweigern, bloß damit ich mich gut fühle. So habe ich immer zugelassen, daß andere über mich hinweggegangen sind. Daß nach meinen Bedürfnissen nicht gefragt wurde. Daß ich nicht gesehen wurde. Ich habe es auch für zu egoistisch gehalten, meine Bedürfnisse zu äußern. Sogar wenn ich verletzt wurde, habe ich stillgehalten. Ab einer bestimmten Stärke der Verletzung bin ich dann ganz still geworden. Ich habe mich noch mehr zurückgezogen. Ich habe auch nicht gewußt, wie ich mich gegen Verletzung und Mißachtung zu wehren gehabt hätte. Ich habe mich deprimiert gefühlt und wußte nicht, wie ich mich verhalten sollte. Das lerne ich jetzt gerade mühsam Schritt für Schritt.

Frauen in Wut

Während Wut und Aggression beim Mann gesellschaftlich durchaus akzeptiert sind, werden von Frauen ganz andere Eigenschaften gefordert. Weiblichkeit steht für Sanftmut, Behüten, Friedenstiften, Nachgeben und Trösten. Frauen sind zuständig fürs Emotionale und die Harmonie vor allem in der Familie. Der Zusammenhalt von Beziehungen wird ihnen überlassen. Ihren Selbstwert sollen sie in liebender Selbstaufgabe und im Geliebtwerden finden. Aggression gilt als ausgesprochen unweiblich. Aggressive Frauen, die sich nehmen, was ihnen zusteht, und aus ihrer Wut keinen Hehl machen, sind nicht nur Männern, sondern auch den meisten anderen Frauen verdächtig. Man fühlt sich von solchen »Emanzen« und »Mannweibern« abgestoßen. Bezeichnenderweise gibt es für solche Frauen jede Menge Schimpfworte: Furie, die hat Haare auf den Zähnen, Drachen, Dragoner, Kneifzange, Giftspritze, Hyäne, hysterische Kuh. Man wertet sie ab, indem man sagt, sie ist egoistisch, kalt, geht über Leichen. Eine depressive Frau wird eher akzeptiert als eine wütende. Wir sollen möglichst unterwürfig, schuldbewußt und deprimiert sein. Bloß nicht aggressiv. Für Männer suchen wir in Zusammenhang mit Wut solche Beziehungen vergeblich. Zornige Männer sind Helden.

Das Tabu weiblichem Zorn gegenüber ist so mächtig, daß viele Frauen regelrecht verlernt haben, ihre Wut überhaupt wahrzunehmen. Aggression wird hinter einem Lächeln verborgen. Vielleicht noch hinter Tränen. Denn wir fürchten die Ablehnung, die uns entgegenschlägt, wenn wir unsere Zähne zeigen. Und so stellen wir uns lieber tausend ablenkende Fragen, als unsere Wut herauszulassen.

»Bin ich überhaupt im Recht?« »Lohnt es sich, Streit anzufangen?« »Was nützt es mir, wenn ich wütend werde?« »Sehe ich das Problem nicht zu eng?« »Stelle ich mich an?« »Vielleicht mache ich mich lächerlich!« Das sind die Fragen, mit denen wir uns so wunderbar davon abhalten, unsere Wut zu spüren. Mit denen wir uns beschwichtigen und von vornherein den Wind aus den Segeln nehmen.

Dazu sagt Harriet Goldhor Lerner in ihrem Buch *Wohin mit meiner Wut?*: »Wut ist weder berechtigt noch unberechtigt, weder legitim noch illegitim, weder bedeutungsvoll noch sinnlos. Wut gibt es einfach.«[6] Genauso wie alle anderen Gefühle. Stellen wir uns bei Freude vielleicht die Frage, ob sie berechtigt ist und ob wir uns jetzt freuen dürfen? Hunger nehme ich wahr und esse etwas, ohne mich zu fragen, ob ich zu empfindlich bin, ob mein Hunger jetzt angebracht ist.

Goldhor Lerner: »Wut ist ein Gefühl. Sie hat immer ihre Gründe und verdient immer unsere Achtung und unsere Aufmerksamkeit. Wir alle haben ein Recht auf alles, was wir fühlen – und dabei ist unsere Wut mit Sicherheit keine Ausnahme.«[7]

Doch wir fühlen uns im Zusammenhang mit Wut unsicher und ohnmächtig. Als hätte uns jemand den Boden unter den

Füßen weggezogen. In der Praxis reagieren wir meist auf zwei Arten: Entweder wird die Wut heruntergeschluckt, und wir geben uns nach außen sanft. Die »nette« Frau vermeidet Ärger, Streit, Auseinandersetzung um jeden Preis. Ist Protest angebracht, schweigt sie. Geschieht ihr unrecht, ist sie verletzt, statt Grenzen zu setzen. Lieber versteckt sie ihre wahren Gefühle, als sich der Gefahr auszusetzen, nicht gemocht und unsympathisch gefunden zu werden. Das erzeugt aber einen höllischen Druck und macht auf Dauer krank. Es geht auf Kosten unserer Persönlichkeit und einer klaren persönlichen Abgrenzung. Der Preis ist hoch.

Es gibt Frauen, die funktionieren nur noch und haben ihre klare realistische Selbsteinschätzung eingebüßt. Die ganze Energie wird eingesetzt, zu interpretieren und zu erfühlen, wie wir uns verhalten müssen, damit wir akzeptiert und gemocht werden. Dabei verlieren wir uns selbst. Goldhor Lerner: »Je netter wir sind, desto größer wird das Vorratslager an unbewußter Wut und Aggression, das wir ansammeln. Wut ist unvermeidlich, wenn unser Leben aus Nachgiebigkeit und Anpassung besteht, wenn wir die Verantwortung für die Gefühle und Reaktionen anderer übernehmen, wenn wir unsere Hauptverantwortung preisgeben, nämlich die, für unsere eigene Entwicklung und für eine befriedigende Gestaltung unseres Lebens zu sorgen.«[8] Wenn wir uns so verhalten, zerstören wir uns selbst. Je mehr wir uns anpassen, um so mehr aufgestaute Wut sammelt sich in uns. Und je mehr wir an uns zweifeln, desto mehr Wut stauen wir. Goldhor Lerner: »Nichts, aber auch gar nichts kann die Wahrnehmung von Wut so erfolgreich unterdrücken wie Schuldgefühle und Selbstzweifel. Und unsere Gesellschaft hat alles dazu beigetragen, Schuldgefühle bei Frauen zu kultivieren, wenn sie nicht mit Leib und Seele emotionale Großtankstellen für andere sind.«[9]

Die andere Variante, die uns aber genauso schadet, besteht darin, Druck abzulassen, indem wir verbittert nörgeln, trotzen, poltern, pöbeln, zetern, vielleicht auch toben und schreien und ein Riesentheater inszenieren. Auch das ist kein angemessener Umgang mit Zorn, und wir fühlen uns hinterher meist ebenfalls nicht besser. Unsere Energie verpufft, und unser Ziel erreichen wir nicht. Im Gegenteil, wir haben unser Gegenüber vor den Kopf gestoßen und schämen uns über unseren Ausbruch. Wir bekommen die geballte gesellschaftliche Ablehnung zu spüren, indem man sich von uns zurückzieht, uns beschimpft und in eine negative Schublade steckt. Der Schuß geht sozusagen nach hinten los. Es ist frustrierend, sich der Anstrengung eines Wutausbruchs unterzogen zu haben und entdecken zu müssen, rein gar nichts damit erreicht zu haben außer dem Gegenteil: Ablehnung.

Wie oft erleben Frauen, daß ihnen ihre Wut negativ angekreidet wird und es plötzlich gar nicht mehr um die Wut an sich und ihren Auslöser geht, sondern nur noch das »Entgleisen« der Frau im Mittelpunkt steht. Keiner fragt, warum sie zornig ist. Ihr »schlechtes Benehmen« gibt Anlaß für ewigen Streit. Und wie oft hören Frauen: »Du findest auch immer etwas zu meckern.« Als wenn die Frau nichts anderes zu tun hätte, als etwas zu suchen, woran sie ihre Unzufriedenheit demonstrieren kann. Sofort werden Ursache und Auswirkung verdreht, ehe sie es sich bewußt machen kann. Und schon wachsen die Schuldgefühle.

So ein Ausbruch ist ausgesprochen unproduktiv. Damit lösen wir kein Problem. Goldhor Lerner: »Die alte Wutraus-Theorie, die besagt, daß das Ordentlich-Dampf-Ablassen vor den psychologischen Gefahren schützt, die auftreten, wenn man alles aufstaut, ist schlicht falsch. Depression, geringe Selbstachtung, das Gefühl, sich selbst zu verraten und sich dafür zu hassen, sind unvermeidlich, wenn wir zwar streiten, aber uns weiterhin unhaltbaren Lebensumständen unterwerfen, wenn wir uns beklagen, aber trotzdem eine Lebensweise aufrechterhalten, in der wir all unseren Hoffnungen, Werten und Entwicklungsmöglichkeiten zuwiderleben und nicht mehr und nicht weniger tun, als das gesellschaftliche Stereotyp der unausstehlichen verbitterten, destruktiven Frau zu erfüllen.«[10]

Und egal ob wir schlucken oder platzen: Wir leiden in beiden Fällen. Worum es geht, ist, unsere Aggression so einzusetzen, daß unsere Wut etwas bewirkt, uns unserem Ziel näherbringt.

Gundula

Bei uns in der Familie sind Konflikte nie ausgetragen worden. Zorn wurde unter den Teppich gekehrt. Mein Vater und meine Mutter hatten auch unter sich keine Streitkultur. Mein Vater wollte seine Ruhe haben, der hat sich bei Problemen entzogen. Er hat sich wie ein Aal rausgeschlängelt, wenn meine Mutter Zoff machte. Er hat abgewiegelt, Konflikte geleugnet, indem er sagte: »Stimmt ja gar nicht« oder »Ist doch gar nicht so wild«. Als Kind galt ich als unproblematisch, weil ich mich mit »es geht nicht« immer leicht abgefunden habe.

So habe ich Streit, Aggression und Auseinandersetzung zu Hause erst lange Zeit überhaupt nicht gehabt, selber ja auch nicht provoziert, weil ich meine Wut geschluckt habe, und reine Sachdiskussionen hat es bei uns nie gegeben. Man hatte einfach keinen Spaß am kontroversen Gespräch. Nicht mal politisch oder philosophisch, was die Welt halt hergibt, nie! Themen wurden immer nur besprochen, um sich gegenseitig zu bestätigen, um festzustellen, wir sind gleicher Meinung. »Ja, das ist ja auch unerhört. Das geht ja auch nicht.« Die Einigkeit mußte durch die übereinstimmende Meinung bestätigt werden. In dem Moment, wo man Kontroversen hatte, wurde das schnell unterdrückt, indem eine falsche Harmonie hergestellt wurde.

In der Pubertät habe ich mich radikal verändert, ich löste mich ab und wurde – überspitzt gesagt – von heute auf morgen zur Furie, und meine Eltern wußten mit ihrer bis dahin anspruchslosen Tochter nicht mehr umzugehen. Sie wußten nicht, wie ihnen geschah, ich war plötzlich aufsässig und frech.

Als ich erwachsen war, ist es meinen Eltern schwergefallen zu akzeptieren, daß ich ein eigenständiger Mensch mit einer eigenen Meinung geworden war. Da hat sich gezeigt, daß meine Mutter damit gar nicht umgehen konnte. Sie hatte von zu Hause ebensowenig eine Streitkultur gelernt, und wenn ich meine Meinung vertrat, ist sie sehr merkwürdig damit umgegangen. Sie hat lange abgewartet, geschluckt und angesammelt, bis sie explodierte. Was sie allerdings dann abließ, ging in die Richtung: »Ich immer, du nie . . .« Und das vorwurfsvoll wütend. Ihre Wut kam so ungebremst heraus, sie schmiß dann Gläser an die Wand. Ich war wie vom Donner gerührt, weil ich natürlich nicht bemerkt hatte, was sich da alles in ihr angestaut hatte. Ich hatte nur dann und wann registriert, daß sie so still wird. Aber du denkst dir nichts dabei, weil du davon ausgehst, das gesprochene Wort gilt. Und dann fällst du aus allen Wolken, wenn sie plötzlich scheinbar aus heiterem Himmel mit Kanonen auf Spatzen schießt.

Sie hat keinerlei Maß. Sie bombardiert dich mit abstrusen, absurden Vorwürfen. Die sind im Grunde nicht mehr verhandelbar. Und Sinn haben sie wohl auch nicht mehr. Sie will sich dann gar nicht mehr auseinandersetzen und zu einem Kompromiß kommen. Der Sinn des Ganzen ist dann nur noch, daß sie das Kind zwingen will zu sagen: »Tut mir leid, Mami.« Sie ist später dazu übergegangen, mir extrem überzogene Briefe mit wilden Anschuldigungen zu schreiben. Diese Briefe waren nie gedacht als Grundlage für eine neue verbale Auseinandersetzung, wo man vielleicht guten Willens ist, nein, ich sollte sagen: »Mami hat recht, ich füge mich.«

Eine weitere deutliche Veränderung gab es bei mir ab der Minute, als ich mündig wurde und wählen konnte. Da haben meine Eltern mich bearbeitet. Da wurde ich von Vater und

Mutter – beide konservativ – mit einer schier unglaublichen Leugnung meiner Eigenständigkeit bearbeitet. Richtig beharkt, vor jeder Wahl. Was ich mir natürlich auch nicht mehr gefallen ließ.

Nach meinem Abitur bin ich zur Uni gegangen. Da kam ich plötzlich in ein ganz anderes Klima. Im Uni-Milieu war Hauen und Stechen angesagt. Da herrschte eine sehr unerfreuliche Streitkultur. Ich rutschte da von einem Extrem ins andere, kam aus einem Vakuum in einen Orkan. Meine Kommilitonen meinten, man sei gut, wenn man den anderen in Grund und Boden redete, bis das Gegenüber nur noch wie ein Häufchen Elend auf seinem Stuhl saß und gar nichts mehr sagen konnte. Dann war man zufrieden.

Es war ein absolut anderes Ding als bei uns zu Hause, knallharte Argumente, Argumente, Argumente. Und Polemik. Da fing es im Grunde an, daß ich mich durch meine mangelnde Fähigkeit, mich auseinanderzusetzen, stark beeinträchtigt fühlte. Weil ich selber überhaupt nicht in der Lage war, meine Standpunkte optimal zu vertreten. Optimal heißt für mich: daß der andere nicht einfach untergebuttert wird, sondern auch mit einem guten Gefühl rausgeht, daß beide das Gefühl haben, fair diskutiert zu haben. Und das war an der Uni überhaupt nicht der Fall.

Ich geriet dann zufällig in ein Seminar für Bewußtseinstraining. Da war eine Sache sehr hilfreich. Es wurde geübt, wie man ein aggressives Gegenüber auf schlichte Weise entwaffnet. Indem man sich ihm beispielsweise freundlich zuwendet. Das habe ich später häufig mit großem Erfolg angewendet, wenn einer besinnungslos auf mich einschlug. Ich habe mich ihm gelassen und mit freundlichem Gesichtsausdruck zugewendet, und ich merkte, mein Gegenüber taut richtig ab.

Was mich persönlich betrifft, ist es immer so gewesen, daß ich das Gefühl hatte, in sachlichen Auseinandersetzungen, speziell, wenn ein Hierarchiegefälle da war, innerlich nie ruhig standhalten zu können. Ich habe bis heute ein Fluchtbedürfnis, sobald mich jemand konfrontiert. Wenn mich einer anmacht: »Da wollte ich Ihnen noch ein paar Takte sagen«, könnte ich mich ihm ja auch neugierig zuwenden und mir das anhören. Es wäre für mich wunderbar, sagen zu können, laß den doch erst mal kommen. Und als Herrin der Lage würde ich dann gerne darauf eingehen. Aber das ist eine Wunschvorstellung, das habe ich nie gekonnt. In dem Moment, wo ich das Gefühl habe, jemand greift mich an, überwältigt mich ein großes Fluchtbedürfnis. Das ist die Angst davor, daß ich mich in der Situation nicht angemessen wehren kann, weil der vermeintliche Angriff in mir eine Konfusion auslöst, die im absoluten Gegensatz zu einer ruhigen Gefaßtheit steht, die ich mir wünschen würde. Und das ist eine große Verunsicherung für mich.

Meine spontane Reaktion, wenn einer kommt und sagt: »He, so geht's aber nicht«, ist, daß ich, bevor er richtig hat ausreden können, spontan zurückschieße: »Was fällt Ihnen eigentlich ein.« Und schon mache ich auf dem Absatz kehrt, und ab durch die Mitte.

Das geht soweit, daß ich mich, wie sich oft im nachhinein herausstellt, schon durch harmlos-ironische Bemerkungen aus dem Gleichgewicht werfen lasse. Ich reagiere in manchen Situationen so explosiv, daß es mir hinterher leid tut, weil sich zeigt, ich habe im Grunde wie meine Mutter mit Kanonen auf Spatzen geschossen. Ich tue anderen sogar manchmal unrecht. Zu meinem eigenen Erstaunen fühle ich mich schon durch kleine Bemerkungen, die nicht böse gemeint sind, oft viel zu schnell ernstlich getroffen. Das Problem bei der ganzen Sache ist: Ich fühle mich nicht ernst genommen. Und das provoziert meine heftige Reaktion.

Manchmal habe ich den Eindruck, daß durch gewisse vermeintliche Spitzen alte unverarbeitete Dinge mit angerührt werden und meine Reaktion deshalb so unangemessen ist. Das ist mir aber noch nicht klar. Ich kann mich im Grunde nicht damit rausreden zu sagen, ich bin als Kind nicht ernst genommen worden. Vielleicht war es auch einfach das Vorbild meiner Mutter, und daß ich es durch die fehlende Streitkultur in unserer Familie nicht besser gelernt habe. Vielleicht hängt es auch mit meinem Naturell zusammen. Ich sage erst mal, es ist einfach eine Eigenart von mir, an der man arbeiten muß und kann. Daß ich mich sehr schnell in meiner Person nicht ernst genommen fühle und dann so zuschlage. Es kommt noch etwas hinzu. Ich habe in diesen Situationen leicht den Eindruck, daß ich unter einem Rechtfertigungszwang stehe. Ich kann nie sagen: »Du hast recht.« Könnte man doch mal sagen. Nein, ich muß auf kleinste Sachen in einer Ernsthaftigkeit und in einem Umfang eingehen, daß es der Sache nicht mehr angemessen ist. Völlig überzogen. Dieser Zwang, meinem Gegenüber klarzumachen, daß ich eine ernstzunehmende Persönlichkeit bin, wird zudem von mir in einem Tonfall vorgetragen, der eine Überreaktion ist. Aus der Hüfte heraus geschossen, so wie im Wilden Westen, aber nicht angemessen. Und dabei zerschlage ich unnötig oft Porzellan. Das führt natürlich zu einer ständigen Unzufriedenheit, denn es sind ja nie Erfolgserlebnisse zu verzeichnen.

Es gab eine Zeit, da habe ich versucht, mich zurückzunehmen, was mich aber genauso unzufrieden gemacht hat. Ich habe zwar kein Porzellan zerschlagen, aber es saßen statt dessen Stacheln in mir, weil ich Dinge geschluckt habe, die mir nicht guttaten, und ich fühlte mich genauso schlecht. Statt zu schnell zu hart zu kontern, habe ich in Situationen, wo man hätte gegenhalten sollen, völlig darauf verzichtet. Ich bin also ins andere Extrem verfallen. Die Folge war Unzufriedenheit. Ich kann einfach sehr schlecht wegstecken.

Ich muß heute sagen, ich mache es schon erheblich besser als früher. Das hat mich allerdings schon eine Menge Arbeit gekostet, weil meine Tendenz nach wie vor dahin geht, auf Kritik aggressiv zu reagieren. Sie wegzustecken oder besser mit Kritik umzugehen fällt mir schwer.

Ich versuche mir nun immer zu sagen: Ist Kritik berechtigt, heißt das, daß ich Pluspunkte mache, wenn ich sage, du hast recht. Es steht mir ja frei, mich und mein Verhalten zu erklären. Ist die Kritik unberechtigt, kann ich in Ruhe darauf eingehen und sagen, ich sehe es anders, weil... Der springende Punkt ist: Es fehlt mir an der inneren Ruhe, einem wütenden Gegenüber standzuhalten. Den anderen schimpfen zu lassen, um dann meinen Standpunkt zu vertreten. Ich baue gleich eine Abwehr auf und bringe mich um die Möglichkeit, die Vorwürfe, die Spitzen, den netten kleinen Seitenhieb innerlich neutral und sachlich auf seine Berechtigung hin abzuklopfen. Ich wünschte mir, diese Emotionen beeinflussen zu können. Ich wünsche mir Gelassenheit und die Möglichkeit, mein Gegenüber ohne emotionalen Blackout wahrzunehmen.

Es gibt so viele Möglichkeiten zu reagieren. Und diese Möglichkeiten möchte ich mir erschließen. Ich möchte von meinem zwanghaften Reaktionsmuster wegkommen. Ich arbeite an mir und habe auch schon Situationen erlebt, wo ich mich richtig bewußt für den einen oder anderen Weg entschieden habe. Wo ich nicht wie fremdbestimmt reagiert habe. Das ist ein gutes Gefühl. Wenn das Gehirn nicht blockiert ist, sondern ich mich frei fühle in meiner Entscheidung, wie ich reagieren will. Mein fremdbestimmtes Verhalten hat mir viele Mißerfolgsgefühle eingebracht. Wenn man sich hinterher ständig sagen muß, du hast die Situation nicht akzeptabel gemeistert, hat mir das oft ein mieses Gefühl beschert. Das Gefühl, etwas verschenkt zu haben. Durch dieses aus der Hüfte schießen und sich dann zurückzuziehen bringt man sich einfach um den Abgang erhobenen Hauptes. Das Selbstwertgefühl kann nicht blühen.

Norbert

Meine Aggressionen konnte ich immer gut ausleben. In der Schule habe ich, wenn mir einer in die Quere kam, sofort reagiert bis dahin, daß ich mich geprügelt habe. Ich habe Wut direkt rausgelassen, ungefiltert, wie es kam. Bis heute. Ich rege mich wahnsinnig auf, fast cholerisch, und nach zwei Minuten habe ich es vergessen.

Als ich älter wurde, wurde das zum Problem. Meine Wutausbrüche, die früher geradezu ungezügelt über Leute hinwegtobten und bei denen ich mir gar nichts gedacht habe, haben, als ich älter wurde, meine Mitmenschen richtig umgehauen. Sie werden in der Regel persönlich genommen, obwohl sie nicht so gemeint sind. Ich bin dann geradezu konsterniert. Dabei geht es mir nur darum, Luft abzulassen. Aber es ist wohl so, daß ich regelmäßig schwere Konfliktsituationen verursache, und da ich andererseits harmoniesüchtig bin, ist das eine Quelle dauernden Unbehagens. Mein Zorn stößt aus naheliegenden Gründen auf starke Ablehnung, so daß ich irgendwann angefangen habe, mich mit großer Disziplin in meinen Wutanfällen zurückzunehmen. Ich kann mich nicht erinnern, in den letzten Monaten oder sogar Jahren meine Wut ungezügelt herausgelassen zu haben. Weil ich den Eindruck gewonnen habe, meine Mitmenschen werden völlig aus der Fassung gebracht, wenn ich aggressiv werde. So sehr, daß sie geknickt sind und Angst vor mir haben.

Inzwischen hat es sich dahingehend entwickelt, daß ich blockiert bin zu sagen, wie zornig ich bin. Wegen meiner schlechten Erfahrungen damit. Leider ist das für mich selbst aber keine Verbesserung. Denn so fühle ich mich auch nicht wohl. Ich praktiziere das andere Extrem und habe keine Idee, was ein Mittelweg sein könnte. Darunter leide ich. Ich schlucke meine Wut, und sie arbeitet in mir. Je näher mir die Leute stehen, um so mehr schlucke ich. Ich präsentiere den lieben Norbert, der Verständnis hat, ein offenes Ohr, aber das allein bin ich eben nicht.

Überspitzt gesagt, früher ging es mir gut, wenn ich meine Wut an jemandem ausgelassen habe, und dem ging es schlecht. Heute geht es dem anderen gut, auch wenn ich wütend bin, aber mir schlecht. Mir fehlt das Ventil.

Früher konnte es vorkommen, wenn beispielsweise auf der Arbeit irgend etwas schiefging, daß ich den nächsten Schlüsselbund, der auf dem Schreibtisch lag, nahm und gegen die Wand pfefferte. Ich fand das völlig in Ordnung. Aber was passierte? Der, der mir die schlechte Nachricht brachte, war so schockiert, daß meine Reaktion ein Riesenproblem wurde. Es ist mir auf der Arbeit nicht nur einmal, sondern mehrmals gesagt worden, daß ich meine Mitarbeiter mit meinen Ausbrüchen verunsichere. Die waren völlig fertig und gingen zitternd aus meinem Zimmer. Das verstehe ich im Grunde auch.

Oder zu Hause. Ich habe mich beispielsweise über nachlässige unpünktliche Handwerker geärgert und so lange gegen den Kühlschrank getreten, bis mir der Fuß wehtat. Oder im Streit mit meiner Frau habe ich auch mal den Kochtopf vom Herd genommen und das halbgare Essen auf den Fußboden geschüttet. Ich habe meine Aggression als Erwachsener jedoch nie gegen Personen gerichtet. Immer nur gegen Sachen.

Ich habe aber gemerkt, daß meine Umgebung mit meiner Wut nicht umgehen kann. Das ist für den anderen wohl so massiv, daß es ihn einschüchtert. Vielleicht ist da die Angst, der schlägt gleich zu. Die Folge: Ich unterdrücke meine Wutanfälle, aber das Problem ist damit nur verlagert, nicht gelöst. Ich frage mich, wohin mit meiner Wut? Zuviel geschluckte Wut macht ja auch krank. Ich empfinde mich im Umgang mit meiner Wut überhaupt nicht authentisch. Ich rege mich halt schnell auf, und genauso schnell vergeht mein Zorn wieder, wenn ich ihn rauslasse. Vielleicht sollte ich mir andere Möglichkeiten überlegen, wie ich meine Wut zeigen kann, ohne so einschüchternd oder verletzend zu sein.

Gespräch mit dem Seminarleiter für Männergruppen, Max Peschek

▷ Daß Männer sich freiwillig mit ihrem Gefühlsleben auseinandersetzen, ist selten. Mit Aggression können sie umgehen, aber der Rest ist tabu.

▶ Es gibt vier Grundgefühle: Angst, Trauer, Wut und Glück. Was diese Gefühle angeht, werden Männer und Frauen unterschiedlich sozialisiert. Männer lernen eher, Angst und Trauer nicht zu spüren, während Ärger erlaubt ist. Ich bin der Meinung, daß das Unterdrücken eines Gefühls dazu führt, daß auch alle anderen nicht gelebt werden können. Man kann nicht Trauer, Angst und Wut unterdrücken und sich trotzdem glücklich fühlen. Wenn man Glück spüren will, muß man auch die anderen Gefühle wahrnehmen. Die meisten Männer sind sehr gepanzert, sie tragen Kindheitsverletzungen mit sich herum, an die sie einfach nicht ran wollen. Sie wollen die Gefühle, die damit zusammenhängen, nicht spüren. Deshalb lassen Männer sich sehr zaghaft und zögerlich auf die Männerbewegung ein. Weil es da auch um Kindheitswunden geht. Und die wollen oft nicht gefühlt werden. Es sei denn, sie stecken gerade in einer Krise.

▷ Warum sollten Männer sich überhaupt mit ihren Gefühlen auseinandersetzen? Sie kommen doch mit ihren Verdrängungsmechanismen wunderbar durchs Leben.

▶ Das stimmt nicht. Ich sage, es ist absolut notwendig für Männer und Frauen, ihre Gefühle zu spüren, um die eigene Lebendigkeit zu erfahren. Um nicht in ihrer Entwicklung steckenzubleiben und blockiert zu sein. Wenn Männer und Frauen ihre wahrhaftigen Gefühle spüren, dann können sie sehr authentisch miteinander kommunizieren. Wenn sie ihre Gefühle unterdrücken und statt dessen schlagen, schweigen, nörgeln oder meckern, kommen wir beim anderen nicht an. Das ist auch meine persönliche Erfahrung. Wenn meine Partnerin und ich uns unsere authentischen Gefühle zeigen, sind wir in engem Kontakt. Wenn wir statt dessen ausweichen, können wir nicht miteinander kommunizieren. Mir persönlich fällt es übrigens leichter, Trauer zu zeigen, als Ärger und Wut. In unsere Gruppe kommen auch Männer, die ihre Frauen schlagen. Das ist Hilflosigkeit, weil sie es nicht besser gelernt haben.

▷ Wie können Männer lernen, an ihre Gefühle heranzukommen und sie zu leben?

▶ Dazu braucht es einen geschützten Raum. Deshalb sind zu unseren Gruppentreffen auch keine Frauen zugelassen. Das ist einfach entspannter. Wenn Frauen dabei sind, ändert sich das Verhalten von Männern schlagartig. Dann ist es wichtig, diesen Umgang mit den Gefühlen auch im alltäglichen Leben anzuwenden. Und dazu ist es so wichtig, im geschützten Raum die Wahrnehmung zu schärfen. Sich zu fragen, was spüre ich, und dann zu entscheiden, in welcher Situation traue ich mich, meine Gefühle zu zeigen. Ihre verletzlichen Seiten zeigen Männer leichter unter Männern. Erst, wenn das geübt ist, geht das auch Frauen gegenüber. Jeder Mann hat übrigens auch immer viel Trauer und Angst in sich. Und natürlich viel Ärger.

▷ Was ist Ziel ihrer Seminare?

▶ Es geht in meinen Seminaren einmal darum, Kontakt zu diesen vier Grundgefühlen zu bekommen. Ich verwende dabei ein Zitat: Gewalt ist die Sprache der Sprachlosen. Es kommt darauf an, dem Gefühl einen erwachsenen Ausdruck zu verleihen. Es angemessen auszudrücken. In Worten. Also nicht, in Wut zu gehen und draufzuhauen, rumzutoben wie ein Rumpelstilzchen, sondern immer das erwachsene Ich dazuzunehmen. Auch den Gefühlen, die aus der Kindheit kommen, einen angemessenen sprachlichen Ausdruck zu verleihen. Das kann man lernen, und wenn man sich bemüht, geht das sogar relativ schnell. Man braucht dabei allerdings Unterstützung.

▷ Worin besteht diese Unterstützung?

► Wir alle haben blinde Flecken. Deshalb brauchen wir Menschen, die uns auf sie aufmerksam machen. Seine blinden Flecken zu entdecken und zu leben ist sehr befreiend. Worum es geht, ist, das erwachsene Ich zu stärken und das Gefühl in Sprache auszudrücken. Ich kenne keine bessere Methode, Gewalt zu vermeiden. Wenn ich meinen Ärger zeigen kann über Sprache – Ärger ist ja ein Gefühl, das ich brauche, um meine Grenzen zu schützen –, dann brauche ich nicht mehr zu schlagen. Die meisten Männer haben das nicht gelernt, die richten dann entweder ihren Ärger gegen sich und werden krank oder depressiv, oder aber – bei Männern häufiger – sie explodieren unkontrolliert und werden gewalttätig. Meist ihrer Partnerin oder sogar ihren Kindern gegenüber. Deshalb ist es für Männer so wichtig, ihre Gefühle ausdrücken zu lernen.

▷ Was machen Männer mit ihrer Angst?

► Ganz wichtig ist es für Männer, Angst zu spüren. Männer empfinden gerade im Kontakt zu Frauen immer wieder Angst. Die übermächtige Mutter, die man als Sohn in der Kindheit erfährt und die man häufig auf seine Partnerin überträgt. Es ist wichtig, sich die Angst einzugestehen und wahrzunehmen, um dann einfach in der Realität vergleichen zu können, ob sie noch paßt.

▷ Und Trauer?

► Trauer ist wichtig, um Vergangenes loslassen zu können. Wir müssen Abschied nehmen von Vergangenem, immer wieder. Das müssen wir können. Und deshalb müssen wir trauern können.

▷ Wie verleiht man welchem Gefühl angemessenen Ausdruck?

► Gefühl ist etwas, was spontan in mir entsteht, was möglichst einen Ausdruck bekommen sollte. Nehmen wir mal Ärger. Wenn meine Freundin etwas tut, was mich wütend macht, kann ich entweder sagen, he, das macht mich jetzt wütend. Hin und wieder schreien wir uns auch an, was in Ordnung ist, solange wir auf unseren Händen sitzen bleiben. Bei Angst sage ich einfach, das und das macht mir jetzt Angst, verunsichert mich oder was auch immer. Und bei Trauer geht das bis hin zum Weinen. In meiner Beziehung und in meiner Männergruppe funktioniert das für mich ziemlich gut. Obwohl ich auch da noch manchmal Angst habe, meine Gefühle zu spüren und zu zeigen.

▷ Wie kommen Männer, die überhaupt keinen Zugang zu ihren Gefühlen haben, in der Gruppe klar?

► Indem die anderen Männer Rückmeldung geben über ihre Wahrnehmungen. Oder indem sie Fragen stellen nach der Körpersprache, nach dem Gesichtsausdruck. Ärger und Trauer haben sich oft in der Mimik festgefressen. Auch, wenn Leute sich nach außen immer cool geben. Wichtig ist, sich mitzuteilen, was man sieht. Und zwar in den Gruppen sehr direkt und unhöflich. Höflichkeit ist ja das Vermeiden von ehrlicher Kommunikation. Mit Höflichkeit kriegt man keinen Ärger. Der aber kann in der Gruppe aufgefangen werden.

▷ Was ist denn mit den alten Kindheitsverletzungen, die oft mit hochkommen und einen unangemessen reagieren lassen?

▶ Ich unterscheide zwischen Gefühl und Emotion: Gefühl ist das, was spontan aus der Situation heraus entsteht und sich entlädt. Dann ist es vorbei. Die Emotionen haben immer mit alten Geschichten zu tun. Wenn alte Wunden berührt und Emotionen ausgelöst werden, knabbert man lange daran herum. Es ist sehr wichtig, Gefühl und Emotion unterscheiden zu lernen. Sich etwa zu fragen, wenn man auf eine harmlose Bemerkung wie ein Donnerschlag reagiert, hat das möglicherweise nichts mit der aktuellen Situation zu tun, sondern haben diese Worte frühere Verletzungen reaktiviert, und reagiere ich jetzt unangemessen und überzogen? Ich kann lernen, selbst zu entscheiden, ob ich ein Drama mit Verfolger, Opfer, Retter inszeniere oder ob ich anders damit umgehe.

▷ Wir stecken ja alle irgendwo fest.

▶ Ich glaube, daß es im Leben darauf ankommt, Mannsein, Frausein und Menschsein wirklich zu erforschen, so intensiv wie möglich. Ich glaube, daß das der Sinn des Lebens ist, und da brauchen wir die Unterstützung von anderen, weil wir alle feststecken.

▷ Kann der Mann so etwas wie eine beste Freundin werden?

▶ Das glaube ich nicht. Männer und Frauen sind in bestimmten Bereichen grundverschieden. Es gibt Bereiche, da können Männer sich nicht vollständig in Frauen einfühlen und umgekehrt. Und es gibt Dinge, die immer wieder Ärger hervorrufen werden. Es gibt Unterschiede und Grenzen beim Einfühlungsvermögen und Verstehen. Damit müssen Frauen sich einfach abfinden.

▷ Wie sieht Mannsein in anderen Kulturen aus?

▶ Bei allen Naturvölkern gibt es eine Unterstützung durch ältere Männer für jüngere beim Mannwerden. In vielen Kulturen gibt es etwas Ähnliches für Frauen. Die Intensität ist aber weitaus geringer. Offenbar geht man davon aus, daß die Frau durch die Natur automatisch zur Frau und Mutter gemacht wird. Ihre Identität als Frau wird nicht in Frage gestellt, während bei den Naturvölkern männliche Identität offenbar etwas ist, das erarbeitet werden muß. Ich glaube, daß uns Männern durch die Kultur künstlich Grenzen gesetzt werden müssen. Ich bin zu der Überzeugung gelangt, daß jeder Mann Unterstützung braucht von älteren erfahreneren Männern auf diesem Weg zum Mannsein.

▷ Was bedeutet denn dieses Mannsein?

▶ Das ist kulturell unterschiedlich. Beispielsweise in Indonesien und auf Bali sind die Männer sehr feminin. Es handelt sich da um Kulturen, die wenig äußere Feinde hatten. Da mußten Männer nicht so sehr die Schutzfunktion nach außen übernehmen. In Jägerkulturen werden Männer darauf getrimmt, aggressiv zu sein. So wie eine Kultur die Männer braucht, wird sie dafür sorgen, daß sie erzogen werden.

▷ Was bedeutet Mannsein hier?

▶ Mannsein ist in dieser Gesellschaft nicht mehr eindeutig definiert. Es gibt keine Rollenvorgabe, wie ein Mann zu sein hat. Für mich bedeutet es, Männer darin zu unterstützen, ihr Mannsein selbst zu erforschen und herauszufinden, was für ein Mensch, was für eine Persönlichkeit sie sind und wo sie anders sind als eine Frau. In dieser Gesellschaft hat ja jeder Mensch die Möglichkeit, sein individuelles Ich zu entwickeln. Man wächst nicht mehr automatisch in ein vorgegebenes Rollenbild. Das ist in dieser Kultur nicht mehr möglich, und das ist auch gut so.

▷ Männer sind nicht unbedingt zu beneiden.

► So wie Männer heute von einem Teil der Gesellschaft her sein sollen, ist es nicht gut. Ich glaube, daß Männer heute mehr unter starren Rollenbildern leiden als Frauen. Der Versorger, der Ernährer, der Beschützer, der Karrieremann. Auf der Karriereschiene wird ein bestimmtes Männerbild gefordert. Er hat stark zu sein, gut drauf zu sein, cool zu sein, er muß lächeln und mitreißen.

▷ Der Bedarf an verantwortlich und erwachsen handelnden Männern steigt angesichts der Umweltlage immer dringlicher.

► Wir Männer müssen unsere eigenen Antworten finden auf die Frage, wie wir unsere ökologische Verantwortung definieren und umsetzen werden. Ich bin der Meinung, daß der Umgang mit der äußeren Natur ein Abbild des Unverständnisses unserer inneren Natur ist. Wenn wir Männer unsere innere Natur nicht verstehen, werden wir nicht mit der äußeren in Harmonie leben können. Die Barrieren, die ökologischem Handeln im Wege stehen, sind meiner Meinung nach überwiegend psychischer und unbewußter Natur. An der Macht sind überwiegend Männer mit erwachsenen Körpern, mit einem erwachsenen Intellekt, die aber von ihrem Kindheits-Ich gesteuert werden.

▷ Ist der Herr Kohl auch so einer?

▶ Ja. Denn es gibt in dieser Kultur keine wirkliche Unterstützung, ein erwachsener Mann zu werden, der in sich ruht und eine echte Persönlichkeit ist. Auch Herr Kohl hat sich bestimmt nicht in einer Männergruppe damit auseinandergesetzt. Das ist tragisch. Ich glaube inzwischen, daß es die Aufgabe von Männern ist, für die Sicherheit von Frauen, Kindern und auch anderen Männern zu sorgen. Der Mann muß den äußeren Rahmen schaffen, damit die Frau sich sicher fühlen kann. Da versagen Männer heute in unserer Kultur völlig. Das Gegenteil ist eher der Fall, so daß Frauen viele Männerrollen mit übernehmen. Daß die Männer das heute nicht machen, liegt übrigens auch daran, daß das anstrengend ist.

▷ Was meinen Sie denn mit sicherer Rahmen? Geld verdienen wollen und können Frauen auch.

▶ Die meisten Männer dieser Kultur bemühen sich, Sicherheit über das Materielle hinzubekommen. Ich glaube, daß das mit ein Grund ist, warum Männer so gerne arbeiten gehen, weil das eine männliche Art ist, Fürsorge zu zeigen. Damit gehen sie aber an den Bedürfnissen vieler Frauen vorbei. Es ist ein Mißverständnis. Wir leben heute in einer Zeit, wo sich Dinge verändert haben und Frauen genauso in der Lage sind, für materielle Sicherheit zu sorgen. Und das auch wollen. Das Geben von Sicherheit hat sich dahingehend verlagert, daß Frauen die Forderung an den Mann stellen, emotional präsent zu sein. Und damit einen emotional gesicherten Raum zu schaffen. Ich erlebe im Moment, daß meine Freundin schwanger ist und ein großes Bedürfnis nach Schutz anmeldet. Der Schutz besteht nicht darin, daß ich viel arbeite und viel Geld verdiene, sondern sie braucht meine emotionale Präsenz. Sie ist durch die Schwangerschaft sehr sensibel, und sie braucht mich einfach als Person. In meiner ersten Ehe hab' ich das noch nicht sehen können. Ich glaube übrigens auch, daß es in der Politik darum geht, daß Männer in der Lage sind, in diesem Sinne für einen sicheren Raum zu sorgen.

▷ Frauen sitzen heute genauso in Schlüsselpositionen wie Männer.

► Ja, und das ist auch die Art und Weise, wie ich Emanzipation begreife: Leben dürfen, was in einem ist, und sich nicht Rollenerwartungen oder Geschlechterrollen beugen müssen. Es gibt Frauen, die Führungsqualität haben. Es gibt aber auch die, die sich fremdbestimmen lassen vom kindlichen Ich und ihre männliche Seite stärken, aber ihre weibliche vernachlässigen.

▷ Was unterscheidet die Männer- von der Frauenbewegung?

► Die Männerbewegung unterscheidet sich von der Frauenbewegung darin, daß es nicht darum geht, gegen etwas zu sein oder sich etwas erobern zu müssen, sondern darum, nach innen zu schauen, was ist eigentlich erwachsenes Mannsein?

▷ Wie ansprechbar sind Männer, was ihr Erwachsenwerden angeht?

► Leider sehr wenig. Es gibt immer mal Männer, die in Männergruppen reinschnuppern, aber wenig Männer, die sagen, okay, ich lasse mich jetzt auf einen tieferen Selbsterfahrungsprozeß ein. Oft werden Männer durch eine Krise dazu getrieben. Durch eine berufliche Krise oder eine Beziehungskrise. Aber es gibt auch einige Männer, die lassen sich ein und bleiben dabei.

▷ Was ist mit unseren Kindern?

► Sie sind der wichtigste Grund für mich, warum Männer und Frauen lernen müssen, mit Gefühlen verantwortlich umzugehen, uns erwachsen auszudrücken. Als Erwachsene haben wir halbwegs die Möglichkeit, uns zu schützen, aber Kinder haben diese Möglichkeit nicht. Sie sind völlig ungeschützt, und wenn man dann nicht verantwortlich mit seinem Ärger umgeht, hat das ganz schreckliche Folgen.

Vom Umgang mit Gefühlen

Alle Gefühle sind zutiefst sinnvoll, in ihnen steckt eine eigene Intelligenz. Jedes Gefühl ist sozusagen eine kleine Erkenntnis, noch lange, ehe es vom Verstand interpretiert wird. Zu jedem Grundgefühl gibt es von den für Emotionen zuständigen Teilen des Gehirns gesteuerte Körperreaktionen.

Eines weiß man heute: Mindestens 60 Prozent unserer mentalen Fähigkeiten erben wir. Das heißt mit anderen Worten: Genies werden geboren, man kann sie nicht machen. Der Geist entwickelt sich jedoch an den Aufgaben, die ihm gestellt werden. Der Input verändert tatsächlich die Anatomie. Verknüpfungen im Gehirn entstehen durch Sinnesreize. Fehlen diese, können Verknüpfungen nicht wachsen.

Die Deprivation – der völlige Entzug von Sinnesreizen – führt dazu, daß viele Verknüpfungen gar nicht erst entstehen oder wieder zerstört werden. Das Gehirn verödet, der Geist verflacht. Aus dem Aufbau unseres Gehirns folgt, daß wir auf die Stimmungen, die uns erfassen, keinen Einfluß haben. Auch nicht darauf, wann uns diese Stimmung erfaßt. Was wir lernen können: wie wir damit umgehen. Goleman sagt: »Der Begriff der emotionalen Intelligenz bezieht sich vor allem auf jene Momente gefühlsmäßigen Handelns, die wir später bereuen, wenn sich die Aufregung gelegt hat; die Frage ist dann, weshalb wir so unvernünftig haben handeln können.«[1]

Es kommt darauf an, uns angemessen zu ärgern. Beispielsweise dem Autofahrer, der uns zugeparkt hat, nicht die

Scheibenwischer abzuknicken. Doch – wie wir bereits gesehen haben – gerade mit Wut können die wenigsten umgehen. Entweder fahren wir stürmisch aus der Haut, oder aber wir laufen tagelang selbstquälerisch damit durch die Gegend und sind nicht in der Lage, unsere Gedanken auf etwas anderes zu lenken. Wie Goleman sagt: Wut ist die Stimmung, die die Menschen am schlechtesten unter Kontrolle bringen.

Therapeuten haben immer wieder damit zu tun, daß Klienten durch frühere Traumatisierung in der Gegenwart unangemessen reagieren. Wer nicht erwachsen geworden ist, lebt noch die Konditionierungen durch die Eltern, gestattet oder verbietet sich das, was er im Elternhaus als richtig oder falsch gelernt hat. Sehr viele mächtige emotionale Erinnerungen gehen auf die Zeit unserer frühen Kindheit zurück. Wer Therapie macht, stößt immer wieder auf Verhaltensweisen, die er zwar als Kind brauchte, die aber für den Erwachsenen überflüssig geworden sind, die ihn sogar in seinem Leben behindern. Manchmal steht man neben sich und fragt sich, wieso reagiere ich immer so? Das liegt daran, daß bestimmte Bewertungen im Gehirn gespeichert sind. Sie wurden zum Teil gespeichert, als wir noch keine Worte für unsere Erlebnisse hatten, noch gar nicht reflektieren konnten. Die emotionalen Erinnerungen wurden also pur gespeichert. An die Situation erinnern wir uns daher gar nicht mehr bewußt. Goleman: »Ähnelt die gegenwärtige Situation auch nur in einem wichtigen Element der Vergangenheit, kommt es vor, daß der Mandelkern Übereinstimmung meldet – und deshalb ist diese Schaltung so ungenau.«[2]

So ist es verständlich, daß uns bestimmte emotionale Ausbrüche völlig verwirren können. Sie stammen einfach aus einem Abschnitt unseres Lebens, in dem wir Ereignisse noch gar nicht begreifen konnten. Sie haben nur bestimmte Gefühle in uns ausgelöst. Und so haben wir oft den Eindruck, bestimmte Emotionen hätten uns regelrecht im Griff. Emotionale Intelligenz besteht darin, verstehen zu können, was unsere Gefühle uns sagen wollen, und darauf richtig zu reagieren, anstatt sich von ihnen lähmen oder mitreißen zu lassen. Richtige Selbstwahrnehmung ist der erste Schritt zu emotionaler Intelligenz. Die eigenen Gefühle spüren, sie identifizieren können, wissen, welches Gefühl sich wie anfühlt und woher es kommt.

Im Einklang mit seinen Gefühlen leben bedeutet auch, Ereignisse mit Neutralität wahrzunehmen, anstatt darin eingetaucht und verloren zu sein. Emotionale Selbstkontrolle ist für die emotionale Intelligenz genauso wichtig wie die Achtsamkeit für die eigenen Gefühle und die der anderen. Sie bedeutet, uns unserer Stimmung sowie unserer Gedanken über unsere Stimmung bewußt zu sein. »Achtsamkeit ist ein unbeteiligtes, nicht urteilendes Wahrnehmen innerer Zustände«[3], so Daniel Goleman. Wer das nicht kann, neigt zu lebensbeeinträchtigenden Fehlentscheidungen: Er wählt den falschen Beruf oder den falschen Partner oder gar beides.

Doch die richtige Deutung ist nur der erste Schritt. Mindestens ebenso wichtig ist der angemessene Umgang mit unseren Emotionen. Ob wir uns von ihnen hin- oder wegreißen oder überwältigen lassen, oder ob wir in der Lage sind, besonnen und kontrolliert mit ihnen umzugehen. Spontanen Impulsen zu widerstehen und Bedürfnisbefriedigung hinauszuschieben ist nämlich eine der bedeutendsten psychologischen Fähigkeiten, sein Leben zufrieden zu meistern. Ein wesentlicher Baustein emotionaler Intelligenz. Nicht zu impulsiv reagieren – das ist eine Tugend, die unverzichtbar ist für Emotionen wie Wut, Zorn, Ärger und Rachegelüste. Vorbei die Zeiten, als es noch als gesund gepriesen wurde, seinem Ärger spontan Luft zu machen und seine Wut lautstark herauszuschreien.

Ein dritter Baustein, der zu emotionaler Intelligenz gehört, ist schließlich die Fähigkeit, Verständnis für andere aufzubringen. Einfühlungsvermögen, Anteilnahme, Mitgefühl sind Qualitäten, die untrennbar dazugehören. In der Lage sein zu konstruktiver, persönlich nicht verletzender Kritik. Das letztere ist nicht nur im Privat-, sondern auch im Berufsleben unverzichtbar. Zu emotionaler Intelligenz gehört schließlich positives Denken. Wer von vornherein mit Vorurteilen an eine Sache herangeht oder ein notorischer Miesmacher ist, dem fehlt das Talent zu emotionaler Intelligenz.

Einen emotional intelligenten Menschen erkennt man: Er strahlt Gelassenheit aus, ist positiv neugierig, aufgeschlossen, gesellig und von heiterem Gemüt. Er ist nicht ängstlich, neigt weder zum Grübeln noch zu Schuldgefühlen, läßt sich gerne verbindlich auf Menschen ein, ist verantwortungsbewußt und pflegt seine Beziehungen. Er hat ein reiches Gefühlsleben und ist mit sich und seinem Umfeld im reinen.

Gefühle – ein Frühwarnsystem

Der Heilpraktiker und Therapeut Kurt Tepperwein nennt unsere Gefühle »unser wunderbares Frühwarnsystem«. »Wer seinen Gefühlen nicht erlaubt, sich auszudrücken, lebt wie ein Gefangener, der sich nicht bewegen kann.«[4] Gefühle, die nicht auf natürliche Weise ausgelebt werden, stauen sich und bewirken seelische und körperliche Beschwerden. Emotionale Bewegungslosigkeit erzeugt nicht nur eine Starre, sie führt auch dazu, daß wir uns beengt und bedrückt fühlen. Tepperwein: »Gefühle sind nun mal von Natur aus laut, bunt, stark und ausdrucksvoll.«[5]

Unterdrückte Gefühle, unterdrückte Trauer und Wut schwächen uns. Ebenso Angst und Streß. Sie rauben uns unsere Lebensenergie. Trauer und Wut an sich schwächen nicht, sofern wir sie zulassen und angemessen damit umgehen. Das heißt nicht, daß wir Sturzbäche von Tränen vergießen oder Aggressionen unkontrolliert herausschreien müssen. Es reicht, die Gefühle zu registrieren. Sich zuzugestehen, ja, ich bin wütend, traurig oder auch, ja, jetzt habe ich Angst. Und dann aus dem wahrgenommenen Gefühl heraus zu handeln. Es ist fürs eigene Wohlbefinden ein immenser Unterschied, ob ich Zorn herunterschlucke und so tue, als sei ich unberührt und fröhlich, oder ob ich sage, das macht mich jetzt wütend, ich finde das nicht okay. Frauen, die ihre Wut immer unterdrückt haben und mit Hilfe von Therapie lernen, sie hochkommen zu lassen, merken, wie befreiend es ist, Wut überhaupt erst zu spüren.

Tepperwein meint dazu: »Spannungen und Belastungen sind im Leben unvermeidlich, sind eher eine Herausforderung. Dabei stellen unsere Gefühle ein wunderbares Frühwarnsystem dar, das uns rechtzeitig auf unerledigte, ungelebte Energien in uns aufmerksam macht. Das Gegenteil von einem ungelebten Gefühl ist ein Gefühl, das spontan entsteht und voll zum Ausdruck gebracht wird. Wenn Sie ärgerlich sind, sollten Sie nicht lächeln, nur weil das die Höflichkeit oder ihre Erziehung verlangen. Wenn Sie traurig sind, stehen Sie dazu, statt sich zusammenzunehmen.«[6] Tepperwein nennt die Kontrolle unserer Gefühle die stärkste Form von Selbstverleugnung, die ständig geschieht, wenn wir es uns zur Gewohnheit gemacht haben. Bis zu dem Punkt, daß wir nicht mehr in der Lage sind, unsere wahren Gefühle zu erkennen.

Es gibt viele Menschen, die haben sich so von ihren persönlichen Emotionen entfernt, daß sie nur aufgrund von antrainiertem Verhalten funktionieren. Sie sind nicht mehr sie selbst. Ihre Persönlichkeit ist völlig abgestumpft. »Es ist wie ein kleiner Tod, der mit jeder neuen Unterdrückung und Verleugnung zunimmt, bis die Vielfalt und Buntheit des Lebens einem grauen Alltag gewichen ist. Dann fragen wir uns sehnsuchtsvoll, wo denn die Freude geblieben ist, die wir in der Jugend doch so oft erlebt hatten und die erst das Leben wirklich lebenswert macht.«[7]

Viele Menschen antworten auf die Frage »Wie geht es dir?« grundsätzlich mit »gut«. Und sie glauben das sogar. Dahinter steckt oftmals ein Verleugnen ihrer Gefühle, die sie auf keinen Fall zulassen wollen. »Irgendwann wissen sie selbst nicht mehr, was da falsch ist, was sie eigentlich wollen, und so kann es ihnen auch kein anderer recht machen.«[8] Sie fangen an, innerlich zu schwimmen, sind verunsichert, weil sie kein Gefühl mehr für richtig, wahr und falsch haben. Solche Menschen ziehen sich immer mehr in sich zurück, aus Angst, Fehler zu machen, und aus Unsicherheit im Kontakt mit anderen. Wer zu seinen Wahrnehmungen und Gefühlen nicht steht, kann diese auch nicht nach außen verteidigen. Der läßt sich von anderen, die fest zu sich und ihren Emotionen stehen, überrumpeln.

Um den inneren Druck nicht ständig spüren zu müssen, wird dann oft zu Alkohol und Tabletten gegriffen. Wie viele Menschen sind derart angestrengt nach einem Arbeitstag, an dem sie nur brav funktioniert haben, daß das erste, was sie abends zu Hause tun, das Öffnen einer Bier- oder Weinflasche ist, um endlich ein wenig Entspannung zu spüren. Natürlich ist das hilfloser Selbstbetrug. Doch weil wir mit der Intensität und Macht von jahrelang unterdrückten Gefühlen nicht mehr anders umgehen können, suchen wir solche Wege, sie zu beherrschen und unter Kontrolle zu halten. Alkohol und Pillen sollen uns helfen, unsere Gefühle im Griff zu halten. »Der emotionale Schmerz in unserem Innern wird dadurch immer noch größer, und irgendwann müssen wir uns der Aufgabe stellen zu sein, wer wir sind.«[9] Wer das nicht tut, wird mit der Zeit für sich selbst unerträglich und für andere unangenehm.

Manche werden nörgelig, immer unzufrieden, können sich an den schönen Dingen des Lebens nicht freuen, sind nur interessiert am Müll des Lebens und decken andere mit ihren Problemen zu, erwarten von anderen die Erfüllung ihrer Bedürfnisse und Sehnsüchte. In Partnerschaften sieht man immer wieder Frauen, die ihre Männer ganz klein und unter Kontrolle halten müssen. Weil sie selbst nicht in der Lage sind, Erfüllung zu finden und sich zu entfalten. Es gibt Partnerschaften, da funktionieren beide nur nach bestimmten Mustern, ohne ihre Persönlichkeit entwickelt zu haben. Solche Partnerschaften sind zutiefst unglücklich, gehen sie doch am wirklichen Leben vorbei.

Unserem Temperament entsprechend leben

Welche Gefühle wann und in welcher Intensität aufbrechen, ist Sache unseres Temperaments. Menschen unterscheiden sich nicht nur im Grad ihrer Erregung, sondern auch in ihrer biologisch bedingten Wahl von Gefühlen. Der eine reagiert mit Panik auf etwas, was ein anderer als Herausforderung empfindet. Jeder Mensch hat sein eigenes Naturell, sein eigenes emotionales Temperament, und das ist angeboren.

Fachleute sagen heute, 50 oder 60 Prozent unserer Reaktionen sind genetisch bedingt, also von unserem Temperament abhängig. Worum es geht, ist, unser Naturell nicht zu verleugnen. Unserer individuellen und ureigenen Natur entsprechend zu reagieren und zu handeln. Was für den einen in Ordnung ist, ist es für den anderen noch lange nicht, und das gilt es herauszufinden. Nur so werden wir eine unverwechselbare Persönlichkeit. Nur so können wir stimmig und im Einklang mit uns leben. Und nur, wenn wir das tun, können wir zufrieden sein. Wir müssen uns bis zu einem gewissen Grad annehmen, müssen akzeptieren, daß wir uns nicht völlig umkrempeln können. Auch das ist Lernziel einer Therapie. Anders können wir uns nie lieben lernen.

Wir alle sind Individuen und in unserer Individualität unverwechselbar. Und so geht es in einer guten Therapie auch nicht um Gleichmacherei, sondern darum, unser Naturell authentisch und sinnvoll zu leben. Ein Grund, warum viele Heilsbotschaften und Rezepte vom »richtigen Weg« nichts bringen.

Natürlich haben wir die Möglichkeit, uns für bestimmte Verhaltensweisen bewußt zu entscheiden. Voraussetzung dafür ist aber, daß wir mit unserem Ich vertraut sind. Daß wir unser Naturell akzeptiert haben. Nur wer ein ehrliches Selbstbild hat, kann seinem Temperament entsprechend leben und Entscheidungen treffen. Diese Ehrlichkeit mit uns, dieses Wissen um unsere Persönlichkeit, ist die Grundlage für ein starkes Selbstwertgefühl und ein gesundes Selbstbewußtsein.

Melvin Kinder meint dazu: »Letztlich ist unser Temperament eine Art Stimmungsbarometer – immerhin gibt es schon im voraus an, wie sich unsere Gefühlswelt entfalten wird. Es sagt uns nicht nur, warum wir uns so oder anders fühlen, sondern es kann uns sogar vorhersagen, wie wir uns in bestimmten Krisensituationen, sei es im Beruf oder in Liebesbeziehungen, fühlen werden. Unser Naturell zeichnet Freud und Leid in unserem Leben vor.«[10]

Auch Goleman bestätigt, daß sich bestimmte angeborene Faktoren von Anfang an auf unsere Entscheidungen und Reaktionen auswirken. Aber er sagt auch: Temperament ist kein Schicksal. Wer beispielsweise zögerlich und ängstlich ist, ist nicht sein Leben lang dazu verdammt, allen Situationen, die Angst machen, auszuweichen. Wer dazu neigt, schnell aggressiv und wütend zu werden, muß das nicht sein Leben lang bleiben. Erziehung und Therapie machen zwar keinen anderen Menschen aus mir, versetzen mich jedoch in die Lage, mit meinem Temperament so umzugehen, daß ich mich nicht als Opfer meiner Emotionen verhalten muß.

Das Temperament prägt unsere Grundstimmung. Goleman: »Das Temperament läßt sich definieren durch die Stimmungen, die für unser Gefühlsleben typisch sind. In einem gewissen Umfang hat jeder von uns solch einen Bereich von bevorzugten Emotionen; wir werden mit einem bestimmten Temperament geboren, es ist Teil unserer genetischen Lotterie, die sich im Laufe des Lebens unausweichlich Geltung verschafft.«[11]

Sagte man noch bis vor einigen Jahren, Säuglinge seien alle gleich, und was aus ihnen werde, sei Ergebnis von Erziehung und Umwelt, so ist man heute so weit zu erkennen, daß schon jedes Baby sein ureigenes Naturell hat. Eines ist von Anfang an zufrieden und still, ein anderes leicht erregbar und schreit häufig. Eines kann sich gut mit sich beschäftigen, ein anderes fordert ständiges Entertainment. Eines ist zaghaft, ein anderes stürzt sich mutig und furchtlos ins Leben. Eines klammert sich lange an die Mutter, das andere läuft ihr ständig davon.

Psychologen haben je nach Schule vier oder mehr Temperamentstypen herausgefiltert. Das geht vom aufbrausenden, nach außen gerichteten Charakter bis hin zum phlegmatischen, in sich gekehrten Typen.

Der Entwicklungspsychologe Jerome Kagan postuliert vier verschiedene Temperamente: schüchtern, kühn, optimistisch und melancholisch.[12] Über diese Grundtypen hinaus gibt es unzählige Varianten. In der Realität wird keiner so idealtypisch wie beschrieben vorkommen. Keiner hat nur Angst, niemand ist immer melancholisch. Die Typisierung bietet immer nur Anhaltspunkte, welchem Naturell wir uns am meisten nähern. Viele Menschen sind eine Mischung aus zwei vorherrschenden Typen. Goleman: »Die Menschen können sich bezüglich der Emotionen darin unterscheiden, wie leicht sie ausgelöst wird, wie lange sie anhält, wie intensiv sie wird.«[13]

Es hängt von unserem Temperament ab, ob wir mit einer negativen oder einer positiven emotionalen Stimmungslage auf das Leben reagieren. »Doch selbst wenn diese grundlegende Dimension des Temperaments von Geburt an feststeht, sind diejenigen unter uns, die ein mürrisches Wesen haben, nicht zwangsläufig dazu verurteilt, niedergeschlagen und verdrossen durchs Leben zu gehen.«[14]

Das Leben erteilt uns Lektionen, und wir sind auch in der Lage, sie zu suchen oder anzustreben. Was wir im Laufe unseres Lebens lernen, kann uns helfen, unser Naturell günstig zu beeinflussen. Das geht in der Kindheit los. Bei einem schüchternen Kind ist es wichtig für seine weitere Entwicklung, wie die Eltern mit seiner Schüchternheit umgehen. Ob sie das Kind ermutigen, es unterstützen oder ob sie es in seiner Schüchternheit bestärken. In den ersten Lebensjahren hängt es von den Eltern ab, ob ein schüchternes Kind lernt, mutiger zu werden. Wer keine Eltern hatte, die für Ermutigung sorgen konnten, kann später in einer Therapie entsprechende Lernschritte und Erfahrungen suchen. Goleman: »Die Psychotherapie, die gleichbedeutend ist mit einem systematischen Umlernen, liefert einen hervorragenden Beleg dafür, daß Erfahrung sowohl die emotionalen Gewohnheiten zu verändern, als auch das Gehirn zu formen vermag.«[15]

Sich lebendig fühlen

Wer in gutem Kontakt zu seinen Gefühlen lebt, fühlt sich lebendig. Wer dagegen bestimmte Gefühle unterdrückt, ist innerlich tot. Wer seine Gefühle zuläßt und ihnen verstandesmäßig nicht im Wege steht, spürt den ganzen Tag die unterschiedlichsten emotionalen Regungen des Augenblicks. Jede Begegnung, jede neue Situation ist mit neuen Emotionen verbunden. Je nachdem, was wir erleben, können widersprüchliche Gefühle sich in uns ablösen. Für Menschen, die nicht gewohnt sind, ihre ganze Gefühlsbreite zu erleben, kann das stressig und beängstigend sein. Und da wir gesellschaftlichen Normen unterliegen, in welcher Intensität welche Gefühle gezeigt werden dürfen, sind wir auch manchmal verunsichert, ob das, was sich in uns abspielt, »normal« ist.

Im Fernsehen sah ich gestern ein Interview mit der Schauspielerin Marianne Sägebrecht. Durch den Tod ihrer Mutter und die zwei Jahre, die ihre Mutter krank war und im Krankenhaus offenbar menschenunwürdig behandelt worden war, war Marianne Sägebrecht hochsensibilisiert und empört über das, was sich hinter Krankenhaustüren abspielt. Sie brachte ihre Wut und Empörung mit einer solchen Wucht zum Ausdruck, daß sie kaum Luft bekam, sich versprach und ihre Stimme sich teilweise überschlug. Sie zeigte sich in ihrer starken emotionalen Berührtheit völlig schutzlos und offen. Sie verlor ihre Fassung. Es bedurfte großen Fingerspitzengefühls der Moderatoren, das Gespräch zu leiten, und es stellte sich angesichts des Ausbruchs von Frau Sägebrecht eine gewisse Hilflosigkeit ein.

Ich habe ihren Mut bewundert. Ich selbst bin gesellschaftlichen Konventionen so verhaftet, daß ich mich wahrscheinlich nach solch einem Ausbruch in Frage gestellt hätte. Ich hätte mich gefragt, war es okay, mich so zu entblößen? War das normal? Frau Sägebrecht hatte den Mut, in diesem öffentlichen Augenblick völlig authentisch außer Kontrolle zu geraten, und ich war froh, daß alle Betroffenen gut mit ihr umgegangen sind und ihre berechtigte Kritik am Gesundheitssystem sehr ernst genommen haben. Denn das ist natürlich die Gefahr, in die man sich begibt, wenn man seinen Gefühlen auch einmal unkontrolliert freien Lauf läßt. Man ist in dem Moment sehr authentisch, sehr emotional, aber auch sehr angreifbar und verletzlich.

Die meisten von uns trauen sich das nicht. Weil sie den gesellschaftlichen Regeln unterliegen, daß man Gefühle nicht und schon gar nicht zu stark zeigen darf. Und deshalb kennen viele auch eine gewisse Gefühlsstärke und -intensität überhaupt nicht, haben nie die Erfahrung gemacht, wie sich das anfühlt. Meist schaltet sich rechtzeitig der Verstand ein und verhindert ein Überborden der Emotionen. Doch auch das gehört dazu, wenn man sich lebendig fühlen will. Wer sich authentisch lebendig gibt, bekommt bei uns mit Sicherheit zu hören: »Du übertreibst«, »Du siehst das viel zu eng«, »Reg dich nicht so auf«. Und gleich stellt man sich wieder in Frage.

Ich habe eine Freundin, die sehr lebendig die Schmerzen und Freuden des Augenblicks er- und auslebt. Bei ihr bewundere ich, wie gut sie mit sich umgeht, wenn sie sich verletzt oder gekränkt fühlt. Wie nachsichtig und verständnisvoll sie mit sich ist. Und bei ihr sehe ich auch immer wieder, daß tägliche Schmerzen zum Leben dazugehören. Wer sensibel ist für das, was um ihn herum passiert, kann nicht immer gut drauf und in Hochstimmung sein. Die schönen und die weniger schönen Seiten des Lebens wechseln ständig, und es bleibt uns nichts übrig, als das anzunehmen, wenn wir unser Leben nicht halb oder betäubt leben wollen.

Es gibt Menschen, die müssen leiden, um überhaupt das Gefühl zu haben, in ihrem Körper zu sein. Wer betäubt lebt, fühlt sich nur im Schmerz lebendig. Und es scheint dann besser zu sein, sich schlecht zu fühlen, als überhaupt nichts zu fühlen. Viele sind von klein auf so sehr daran gewöhnt zu leiden, daß das Leiden ein gewisses Gefühl der Sicherheit gibt. Es gibt Menschen, die ihre Depressionen nicht loslassen wollen oder von denen wir sagen: »Sie wollen leiden.« Oft ist das bekannte Leiden weniger unangenehm besetzt als der Gedanke, es loszulassen und zunächst mal nicht zu wissen, was dann kommt. Gefühle rauslassen bedeutet eben auch zu wagen, mutig zu sein, verletzbar zu werden. Wir leben in der Regel zu sehr nach dem Motto: Lieber ein bekanntes Übel als eines, das wir nicht kennen.

Am Schmerz festzuhalten bedeutet auch, daß wir uns weigern, Verantwortung für uns und unser Leben zu übernehmen. Verantwortung würde bedeuten, unsere Bedürfnisse anzuerkennen und angemessen damit umzugehen. Angemessen umgehen bedeutet, Gefühle wahrzunehmen und zu achten. Daraus ergibt sich, daß man sich gegen andere abgrenzt, sagt, das brauche ich, das nicht.

Verantwortung für sich zu übernehmen bedeutet, sich nicht fremdbestimmen zu lassen, Lebenskrisen zu akzeptieren und sich Veränderungen, den jeweiligen Entwicklungsaufgaben zu stellen, Freude und Leid anzunehmen und sich voller Vertrauen dem Auf und Ab des Lebens zu überlassen. Wenn wir das können, fühlen wir uns lebendig.

Vom Unterschied zwischen Leiden und Schmerz

»Leiden ist nicht dasselbe wie Schmerz. Man kann seelischen Schmerz verspüren, ohne zu leiden. Das Leiden kann enden, wenn der Schmerz noch besteht.«[16] Leid empfinden wir, wenn wir einen Verlust verleugnen. Wenn wir ihn nicht wahrhaben wollen. Solange wir die Realität nicht annehmen, leiden wir. Weil unser Verstand dagegen ankämpft, eine schmerzhafte Tatsache hinzunehmen. Leiden ist das unangenehmste Gefühl, das es gibt. Leiden ist schlimmer als Schmerz. Wir leiden, weil wir hadern. Unser Verstand will eine Situation anders haben, als sie ist. Und solange der Verstand dagegen kämpft, die Wahrheit hinzunehmen, solange er uns versucht vorzugaukeln, es könnte anders sein, als es in Wirklichkeit ist, leiden wir. Leiden ist ein grausames Gefühl. Weil es solange nicht vergeht, solange wir uns nicht mit der Realität abfinden.

Leiden kennen wir alle nur zu gut. Ob wir eine Ungerechtigkeit einstecken mußten, den Arbeitsplatz verloren haben, verletzt worden sind, der Partner uns verlassen hat – wir machen fast immer eine schlimme Leidensphase durch. In dieser Zeit kreisen unsere Gedanken um den Gegenstand unseres Leidens, spielen ihn immer wieder durch, wir sind wie verbohrt immer in der Hoffnung, der Kopf könnte uns zeigen, daß es doch ganz anders ist. Manchmal hoffen wir, wir träumten nur, wachen auf, und alles ist wie immer. Dieser Widerstand, das Beharren, daß die Dinge anders sein sollen, als sie sind, kostet uns viel Kraft und Energie.

Statt dessen wird der authentische Schmerz durch unser Hadern noch verstärkt. Das ist uns aber nicht klar, weil in der Umgangssprache Schmerz und Leiden gleichgesetzt werden. Durch Leiden fliehen wir aus der Gegenwart, indem wir uns an Wunschvorstellungen hängen und uns mit aller Kraft daran klammern, unsere Idealvorstellungen zu beschwören. Als würden sie eintreten, wenn wir nur lange genug daran denken.

Der amerikanische Autor Philip Golabuk schreibt: »Indem wir alles Wirkliche annehmen und die Leugnungen aufgeben, können wir ins Leben zurückkehren. Wenn wir freiwillig das annehmen, was real ist, spüren wir möglicherweise immer noch Schmerz, doch dies ist bei weitem besser, als einen Zustand des chronischen Leidens zusätzlich zu dem Schmerz zu erdulden. Wir können die Umstände des Verlustes nicht beherrschen, doch wir können uns entscheiden, traurig über den Verlust zu sein, ohne uns mit dieser Traurigkeit so sehr zu identifizieren, daß wir aus nichts anderem mehr bestehen. Ohne diese Identifikation kann die Traurigkeit einfach nur Traurigkeit sein; sie muß nicht zur Verzweiflung oder Verlorenheit werden oder zum Verlust des Selbst in einem chronischen, selbstverschuldeten, sich wiederholenden Drama führen.«[17]

Hauptursache für fortgesetztes Leiden ist mangelndes Selbstwertgefühl. Aus dem Gefühl heraus, minderwertig zu sein, entwickeln wir vielleicht sogar die Überzeugung, es sei in Ordnung, daß wir leiden, und erleben das Leiden als Bestätigung unseres Minderwertigkeitsgefühls. Das ist ein Teufelskreis: Das Leiden produziert sich selbst. Wir finden uns nicht wert, geschätzt, geachtet und geliebt zu werden, produzieren unter der Mißachtung der anderen weitere lieblose Selbstverurteilungen, fühlen uns deswegen noch schlechter und erzeugen unbewußt die Bestätigung, daß wir nichts wert sind.

»Möglicherweise entwirft der Geist wiederholt Szenarien der Zurückweisung, die unsere selbstzerstörerischen Überzeugungen offensichtlich bestätigen. Das eigensinnige Wollen ist erfinderisch in der Schaffung sich selbst erfüllender Situationen, die wir erleben, als stießen sie uns zu, und nicht als selbst herbeigeführt.«[18]

In Beziehungen erlebt man das immer wieder. Frauen mit mangelndem Selbstwertgefühl wachen oft eifersüchtig über ihren Mann, sind nicht offen und unternehmungslustig, sondern binden sich ausschließlich und eng an den Partner. Weil sie ständig Angst haben, ihn zu verlieren. Aus dem tiefen Gefühl heraus, er könnte eine bessere treffen und sie verlassen. Diese Angst führt zu ständiger Kontrolle des Partners, vielleicht auch zu Szenen und Vorwürfen aus nichtigen Beweggründen. Oft führt man so eine sich selbst erfüllende Prophezeiung herbei. Nur, daß man dabei Ursache und Wirkung vermischt. Der Partner geht vielleicht, weil er die Enge und den Druck nicht erträgt, und die verlassene Frau kann in Selbstmitleid verfallen und sich sagen, ich wußte es, ich bin so klein, er hat etwas besseres gefunden. Eine armselige Selbstbestätigung. Daß es mit ihrem Klammern zu tun hatte, darauf kommt sie nicht.

Liebeskummer

Wenn wir Liebeskummer haben, überschlagen sich die Gefühle. Beklemmungen, Angst, Trauer, Zorn, da kommt vieles auf. Und wir können es kaum aushalten. Manchmal haben wir das Gefühl, wir platzen, weil wir nicht wissen, wohin mit den ganzen Emotionen. Wir leiden, wie es schlimmer wohl kaum geht. Es ist ein ganz großer Schmerz. Ich selbst kann mich an einen äußerst heftigen Liebeskummer erinnern. Mein Liebster hatte mich aus verschiedenen Gründen Knall auf Fall verlassen. Ich bin regelrecht abgestürzt. Mir wurde der Boden unter den Füßen weggerissen. Ich war wie von Sinnen. Habe wochenlang nur geweint. Die Tränen flossen einfach so aus mir heraus. Ich fühlte mich wie zerstört. Nachts habe ich ein Unterhemd von ihm, das er zurückgelassen hatte, mit ins Bett genommen wie ein Kind seinen Teddy. Und dann mußte ich noch mehr weinen. Es hat wohl ein Jahr gedauert, bis ich mich wieder gefangen hatte. Und es hat Jahre gedauert, bis ich es so verarbeitet hatte, daß ich unbelastet eine neue Beziehung eingehen konnte.

Philip Golabuk hat ein ganzes Buch darüber geschrieben: *Herzkitt*. Worum es beim Liebeskummer wie bei allen Gefühlen letztendlich geht, ist, ihn nicht wegzuschieben. Den Schmerz zuzulassen. Es kommt darauf an »daß wir still unserer inneren Stimme lauschen, da wir uns nur so nicht mehr unserem Schmerz widersetzen, sondern ihn durchleben, unsere Grenzen erweitern und mehr zu dem Menschen werden, der wir wirklich sind.«[19]

Golabuk schreibt: »Das innere Selbst spricht in der Stille, wenn Körper und Geist entspannt und aufnahmebereit sind. Es ist weder aufdringlich noch beherrschend, weder schreit es, noch besteht es darauf, daß wir es hören. Statt dessen flüstert es, und darum müssen wir so still sein, um es hören zu können. Das wahre Selbst hört sogar geduldig dem eigensinnigen Fordern und Flehen zu, das wir Gebete nennen, unseren Flüchen, Schreien und Drohungen, den Geschäften, die wir mit dem Gott da draußen machen wollen.«[20]

Wenn wir tief im Liebeskummer stecken, wollen wir erst mal eine ganze Weile nicht wahrhaben, was uns passiert ist. Wir hoffen und flehen, daß der andere es sich doch noch überlegt, daß er zurückkommt. Wir wünschen uns, daß er doch noch erkennt, daß wir die einzig Richtige für ihn sind. In uns tobt es. Und meist machen wir alles andere, als in die Stille zu gehen. Wir versuchen, uns zu zerstreuen, wir telefonieren stundenlang mit unseren Freundinnen, um uns bestätigen zu lassen, was für ein »Schwein« er ist. Vielleicht stürzen wir uns in Ablenkungen, die wir aber nicht wirklich genießen können, weil wir innerlich nicht frei sind. Und statt zu versuchen, bei uns zu bleiben, gehen wir von uns und unserer inneren Stimme, von unserem Gefühl weg. Dabei gelingt es uns aber kaum, und wenn, dann nur zeitweise, unsere Emotionen zu unterdrücken.

Im Moment des Verlustes scheint es, daß wir keinen Trost finden können. Unser Herz ist gebrochen. Wir tun uns selbst leid und beklagen, was er uns angetan hat. Vielleicht empfinden wir uns als Opfer seiner Tat, unseres Schicksals. Wenn wir furchtbar leiden, ist immer der Verstand im Spiel. Er sorgt dafür, daß wir nicht loslassen können. Daß wir uns versuchen, den Tatsachen zu widersetzen, gegen die Realität zu kämpfen und festzuhalten, was nicht festzuhalten geht.

»Der Verstand befindet sich unaufhörlich in einem Zustand des Verlangens, stets entsinnt er irgendeinen Weg, dieses oder jenes zu bekommen oder zu vermeiden, wobei er denkt, daß ihm das ganze Umhergerenne Glück bringen wird. Verlangen ist sein Beruf, Mangel seine Währung. Der eigensinnige Verstand konzentriert sich darauf, was er nicht hat. Darum flieht er stets die gelebte Gegenwart.«[21]

Solange wir denken, daß wir nicht haben, was wir eigentlich haben wollen, sind wir unglücklich. Und statt uns der Gegenwart zu überlassen, setzen wir alles daran, das Leben derart umzugestalten, daß es sich so verhält, wie wir es uns vorstellen. Das allerdings wäre ein lebenslanger Kampf, und unsere Wünsche blieben darin meist unerfüllt. Dieses Verhalten verurteilt uns dazu, unglücklich und unzufrieden zu sein. Solange wir uns mit unseren Wünschen identifizieren und die Realität darein zu pressen versuchen, leben wir in der Zukunft, rennen immer irgend etwas hinterher und können die Gegenwart nicht wahrnehmen. Das Verhalten des Kopfmenschen ist im Grunde ein Selbstbetrug und verkennt Gesetzmäßigkeiten des Lebens. Wenn wir versuchen, unseren Liebeskummer wie eine Denksportaufgabe zu lösen, wird uns das nie gelingen. »Weil der Verstand gewohnheitsmäßig die Gegenwart verfehlt, die allein wirklich ist, ist er auch in Unsicherheitsgefühle verstrickt, die sich verstärken, wenn wir erfahren, daß die Dinge nur selten sind, wofür wir sie halten.«[22]

Es geht also, wie bei allen Gefühlen, auch bei Liebeskummer darum, nicht mit dem Verstand zu klammern und zu versuchen, die Gefühle zu beherrschen oder gar zu unterdrücken. Es geht darum, seinen Kummer zu akzeptieren. »Wenn wir der Wahrheit unseres Herzens in einer bestimmten Frage näherkommen, macht sich in der Brust ein Gefühl der Leichtigkeit bemerkbar. Wenn wir tief atmen und entspannen, können wir dieses Gefühl als Antwort auf alles anwenden, was uns Sorge bereitet.«[23] Nur so sind wir nicht dazu verdammt, Opfer zu sein und passiv hinnehmen zu müssen, was uns überrollt. Wenn wir unseren Gefühlen Aufmerksamkeit schenken und sie annehmen, können wir sie auch loslassen und sie freigeben.

Wichtig ist einfach hinzunehmen, daß wir uns eine Weile traurig fühlen und verloren vorkommen, wenn wir einen Verlust erlitten haben. Und diese Emotionen verlieren ihren Schrecken, wenn wir ihnen erlauben, sich auszudrücken, hervorzutreten. Selbst tiefe Trauer schmerzt nicht, wenn sie dasein darf. Es schmerzt nur, sie nicht haben zu wollen, obwohl sie angesagt ist. Wenn Trauer das wahrhaftige und angemessene Gefühl ist, das in einer bestimmten Situation angesagt ist, dann ist sie das Gefühl, mit dem wir uns authentisch und ganz fühlen. Und kein anderes.

Distanz und Nähe

Für eine befriedigende Beziehung ist die Fähigkeit, Nähe zuzulassen und sich auf den anderen Menschen einzulassen, sehr wichtig. Die wenigsten Menschen können das. Meist spielen wir auch in der Beziehung Rollen. Eine Frau, die beispielsweise das Bild von sich hat, immer stark sein zu müssen, weil vielleicht nur das tapfere starke Mädchen vor den Augen der Eltern Anerkennung fand, wird sich in Momenten, wo es darum geht, auch eine Schwäche aussprechen und zeigen zu können, zurückziehen: Sie wird auf Distanz gehen, unbeteiligt sein wollen. Aus dem vertrauten Gefühl heraus, nur stark und überlegen werde ich gemocht. Oder ein Mann, der Angst hat, seine »weichen« Gefühle zu leben, weil er die Vorstellung hat, dann schwächlich und unmännlich zu wirken, wird sich in solchen Momenten in sein Schneckenhaus zurückziehen und schweigen. Auch wenn Reden angesagt wäre. Dieses Schweigen, sobald der emotionale Bereich zu stark berührt zu werden scheint, ist ein weitverbreitetes Phänomen bei Männern und treibt viele Frauen zur Verzweiflung. Wenn ein Partner Nähe in der Beziehung geben kann und das auch vom anderen erwartet, wird er mit einem verschlossenen Partner todunglücklich.

Eine wirklich dauerhafte und zuverlässige Beziehung kann nur mit Nähe wachsen. Wenn Partner sich Dinge anvertrauen, die sie sonst keinem sagen. Wenn sie ihre ganze Persönlichkeit vorbehaltlos in die Beziehung einbringen. Sonst kann kein Gefühl der Wärme und Geborgenheit entstehen.

Doch oft ist es so, daß man wie die Katze um den heißen Brei umeinander herumstreicht, im Bett versucht, die fehlende Nähe durch Sex und reine Körperlichkeit herzustellen, was ja auch eine Zeitlang funktioniert. Und tief in uns fühlen wir uns einsam und unbefriedigt. Wir spüren, in dieser Beziehung fehlt einfach etwas. Wir kommen an den anderen nicht heran. Er hält wichtige Teile von sich verschlossen. Meist sind es Frauen, die das von ihren Männern sagen. Es gibt aber auch Männer, die ihre Frauen kühl und unnahbar finden. Und über kurz oder lang stellt sich dann bei einem oder bei beiden ein tiefes inneres Verlassenheitsgefühl ein, das oft nicht richtig benannt werden kann. Man spürt nur, daß man nicht erfüllt und unzufrieden ist. Wenn beide dieses Defizit totschweigen, findet eine schleichende Entfremdung statt, und man lebt irgendwann nebeneinander her. Sich zweisam einsam zu fühlen ist frustrierend. Manchmal kann der Ehetherapeut helfen, manchmal geht die Beziehung auseinander.

Oft ist es auch so, daß nur ein Partner – meist die Frau – eine Therapie anfängt, sich weiterentwickelt, bisher ungelebte Teile ihrer Persönlichkeit entdeckt und lebt, reifer wird. Auch das ist ein Meilenstein in einer Beziehung, denn nicht immer ist der Partner in der Lage mitzuziehen. Oft macht ihm die Entwicklung seiner Frau, die vielleicht plötzlich Dinge offenbart und ausspricht, die er nie von ihr gehört hat und die ihn verunsichern, solche Probleme, daß es für ihn einfacher ist, sich zu trennen und sich wieder eine von ihren Gefühlen abgeschnittene Partnerin zu suchen. Oft wählt er eine ganz junge Frau, die in ihrer Entwicklung einfach noch nicht soweit ist.

Die Angst vor Nähe ist letztlich die Angst vor sich selbst, vor seinen Gefühlen und seinem Herzen, vielleicht sogar vor Liebe. »Vielleicht bedeutete in der Vergangenheit, jemandem näherzukommen, allein gelassen oder auf andere Weise tief verletzt zu werden. Jene, die uns emotionale Nähe in Aussicht stellen, erwecken in uns die alten, angesammelten Ängste und Zweifel, weil sie uns einen sicheren Ort bieten, sie zu spüren und freizugeben. Möglicherweise suchen wir Zuflucht im Leiden – als Form, diese anderen auf Distanz zu halten, obgleich wir widersprüchliche Botschaften aussenden und zur Nähe auffordern.«[24] In der Tat, es gibt viele Menschen, die eine nahe Beziehung untergraben, aus der tiefen Angst heraus, sie zu verlieren.

Christopher

Bei mir gab es das Problem der nicht ausgelebten Liebe. Das war für mich sehr viel schlimmer als jedes andere nicht ausgelebte Gefühl. Obwohl es auch das gab. Ich konnte Liebe nicht leben. Ich konnte Menschen, vor allem Frauen, die mir gefielen, überhaupt nicht sagen, daß ich sie liebe. Ich konnte noch nicht mal sagen, daß ich sie mag.

Ich bin im Grunde jemand, der total harmoniesüchtig ist. Ich bin ein Mensch, der liebend gerne mit Leuten gut auskommt. Das führte aber auch immer dazu, daß ich Angst hatte, das Gleichgewicht zu stören. Meine Beziehungen sahen so aus, daß ich von weitem jemand anhimmelte und nicht wagte, überhaupt irgend etwas zu sagen. Ich ließ die Chance vorübergehen.

In aller Regel passierte es dann, daß die Aktivität von der Frau ausging, und wenn sie mir gefiel, habe ich es nicht glauben können. Ich konnte nicht glauben, daß sie mich meint. Ich dachte dann, die macht irgendeinen dummen Scherz mit mir. Es war auch klar, daß dieses Bild, das ich von mir hatte – erstens häßlich, zweitens hölzern, drittens allen anderen Männern unterlegen bis auf meine Intelligenz –, von den anderen übernommen wurde. Aber was meine Intelligenz anging, dachte ich, darauf kommt es sowieso nicht so an, das merkt auch niemand, daß du intelligent bist.

Dieses Selbstbild war nicht dazu angetan, überhaupt nur einen Schritt zu wagen und das Risiko einzugehen, zurückgewiesen zu werden. Und das mußte nach meiner Vorstellung zwangsläufig passieren, wenn die Frau nur einigermaßen helle gewesen wäre. Mit dem Ergebnis, daß ich als Mann noch weniger getaugt hätte. Wenn ich zurückgewiesen worden wäre, hätte ich mein letztes bißchen Selbstwertgefühl auch noch verloren. Die Folge wäre ein noch gnadenloserer Abstieg gewesen, eine noch größere Verzweiflung.

Das ist eigentlich bis heute ein Problem für mich. Aber längst nicht mehr so stark wie früher. Bei meiner ersten Frau ist es passiert, daß ich mich in geradezu unglaublicher Weise um sie bemüht habe. Ich habe Dinge getan, die ich nie vorher getan hatte. Ich habe gedacht, diese Frau zu bekommen ist sowieso unmöglich. Aber gerade weil es mir so unmöglich erschien, habe ich geworben und alles in Bewegung gesetzt, was ich konnte. Immer in dem Gefühl, es ist jetzt auch egal, die Erfolgschancen sind gleich null. Da gab es nichts zu verlieren, weil es mir als ein absurdes Vorhaben erschien, diese Frau zu erobern. Es ist mir gelungen, eine Beziehung zu ihr aufzubauen, und wir haben geheiratet. Nun kam aber das nächste Problem. Ich war in der Beziehung natürlich auch nicht in der Lage zu wirklicher Nähe. Das war mein Hauptproblem bestimmt bis Mitte 30. Immer wieder tastete ich mich an sie heran und zog bei der kleinsten vermeintlichen Gefahr zurück. Ich hatte immer wieder Angst, mein schützendes Nest, das ich um mich herum errichtet hatte, zu verlassen. Denn auch in der Beziehung kannst du ja einen auf den Deckel bekommen.

Von meiner Seite aus war keine wirkliche Nähe möglich. Ich habe mich nicht getraut, mich wirklich auf meine Beziehung einzulassen. Es hängt einfach damit zusammen, daß das Selbstbild so viele Schrammen hat und man so viele Mängel empfindet, daß man versucht, dieses authentische Ich vor dem anderen so lange zu verbergen wie irgend möglich. Ich habe mein wahres Ich, so gut es ging, geheimgehalten. Ich habe immer geglaubt, in dem Moment, wo einer erkennt, wie ich wirklich bin, ist es ganz aus. Ich fühlte mich so klein und unzulänglich, daß ich immer Angst hatte, der oder die andere könnten herauskriegen, wie wenig wertvoll ich wirklich bin.

Zurückblickend würde ich sagen, meine Ehe ist sicherlich mit daran zugrunde gegangen, daß ich wirkliche Nähe nicht zugelassen habe. Das war ein ganz entscheidender Punkt. Ich habe mich nicht wirklich eingelassen, sondern immer versucht, mir eine Hintertür offenzuhalten. In der Art etwa, daß ich sagte, gut, vielleicht geht die Beziehung den Bach hinunter, aber so richtig war sie schließlich auch gar nicht. Es war ja eigentlich nur ein Test, und *die* große Beziehung meines Lebens kommt vielleicht noch. So konnte ich mein Nichteinlassen vor mir immer rechtfertigen. In solch einer Situation sucht man sich natürlich eine Frau, die selbst auch nicht diese Nähe haben und geben will. Sonst würde sie ja kaputtgehen. Wenn man seine Partnerin immer nur vor die Wand laufen läßt, das würde sicherlich nicht lange gutgehen.

Meine Frau war im Grunde ein Mensch, der ziemlich stark mauerte, wenn es ans Eingemachte ging. Sie ist sicherlich auch heute noch kein Mensch, der sich früh offenbart. Es ist auch nicht so, daß ich das während der Zeit besonders bedauert habe. Ich habe gemerkt, es kam keine Nähe auf, und für mich war es okay. Für meine Frau war es wohl so, daß sie in der Beziehung litt, aber nicht gesehen hat, daß auch sie selbst im Grunde keine Nähe herstellen konnte.

Das hat sich inzwischen verändert, sehr stark sogar. Heute ist es so, daß meine Angst nicht mehr so groß ist, meine verletzlichen Seiten zu zeigen. Ich fürchte nicht mehr so sehr, durchschaut zu werden. Ich habe mit meiner zweiten Frau eine Ehetherapie gemacht, und dadurch konnten wir uns Dinge sagen, die wir nie ausgesprochen hatten. Das hat unsere Beziehung wieder in den grünen Bereich gebracht. Heute ist es für mich in Ordnung, mich zu offenbaren. Und anders ist wohl auch keine gute Beziehung möglich.

Loslassen können

Die Gefühle wahrnehmen und annehmen zu können beinhaltet gleichzeitig, sie loszulassen. »Wenn wir dem, was in und um uns herum ist, liebevolle Aufmerksamkeit schenken, geraten wir in einen Zustand der Bereitwilligkeit. Wir können loslassen, dem größeren Lauf der Dinge vertrauen, das Gesetz der Gegensätze ehren, auf die innere Leitung hören, um Weisheit und Stärke beten, sich dem Leben nicht zu widersetzen und Kraft aus dem Augenblick zu beziehen.«[25] Doch das lernen wir nicht. Statt dessen werden wir geschult, das Leben zu steuern, zu kontrollieren, in der Hand zu haben. Wir planen, tun, sind Macher, wir wollen erfolgreich sein und alles im Griff haben. Wir fördern systematisch die Dominanz des Verstandes über das Gefühl. Darüber vergessen wir, daß es auch noch andere Eigenschaften gibt, die zur Bewältigung unseres Lebens wichtiger sind, als immer aktiv alles zu kontrollieren. »So bleiben wir größtenteils ohne Verbindung mit dem Warten, Zuschauen, Zuhören, Anerkennen, Annehmen, Vertrauen, Loslassen und Empfangen als den wesentlichen Elementen und – was wichtiger ist – Quellen der Erneuerung all unseres Tuns.«[26]

Wichtig dabei ist: es geht nicht um Passivität. Es geht nicht um diese weitverbreitete Antihaltung zur Leistungsgesellschaft, die besagt, lege dich zurück und denke positiv, dann werden dir die gebratenen Tauben von selbst in den Mund fliegen. Das ist ein Rezept, das nicht funktioniert, und die, die es probiert haben, werden dies auch selbst festgestellt haben. Es geht um die aktive Bereitschaft, das Gefühlsleben und was es uns sagen will anzuerkennen und die sich daraus ergebende Bereitwilligkeit, die Botschaften unserer Emotionen zu verstehen. Passivität, so Golabuk, zeuge von der fehlenden Bereitschaft, die gelebte Gegenwart ohne Tagesordnung zu betreten. Frauen, die ihre individuelle Gefühlswelt verleugnen und sich nicht dafür einsetzen, was sie empfinden und woran sie glauben, fehle eine gesunde Beherztheit ebenso wie dem Mann, der keine gesunde Beziehung zu seiner Gefühlswelt hat.

Und da, wo wir die Gesetzmäßigkeiten des Seins leugnen, klammern wir uns an Vorstellungen fest, die sich vielleicht gar nicht verwirklichen lassen. Wie Hamster im Laufrad rennen wir hinter Phantasiegebilden her und können der Wahrheit nicht ins Auge sehen. Aus solch einer verbohrten Haltung heraus entstehen nicht selten Lebenskrisen, sei es durch den Verlust eines Menschen, durch den Verlust unserer Gesundheit oder durch den Verlust unseres Arbeitsplatzes, und zwingen uns, unseren Kurs zu korrigieren. Zwingen uns loszulassen, was wir vielleicht jahrelang krampfhaft versucht haben zu halten, obwohl es überfällig war.

Dieses sich Verrennen in die Sackgassen des Lebens ist die Wurzel der Krisen. Und wenn wir unseren Kurs korrigieren können, wenn wir zu tieferen Einsichten gelangen, statt uns als Opfer zu beklagen, können wir auch die Geschenke unserer Krisen sehen. Die Gefühle können den Kampf des Lebens in ein tieferes Verständnis wandeln.

»Gestatten Sie sich zu fühlen, was Sie fühlen. Wenn dies bedeutet, das Kopfkissen im Arm zu halten und so lange zu weinen, bis Sie nicht mehr richtig sehen können, machen Sie's. Gefühle als Gefühle anzunehmen schadet nichts. Das Weinen, die Wut, der Schmerz, das Gefühl, daß Sie verrückt werden oder verschwinden – das alles wird mit der Zeit vergehen. Wenn Sie Gefühle auf diese Weise anerkennen und ausdrücken, vollziehen Sie einen wichtigen Akt der Selbstsolidarität, der ihre Rückkehr zur Ganzheit beschleunigen wird.«[27]

Jedes Gefühl erschöpft sich selbst, sobald man ihm Aufmerksamkeit schenkt und Ausdruck verleiht. So können wir loslassen, weitergehen und unser Gleichgewicht wiederfinden. Durch die Aufmerksamkeit, die man einem Gefühl schenkt, wird es sozusagen wieder freigegeben. Beim Loslassen geht es also darum, aufmerksam unser Gefühl zu verfolgen, statt es wegzuschieben. Wir sollten das Gefühl ganz und gar empfinden, bis es sich auf natürliche Weise erschöpft. Dann können wir unsere Aufmerksamkeit anderen Dingen zuwenden. Wir haben uns innerlich wieder frei gemacht.

Dem Gefühl Ausdruck zu verleihen kann bedeuten, es einfach intensiv zu spüren. Es kann sein, daß wir weinen, schreien, stöhnen, juchzen, mit uns selbst reden. Und wenn es nur ein: »Das tat weh«, »Ich finde das nicht in Ordnung« oder »Es hat mich gefreut« ist. Wir können ihm auch körperlich Ausdruck verleihen, indem wir springen, treten, stampfen, rennen. Nur eines tut nicht gut: so tun, als sei das Gefühl nicht da, oder sich für sein Gefühl selbst verurteilen. Weil es sich dann stunden- oder tagelang hält. Bis es wahrgenommen und anerkannt wird. Es arbeitet in uns, kann uns vergiften oder unsere ganze Energie rauben.

Unterdrückte Gefühle suchen sich andere Wege

Wir neigen dazu, unangenehme Gefühle zu verdrängen. Ständige Verdrängung aber führt zu Spätfolgen. Aus der Tiefenpsychologie wissen wir, daß unterdrückte Gefühle sich andere, vielfach noch viel unangenehmere Wege suchen, um endlich wahrgenommen zu werden. Fachleute sprechen vom posttraumatischen Streßsymptom. Erlebnisse können durch Verdrängung nicht wirklich ausgeblendet oder ungeschehen gemacht werden. Gefühle zu verdrängen und Geschehnisse auszublenden, die diese Gefühle erzeugt haben, ist auch gar nicht sinnvoll. Eine angemessene Verarbeitung gewährleistet am ehesten den Einbau von Geschehnissen und Emotionen in den eigenen Lebenslauf. Nichterinnern und Verdrängen führen zu einer Beeinträchtigung der Lebensfreude. Sich mit aller Anstrengung vorzunehmen, etwas nicht wahrzunehmen, bewirkt das Gegenteil. Deshalb ist Auseinandersetzung immer besser als Flucht. Es geht darum, den Sinn unserer Gefühle zu begreifen. Zu verstehen, was sie uns sagen wollen. Nur dann bieten sie die Chance eines authentischen Lebens.

Wer seine Gefühle ständig verdrängt und nur wie von der Umgebung und der Gesellschaft gewünscht funktioniert, der wird auf Dauer ein unzufriedener, unglücklicher, verholzter Mensch. Verdrängung bezahlen wir damit, daß wir ungerecht zu uns werden, ängstlich, unsicher und langweilig. Ein uninteressanter, lebloser Mensch. Die Münchener Psychologin Dr. Anna Schoch sagt dazu: »Es geht auf Kosten der psychischen Beweglichkeit. Man kann sich die Seele symbolisch vorstellen wie einen zweiten Körper. Wenn ich mich bewege, laufe und springe, bleibe ich jünger. Wenn ich mich stocksteif mache, werde ich unbeweglich. Die Seele braucht Bewegung, um lebendig zu bleiben. Das Vermeiden von unangenehmen Gefühlen, von Leid führt auch zum Verhindern von Glück.« Und weiter meint sie: »Das Leben ist nur aus dem Kontrast heraus möglich. Nur, wenn ich Hunger habe, schmeckt mir das Essen wirklich. Nur, wenn ich Durst habe, kann ich ein Getränk wirklich schätzen – nur, wenn ich traurig war, kann ich Glück tief empfinden. Ich brauche Helligkeit, um das Dunkel zu sehen. Die Spannungslosigkeit einer gleichbleibenden wohltemperierten Umgebung ist unerträglich langweilig.«[28]

Ein Leben ohne Höhen und Tiefen hat Langeweile, Überdruß und Leere zur Folge. Wir leben in einer Zeit, in der wir den Herausforderungen, die das Leben in allen Phasen an uns stellt, durch Stimulationen der seichten Art zu entkommen versuchen. Wir sind erlebnisorientiert und haben immer etwas vor. Wir sind Meister geworden im Weglaufen vor unseren Gefühlen. Schoch: »Das Unterbewußtsein rächt sich dafür mit Krankheit, Depression und Apathie.«[29]

Zum Thema Depression sagt die Hamburger Psychologin Helga Kreikenbaum: »Depressionen entstehen, wenn Gefühle unterdrückt und verdrängt werden, die raus wollen. Viele Menschen – vor allem Frauen – schlucken lieber, als sich zu wehren. Und die Gefühle, die innerlich rumoren, machen so viel Angst, daß man nur die Möglichkeit sieht, sie untenzuhalten. Das wiederum macht niedergeschlagen, antriebslos. Raubt Energie. Unterdrückte Gefühle sind ja eine Energie im Körper. Und wenn diese Energie nicht kanalisiert wird, keinen Ausdruck findet, dann bleibt sie im Körper, und es kommt zu einem ganz großen Druck, zu Spannungen. Wenn die Spannungen nicht rauskönnen, werden sie zu Angst bis hin zu Panik. Wichtig bei Depressionen ist zu gucken, was steckt dahinter? Was habe ich geschluckt? Was darf in mir nicht leben?«[30]

Es ist sicherlich kein Zufall, daß in der heutigen Zeit Panikattacken sprunghaft zunehmen. Besonders Frauen sind davon befallen. Weil sie dazu erzogen werden, Wut, Haß, Aggressionen zu schlucken.

Auch hinter vielen anderen körperlichen Symptomen stekken verdrängte, nicht ausgelebte Gefühle. So meint der Autor Klaus Lange: »So können zum Beispiel hinter einer Blockade im Hals- und Brustbereich Angst, Trauer, Wut, Hilflosigkeit und andere unangenehme Gefühle liegen. Körperliche Unruhe und Nervosität sind oft ein Ausdruck ungelebter kraftvoller Gefühle. Wenn der Bauch unruhig ist, rumort vielleicht in ihm die gefürchtete blockierte Wut und Aggression. Körperliche Spannungen schützen häufig die eigene Weichheit, Zartheit und Verletzlichkeit. Und Härte und Kälte des Körpers können zu Angst führen und zu dem, wovor man in sich Angst hat. Durch eine Krankheit können Angst, Trauer oder Hilflosigkeit ins Bewußtsein kommen.«[31]

Ein erster Schritt aus dieser Verdrängung der Gefühle heraus ist es, bewußt Gefühle zu erfühlen versuchen. Positive wie negative. Wenn die Sonne scheint und die ersten Frühlingsblumen blühen, bewußt die Freude wahrzunehmen, die es in uns auslöst. Wenn wir schreckliche Nachrichten im Fernsehen sehen und hören, bewußt die Angst oder Trauer zu fühlen, die diese verursachen. Wenn wir eine Rede halten müssen, bewußt das Lampenfieber zu spüren und vielleicht sogar zu sagen, hallo Lampenfieber, da bist du ja. Wenn eine Freundin uns enttäuscht hat, nicht darüber hinwegzugehen, sondern bewußt das Gefühl der Enttäuschung wahrzunehmen. Wenn der Kollege uns ausgebootet hat, bewußt die Wut zu empfinden, die das auslöst. Der humanistische Psychologe Thorwald Dethlefsen sagt: »Krankheit ist Anzeichen dafür, daß der Mensch in Spannungen lebt, deren Symptome nicht oder meist nur für gewisse Zeit durch Medikamente und Operationen zu entfernen sind. All unsere physischen und psychischen Krankheiten sind letztendlich nur Symptome, die uns wertvolle Botschaften aus dem seelischen Bereich übermitteln.«[32] Kranke sind somit nicht unschuldige Opfer irgendwelcher Unvollkommenheiten der Natur, sondern die Täter selbst.

Die meisten Menschen sehen Krankheit aber als Unglück, als ohne eigenes Dazutun uns anspringenden, unerwünschten Zustand. Wir sind die Opfer der Krankheiten, und die Schulmedizin versucht, die Symptome zu kurieren. Dethlefsen dagegen beschreibt Symptome von Krankheiten, als Signale, als Kontrollämpchen, als »sichtbaren Ausdruck eines unsichtbaren Prozesses und [das] möchte durch seine Signalfunktion unseren bisherigen Weg unterbrechen, darauf hinweisen, daß etwas nicht in Ordnung ist, und uns zum Hinterfragen veranlassen«.[33]

Doch wie reagieren wir? Wir sind sauer, daß wir nicht reibungslos funktionieren, und versuchen, die Symptome so schnell wie möglich zu unterdrücken oder zu beseitigen. Doch »das Symptom darf nicht verhindert, sondern muß überflüssig gemacht werden«.[34] Auch dazu benötigen wir emotionale Intelligenz. Achtsam zu werden dafür, was unsere Krankheit verursacht hat. Welche innere Haltung dahintersteckt, daß uns der Körper ein Signal geben muß.

Die meisten Menschen, die heute so mit einer Krankheit umgehen, entdecken tatsächlich innere Blockaden, die sie aufbrechen müssen, damit ihre Krankheit verschwinden kann.

Das heißt natürlich nicht, daß wir bei jedem Schnupfen ängstlich in uns lauschen müssen, was nicht in Ordnung ist. Offen und richtig leben heißt nicht, daß jede Krankheit vermieden werden muß und kann. Auch psychisch gesunde Menschen werden krank. Sinnvoller ist, auch Krankheit als Wegweiser zu sehen, genauso wie die Gefühle.

Sonja

Da lag ich nun, flach auf dem Rücken, die Beine über einer Rolle. Immer nur kurz ansprechbar, ehe die Schmerzen wieder so schlimm wurden, daß ich sie erneut mit Valoron und Diazepam unterdrücken mußte. Bandscheibenvorfall – nichts ging mehr. Außer liegen und nachdenken. Solche Momente erzwungener Pausen sind gar nicht schlecht. Mir wurde klar, was mir mein Körper durch den Bandscheibenvorfall zeigte: Ich hatte vergessen, an mich zu denken. An meinen Körper, meinen Rücken, der alles getragen hat, auch das Gewicht finanzieller Engpässe und das Gewicht psychischer und seelischer Überlastung. Die Verantwortung für meine Kinder sowie die Verpflichtung, mit allem irgendwie klarkommen zu müssen – besonders, was meinen zu der Zeit elfjährigen behinderten Sohn betraf –, standen im Vordergrund.

Und über all dem habe ich mich selbst vergessen. Habe versäumt, mich um mich zu kümmern, auf meine Bedürfnisse und Gefühle zu hören – mir Zeit für mich zu nehmen. Die Rückenschmerzen als Signal meines Körpers wahrzunehmen und richtig zu deuten. Um mein Leben zu ändern, mußte mein Rücken richtig streiken.

Es fing alles ganz unmerklich an: 1983 habe ich einen Sohn bekommen, der von Geburt an schwerbehindert war. Anfangs war da kein allzu großer Unterschied, nur daß alles halt viel länger brauchte bei ihm. So konnte er auch erst mit einem halben Jahr seinen Kopf halten – und zwar schief. Deshalb sollte ich ihn nur noch in einem speziellen Haltegriff tragen, das heißt, ausschließlich in meiner linken Armbeuge und von meiner Taille gestützt. So mußte er seinen Kopf gegen seinen Lähmungswiderstand drehen, wenn er mich ansehen wollte. Und ich trug ihn, bis er krabbeln lernte – da war er 3¹/₂ Jahre. Aus der Armbeuge wurde mein linkes Hüftbecken, und dort saß er noch viele Jahre länger, wann immer ich ihn mal eben tragen mußte.

Er hat keinen schiefen Hals bekommen, aber ich eine schiefe Hüfte. Niemand hat mir damals gesagt oder gezeigt, wie man richtig trägt, um keinen Schaden zu nehmen. Meine Rückenschmerzen wurden immer stärker. Oft konnte ich nachts nicht schlafen, weil es so weh tat. Eine neue Matratze brachte mir Linderung – immerhin. Aber es blieb immer das Gefühl, gleich durchzubrechen. Dieses Gefühl war richtig. Ich hab' es aber nicht ernst genommen und auch nicht die Schmerzen, die ja eigentlich Hilferufe meines Körpers waren, daß er nicht mehr kann. Statt dessen habe ich – mittlerweile wieder berufstätig – ständig Überstunden gemacht, weil man mich schließlich auch dort brauchte. Längst hatte ich meine Kompetenz mit meinem Sohn zusammen mit meinem Studium zu meinem Beruf gemacht und war in der Sozialpolitik im Hamburger Rathaus gelandet. Da konnte ich doch nicht schlappmachen! Gerade jetzt, wo allen Projekten die Mittel gekürzt wurden.

1991 bekam ich dann meine Tochter. Die trug ich fatalerweise auch nur links – ganz automatisch, hab' nie drüber nachgedacht, ich war es einfach so gewöhnt. Es gab Momente, als sie noch Baby war und ich beide abwechselnd tragen mußte – da habe ich vor Schmerzen geweint. Aber es hat immer nur zu ein paar Massagen gereicht, und zwar ganz unregelmäßig. Meist hab' ich gerade mal ein Rezept lang die Behandlung durchgehalten – das sind 6 Massagen. Beim zweiten Rezept gab es bereits immer etwas, weshalb Termine verschoben werden mußten (Kinder krank, berufliche Sitzungen, Verpflichtungen...), zu einem dritten Rezept in

Folge kam es nie. Mit der Krankengymnastik war's noch schlimmer, da mußte man ja zu Hause Übungen machen und dazu kam ich eh nie, ständig wurde ich gestört – ich hab's dann gar nicht mehr probiert...

So hab' ich morgens ab sieben die Kinder versorgt, ging ab zehn arbeiten, bis ca. fünf, plus erwähnter Überstunden – kam nach Hause gehetzt, zu Kindern und Haushalt, hab' geschuftet, bis meist nach zehn abends. Oft bin ich danach wie betäubt vor die Glotze gefallen – mit ABC-Pflaster oder Salbe auf dem Rücken und hab' mir einen Film angesehen – bloß nicht nachdenken, was schieflief.

Ab und zu las ich in Fachzeitungen von Rückenschulen und Hebetechniken. Toll, dachte ich mir, mußt du unbedingt mal machen, wenn du Zeit hast. Ich hatte leider für alle Zeit, nur nie für mich. Hab' es immer verschoben und mich weiter verhoben. Und so kam der Tag, wo es vor Schmerzen kaum noch ging. Da bin ich hellhörig geworden. Der Arzt verschrieb mir ein Behandlungsset im Rehabilitationszentrum, und endlich habe ich mal durchgehalten. Zwei- bis dreimal die Woche drei Stunden lang, erst Fango, dann Massage, dann Krankengymnastik, danach Rückenaufbautraining und Rückenschule.

Die Rückenschule hätte mir, wenn ich eher auf meinen Körper gehört hätte, fünf Jahre Schmerzen ersparen können. Genaugenommen bin ich sogar für meine Schmerzen mitverantwortlich, weil ich mich nicht um sie gekümmert habe. Es ist immer leicht, die Verantwortlichen außen zu suchen und dabei zu verlernen, auf die Gefühle und Signale des Körpers zu hören. Durch die Rückengymnastik wurde ich von vielen Schmerzen befreit, ja, ich fühlte mich stark und zugleich leicht, gerade und kräftig. Ich hatte Lust, Bäume auszureißen, und freute mich auf unseren Urlaub. Da bekamen die Kinder Keuchhusten, und es wurde deutlich, daß ich nichts begriffen hatte. Denn statt nun besonders fleißig zur Gymnastik zu gehen, um der Mehrbelastung gewachsen zu sein, sagte ich alle Termine ab, weil die beiden mich schließlich brauchten. Wem kann man schon sein um Luft ringendes Kind anvertrauen?

Das sollte aber jede/r tun, sage ich heute. Denn eines morgens konnte ich nicht mehr aufstehen. Wochenlang lag ich im Bett. Habe vom Tropf bis zur Rückenmarkspritze alles durch, konnte ohne die Schmerzmittel nicht mehr sein. Und konnte auch für die Kinder nichts mehr tun, denn ich lag oft da und habe vor Schmerzen in meine Bettdecke geschrien, bis die Mittel wirkten.

Es war, wie mit einem Loch im Zahn Eis essen, nur stärker, wie mit Amalgamfüllung auf Alufolie beißen, nur schlimmer. Es zog vom Rücken das ganze Bein runter, bis in den Fuß, wie elektrische Schläge. Mein Sohn fragte mich, »ob ich jetzt auch behindert bin« und meine knapp dreijährige Tochter, »wann ich tot werde«. Beide befanden, daß ich keine richtige Mutter mehr sei, und lernten, wenn sie was hatten, nicht mehr nach mir, sondern automatisch nach anderen zu rufen. Manchmal vergaßen sie sogar, mir gute Nacht zu sagen. Das machte mich zwar traurig, aber jede Medaille hat bekanntlich zwei Seiten. Plötzlich ging es wunderbar, daß andere feste BetreuerInnen mich entlasteten – entpflichteten, wie mein Arzt diesen Zustand so trefflich bezeichnete.

Und ein weiteres hat mir diese eigentlich ganz schlimme Zeit gebracht. Zuerst hab' ich alles gelesen, wozu ich nie gekommen war. Als lesen meinen Frust nicht mehr überdecken konnte, hab' ich von morgens bis abends durch die Fernsehprogramme gezappt. Doch irgendwann ging auch das nicht mehr, ich mußte mich aber beschäftigen. Da fielen mir meine Tagebücher ein. In allen Etappen meines Lebens habe ich sie geführt. Meist nur in Stichpunkten. Aber z. B. auf Reisen auch Wort für Wort und Gedanke für Gedanke. Da lag ich nun, die Tastatur meines Computers auf dem Bauch, und schrieb. Aus einem Reisetagebuch wurde eine Reiseerzählung, die mittlerweile als Büchlein erhältlich ist. Aus anderen

Aufzeichnungen entstand ein Kinderbuch, das aber bisher kein Verlag wollte. Das kommt aber noch, da bin ich sicher, denn alle Kinder, denen ich es bisher vorlas, lieben es. Ich habe das Schreiben für mich entdeckt! Eine Leidenschaft, die mich bis in die Wurzeln gepackt hat. Heute sitze ich an den letzten Zügen meines ersten Romans, der nicht einmal mehr einem Tagebuch entstammt, sondern eines Tages einfach geboren wurde. So bin ich durch das viele Liegen, Nachlesen und Nachsinnen auf einen Raum in mir gestoßen, der voller Schätze ist.

Die Kinder brauchten mich natürlich immer noch, aber wir alle haben gelernt, daß ich eben nicht alles hören kann. Letztlich mußten sie mich sogar vier bis acht Wochen ganz lassen, weil ich in eine Rehaklinik außerhalb Hamburgs mußte. Das hätte uns allerdings allen erspart bleiben können. Denn nun mußte es ja auch ohne mich gehen. Die Zeit, die ich fest im Bett liegen mußte, plus die Zeit, die ich in der Kurklinik war, habe ich mal auf die letzten zwei Jahre umgerechnet. Es hätte wahlweise gereicht für:

– alle 2 Jahre einen Monat Urlaub
– jedes Jahr 2^1/$_2$ Wochen Urlaub
– jedes 2. Wochenende frei
– täglich 1^1/$_2$ Stunden für mich.

Tatsächlich hatte ich aber all die Jahre zusammengerechnet nur 2 Wochen Urlaub und drei Wochenenden ganz für mich allein. Es drängt sich mir der Gedanke auf, daß sich mein Körper und meine Seele die ihnen vorenthaltene Zeit einfach geholt haben. Es wäre vielleicht auch ohne diese wahnsinnigen Schmerzen gegangen, dann hätte ich es sogar richtig genießen können. Aus Schaden wird man klug!

Ich denke heute nicht mehr »morgen, morgen...«. Ich denke: »Morgen wird es sicherlich besser, weil ich heute etwas verändert habe.« Es war eine Lehre für immer. Ich weiß jetzt, daß es da noch mich gibt.

Was hat sich verändert? Ich höre jetzt auf meine Gefühle.

Abgesehen davon, daß ich regelmäßig meine Übungen und zusätzlich Rückenaufbautraining mache, betrachte ich heute meinen Rücken als meinen Thermostat. Wenn's zwackt und schmerzt, weil ich nachlässig in meiner Körperhaltung war, werde ich wieder achtsamer. Habe ich zu wenig Übungen gemacht, kümmere ich mich wieder mehr um mich. Arbeite ich zuviel, schone ich mich lieber einen Tag zwischendurch. Und wenn all das nicht der Grund ist, frag ich mich: Warum tut es trotzdem weh? Dabei habe ich entdeckt, daß es eine Form des Sich-Verbiegens gibt, die nicht körperlich ist. Gemeint ist, etwas zu tun oder mich zu verhalten, wie es nicht meinem Wesen entspricht. Das können Beziehungen mit geliebten Menschen sein oder Situationen in der Arbeit.

Es ist tatsächlich so, daß meine Bandscheibe mir den Weg zurück zu meinen ureigensten Gefühlen gewiesen hat. Es gibt ein Spüren ganz tief in einem drin, ob etwas gut ist oder nicht. Es gibt ein Fühlen, da muß ich hin und da nicht. Es gibt ein Hören, das sollte man tun und das nicht. Es gibt einen sechsten Sinn, so bin ich – aber das bin ich nicht.

Eine meiner Bandscheiben ist kaputt – unwiderruflich. Nichts wird sie mir zurückgeben. Ich werde wohl mein Leben lang Übungen machen müssen, um einigermaßen schmerzfrei zu leben. Aber ich habe etwas gewonnen – mich! Es ist mir nicht mehr möglich, gegen mich zu handeln oder etwas zu tun, ohne auf meine Gefühle zu hören. Spätestens wenn's weh tut, höre ich wieder auf mich.

Meine Kinder sind heute 13 und fünf Jahre und erleben seither eine Mutter, die alles, was sie zu geben hat, freiwillig gibt. Wenn ich nicht mehr kann, sag' ich es, und sie respektieren meine Grenzen. Praktisch bedeutet das, daß sie mich z. B. fragen, ob ich was mit ihnen machen kann, und wenn nicht, akzeptieren sie auch ein Nein. Wenn ich aber ja sage, bin ich auch wirklich voll dabei.

Heute organisiere ich mir fünf kinderfreie Wochenenden und einen Urlaub nur für mich pro Jahr. Zwischen meinen Tätigkeiten und den Kindern sorge ich dafür, eine halbe Stunde nur für mich zu haben. Manchmal wird's mehr. Es mag die Quantität unserer Familienaktivitäten abgenommen haben, die Qualität aber ist gestiegen. Manchmal habe ich Angst, daß meine Kinder zu kurz kommen. Aber dann sehe ich, daß beide nun ganz automatisch lernen, daß jeder ein Recht hat, sich abzugrenzen, nein zu sagen und seine Freiräume zu wahren. Beide haben in der letzten Zeit ein ausgesprochen feines Gespür dafür entwickelt, was ihnen guttut und was nicht. Deswegen werden sie selbst dafür sorgen können, daß sie nicht zu kurz kommen. Das wird sie beschützen – ein Leben lang.

Und ich habe nicht das Gefühl, mich für sie aufgeopfert zu haben. Ich lebe mein Leben und habe unter anderem auch noch zwei Kinder. Das macht mich frei, auch sie zu lassen. Sie dürfen sein, wie sie sind, und müssen nicht irgend etwas darstellen, was der Lohn für all meine Opfer ist. Sie müssen sich nicht ein Leben lang schuldig fühlen, weil ihre Mutter auf so vieles verzichtete. Ganz im Gegenteil. Ich fühle ganz tief in mir eine Dankbarkeit wachsen, für die Jahre, die wir uns gemeinsam ein Stück des Weges begleiten durften. Jeder für sich und freiwillig.

Wenn Emotionen krank machen

Gespräch mit dem Hamburger Zahnarzt
Dr. Jürgen Peper über den Zusammenhang von
Seelenschmerzen und Zahnschmerzen

▷ Sie gehören zu den wenigen Zahnärzten, die selbst bei der Zahnbehandlung das Thema Emotionen nicht außer acht lassen. Wie kommen Sie dazu?

▶ Für mich ist seit jeher die Frage, ob sich all das, was sich heute überall, wo Sie hinschauen, an Problemen stellt, allein rational lösen läßt. Dabei bin ich darauf gekommen, daß die Emotionen des Menschen eine ziemlich große Quelle sind. Sie müssen nur richtig geleitet werden. Man muß vor allem lernen zu erkennen, warum man in bestimmten Situationen so und nicht anders reagiert. Es ist nicht nur wichtig zu erkennen, daß man Gefühle hat, sondern daß die Gefühle einen auch manchmal richtig im Griff haben. So stark, daß man handlungsunfähig wird. Das liegt daran, daß viele Menschen nicht verstehen, wie sie mit ihren Situationen gefühlsmäßig umgehen können. Wenn man mit sich selbst gut umgehen kann, wenn man seine eigenen Reaktionen versteht, kann man sich auch anderen verständlich machen. Wenn es möglich wäre, die Gefühlswelt des anderen nachzuvollziehen und zu verstehen, könnte man sicherlich besser miteinander umgehen. In dieser Gesellschaft haben wir uns von unseren Gefühlen wegentwickelt. Doch nur mit Ratio wird man nicht unbedingt glücklich und erfolgreich.

▷ Außer daß einem beim Zahnarzt der Angstschweiß aus den Poren rinnt, bringt man Zähne und Emotionen eigentlich nicht in Zusammenhang, oder?

▶ Das ist eine Erblast unserer mechanistischen Weltsicht. Für mich ist das Eingehen auf die Psyche meiner Patienten eine ganz wichtige Facette meines Berufes, und ohne das würde es mir keinen Spaß machen. Ich mag dieses Fließbandabfertigen nicht. Ich finde es furchtbar, wenn es nur heißt, da tut der Zahn weh, das reparieren wir. Wenn es sich nur um ein Loch im Zahn handelt, mag das ja noch angehen. Doch wenn es von der Symptomatik her komplexer wird, kommt man auch als Zahnarzt mit dieser Anschauung nicht weiter. Da muß man versuchen, alle möglichen Aspekte zu beleuchten, auch die psychischen. Das gute emotionale Arzt-Patienten-Verhältnis ist auch beim Zahnarzt wichtig. Und da setzt meine Kritik an, einige Kollegen, die ich kenne, sind dazu einfach nicht in der Lage.

▷ Der Volksmund sagt: Das macht mir Zahnschmerzen. Also haben Zahnschmerzen auch psychische Ursachen?

▶ Das halte ich für durchaus denkbar. Bei der mechanistischen Weltsicht vergißt man ganz wesentliche Punkte. Man weiß heute, daß man während einer großen seelischen Krise Schmerzen verschiedener Art bekommt. Zahnschmerzen gehören dazu. Das kann man so erklären: Der Zahn ist beeinflußbar durch die Stärke oder Schwäche des Immunsystems. Die Stärke oder Schwäche des Immunsystems ist wiederum abhängig von der seelischen Verfassung. Wenn man starken emotionalen Streß hat, hat das Auswirkungen auf das Immunsystem.

▷ Trifft es auch ganz gesunde Zähne?

▶ Zahnprobleme werden sicher nicht allein durch Psychostreß, Ärger oder Wut hervorgerufen. In der Regel ist es eine Kombination aus Zahnfehlstellung, schlechter Zahnprothese und psychischen Problemen. Patienten, die psychische Probleme haben, knirschen beispielsweise im Schlaf mit den Zähnen. Normalerweise reagieren die Rezeptoren, die eine Überlastung des Zahnes registrieren, sofort, leiten die Information blitzschnell an die Nervenbahnen weiter und verursachen eine Entlastung. Das ist ein Reflex. Jeder kennt das: Wenn beispielsweise das Kauprogramm auf weichen Kuchen eingestellt ist und plötzlich ein Kirschkern dazwischen ist und Sie beißen drauf, geht der Kiefer sofort auseinander. Dieser Reflex funktioniert aber nur im Wachzustand. Wenn man schläft, wirkt er nicht. Da werden starke physische Kräfte auf den Zahn wirksam. Das kann die Zähne regelrecht schädigen. Knirschen führt zur Schädigung des Zahnhalteapparates und schlimmstenfalls auch zur Schädigung des Zahnes selbst. Die Folge sind Schmerzen. Es tut alles weh.

▷ Zähne sind also nicht ein reines Kauwerkzeug.

▶ Zumindest hängt an den 32 Zähnen noch ein Mensch, das wird häufig vergessen. Zähne sind lebendes Gewebe. Es ist zwar die härteste Substanz des Körpers, aber sie ist nicht tot. Das Gewebe ist durchblutet. Jedes lebende Gewebe reagiert auf äußere Einflüsse. Deshalb ist es durchaus möglich, daß man psychogene Zahnschmerzen hat.

▷ Wie filtern Sie das bei Ihren Patienten heraus?

▶ Ich frage meine Patienten sowieso immer genau, wie es ihnen geht. Ich weiß in der Regel, ob sich etwas in ihnen zusammenbraut. In einer seelischen Krise macht man beispielsweise keine neue Prothese oder andere weitergreifende

Zahnarbeiten. Für Menschen in seelisch angespannten Situationen ist es sehr schwer, neuen Zahnersatz zu inkorporieren. Weil dabei die subjektive Wahrnehmung eine große Rolle spielt. Das muß man wissen. Wenn man den psychogenen Aspekt in solch einer Situation nicht auslotet, kann es passieren, daß der Patient hinterher sagt, die Prothese sitzt nicht, obwohl sie so sitzt, wie es besser nicht geht. Obwohl alle objektiven Hinweise wie Paßform, Genauigkeit bei der Kaufunktion, Oberflächenbeschaffenheit darauf hindeuten, daß alles optimal angefertigt wurde, es nirgendwo einen Hinweis darauf gibt, daß ein Fehler vorliegt, kommt der Patient nicht damit zurecht. Da muß ich dann die Diagnose stellen, psychogene Prothesenunverträglichkeit.

▷ Aber es schüttet Ihnen doch nicht jeder gleich sein Herz aus.

► Man muß nur lange genug insistieren. Ich habe mich damit beschäftigt, wie ich auf die Psyche meiner Patienten eingehen kann. Ich hatte gerade den Fall bei einer älteren Dame, die aus meiner Sicht unbedingt eine neue Prothese gebraucht hätte. Wenn ich meine, so eine Erneuerung wäre angesagt, frage ich beiläufig und hake nach. Dann erfahre ich auch viel. Und bei dieser Dame habe ich entschieden, es bei der alten Prothese zu belassen, obwohl es aus behandlerischer Sicht unvernünftig war. Ich kenne genug Situationen, wo Patienten mit einer neuen, objektiv gutsitzenden Prothese nicht klarkommen. Wenn man in einer kritischen Phase so einer alten Patientin die vertraute Prothese wegnimmt, mit der sie subjektiv noch gut zurechtkommt, macht man ihr große Probleme.

▷ Haben Sie ein Beispiel für Zahnschmerzen, die psychischer Natur sind?

▶ Ich hatte eine Patientin, die kam mit immer wiederkehrenden Zahnfleischentzündungen in meine Praxis. Sie war lange Jahre bei mir in Behandlung, die Zahnfleischentzündungen traten auch bei bester Mundhygiene immer wieder auf. Bei einer Befragung stellte sich heraus, daß die Patientin wegen ihres Berufes (Beamtin in einer Kreisverwaltung) dauernd unter Streß stand. Sie war nicht in der Lage, sich mit ihrer Tätigkeit zu identifizieren. Zwar hatte sie immer wieder den Wunsch, auszubrechen und etwas Neues anzufangen. Doch die Ängste vor dem Neuanfang waren bis zuletzt noch zu groß. Nachdem sie dann endlich die Entscheidung gefällt hatte, den Beruf und auch den Beamtenstatus aufzugeben zugunsten einer neuen Aufgabe, die ihren Wünschen entsprach, war der Druck auf das Immunsystem gewichen. Alle möglichen Allergien und auch die Zahnfleischentzündungen waren plötzlich verschwunden. Ein gutes Beispiel für die immunsuppressive Wirkung von Streß.

▷ Ich stelle es mir schwierig vor, Zahnarzt und Therapeut zu sein.

▶ Das eigentlich Problematische ist, es muß eine gewisse Distanz da sein. Man darf dem Patienten weder zu nahe kommen noch zu distanziert sein. Man muß ihm das Gefühl geben, daß man ihn versteht, auf ihn eingeht, die Probleme, die er hat, reflektiert und ernst nimmt, aber gleichzeitig den Abstand so wahren, daß man noch alles überschauen kann. Das ist eine tägliche Gratwanderung. Ich muß aufpassen, wenn mir Patienten ihre persönlichen Probleme bis hin zu ihren Schicksalsschlägen anvertrauen, daß ich nicht anfange mitzuleiden. Das passiert mir leicht. Ich bin oft von dem persönlichen Schicksal meiner Patienten so berührt, daß ich in dem Moment tatsächlich in meiner Handlungsfähigkeit eingeschränkt bin. Und da hört ein gutes Arzt-Patienten-Verhältnis auf. Da muß der Arzt Distanz wahren. Man muß auch den Psychostreß, den der Zahnarzt selbst bei mancher Behandlung hat, ziemlich hoch bewerten. Beispielsweise bei der Behandlung von Kindern. Oder von hochängstlichen Patienten. Das ist eine enorme psychische Anstrengung. Das ist wirklich Schwerstarbeit. Da macht sich niemand Gedanken drüber.

Vergiftete Kindheit

Die Prägungen in den ersten Lebensjahren sorgen oft dafür, daß man den guten Kontakt zu seinen Emotionen verliert. Die amerikanische Psychotherapeutin Susan Forward beschäftigt sich in ihrem Buch *Vergiftete Kindheit* mit dem Tabu, sich gegen Vater und Mutter zu wehren. Damit, daß wir Vater und Mutter ehren, egal, ob die Eltern uns beschimpft und geschlagen, verhöhnt und gequält haben.
Millionen Menschen erlebten ihre Kindheit als Alptraum. Doch als Kinder waren wir abhängig. Die Folge: Negative Gefühle, vor allem Wut richten wir ohnmächtig gegen uns selbst. Die vergiftete Kindheit wirkt im Erwachsenenalter nach. Sie drückt sich aus in mangelndem Selbstwertgefühl und gestörtem Kontakt zu den eigenen Gefühlen.
Wir haben verschiedene Methoden entwickelt, unsere schlimmen Erlebnisse vor uns zu verharmlosen. Verleugnung von verletzenden Erlebnissen beispielsweise kommt häufig vor, wenn die Traumata der Kindheit zu stark waren. Das Kind verdrängt sie aus seinen Gedanken und tut so, als hätten bestimmte belastende Vorfälle nicht stattgefunden. Der Preis dafür: Der Erwachsene untergräbt sein Vertrauen in die eigene Wahrnehmungsfähigkeit und macht es sich noch schwerer, Selbstachtung aufzubauen.
Wenn wir in der Vergangenheit forschen, hören wir zudem oft von den Eltern, die ihrerseits verdrängen und sich nicht

auseinandersetzen wollen: »Das war doch halb so schlimm« oder sogar: »So war das gar nicht. Das bildest du dir nur ein.« Schlimm für den heute Erwachsenen. Solche Bemerkungen können Versuche, die Vergangenheit zur Aufarbeitung zu rekonstruieren, be- oder verhindern. Der Erwachsene glaubt, seinen Eindrücken nicht trauen zu können, und wird die eigene Erinnerung in Frage stellen. Es ist sehr schmerzhaft, sich einzugestehen, wie unglaublich zerstörerisch und verletzend Eltern sein können. Leider sind leugnende Eltern häufig.

Eine weitere Methode, wie wir unsere Eltern vor uns selbst zu neutralisieren versuchen, ist, Entschuldigungen und Erklärungen für sie und ihr Verhalten zu finden. Susan Forward hat eine Reihe von typischen »Rationalisierungen« zusammengefaßt:

– Mein Vater hat mich nur angeschrien, weil meine Mutter immer an ihm herumgenörgelt hat.

– Meine Mutter trank nur, weil sie einsam war. Ich hätte öfter bei ihr zu Hause bleiben sollen.

– Mein Vater hat mich geschlagen, aber er wollte mir nicht weh tun. Er wollte mir nur eine Lektion erteilen.

– Meine Mutter hat mich nie beachtet, weil sie so unglücklich war.

– Ich kann meinem Vater keinen Vorwurf machen, mich sexuell belästigt zu haben. Meine Mutter weigerte sich, mit ihm zu schlafen, und Männer brauchen nun mal Sex.[1]

Solche Rationalisierungen dienen dazu, Unakzeptables irgendwie akzeptierbar und erklärbar zu machen. Sonst würde man sich vielleicht das Leben nehmen wollen. Rationalisierungen ermöglichen es zudem, die eigene Wut auf einen Elternteil zu verleugnen und verhindern eine Auseinandersetzung. Die Gefühle werden verlagert.

Verlagerung der Gefühle ist ein weiteres Phänomen, wie wir mit unseren Verletzungen umgehen. Ein weitverbreitetes Muster bei Frauen ist beispielsweise, aus Wut auf den Vater zu sagen: »Alle Männer sind Schweine.« Oder: »Männer sind wie kleine Kinder.« Oder: »Männer sind Trottel.« Solche Allgemeinplätze dienen ebenfalls dazu zu verschleiern, daß vielleicht ein bestimmtes Vaterproblem hinter den Problemen mit Männern steckt. Und daß der Konflikt mit dem Vater nicht ausgetragen wurde. Es ist ja inzwischen bekannt, daß Frauen sich unbewußt solche Männer suchen, die in ihnen die unbewältigten Gefühle aus der Kindheit wecken. Also Männer suchen, die sie enttäuschen, weil der Vater immer enttäuschend war. Oder Männer, die sie nicht achten, weil die Mutter es an Respekt und Achtung gegenüber dem Kind hat fehlen lassen. Dabei ist es äußerst wichtig für das eigene Leben und den Zugang zu seinen Gefühlen, den Einfluß durch die Eltern auf den Boden der Tatsachen zu holen, sie nicht zu entschuldigen oder zu verdrängen. »Gottähnliche Eltern setzen Regeln fest, fällen Urteile und verursachen Leid. Wenn man seine Eltern vergöttert, gleich ob sie noch leben oder tot sind, erklärt man sich bereit, mit ihrer Version der Realität zu leben. Man akzeptiert schmerzliche Gefühle als Teil des Lebens und rationalisiert vielleicht sogar, sie seien gut für einen.«[2]

Wichtig ist, sich einmal klarzumachen, welche Rechte ein Kind hat und welche Verantwortung die Eltern. Neben den körperlichen Rechten, ernährt, gekleidet und versorgt zu werden – worauf viele Eltern sich beschränken –, haben Kinder das »Recht auf emotionale Zuwendung, Respekt für ihre Gefühle und eine Behandlung, die es ihnen erlaubt, ein Gefühl für den eigenen Wert zu entwickeln... Sie haben ein Recht darauf, Kinder zu sein. Sie haben ein Recht darauf, die frühen Jahre spielerisch, spontan und ohne die Last der Verantwortung zuzubringen.«[3] Viele Erwachsene stellen fest, daß diese Rechte von ihren Eltern oft mit Füßen getreten wurden. Vor allem die Bedürfnisse des Kindes nach Liebe, Beachtung und Zuwendung. Schlechte Eltern bewahren Kinder nicht vor emotionalen Schäden, sie fügen sie ihnen zu.

Kinder lernen, sich nach den elterlichen Gefühlen zu definieren. Eltern, die zu sehr mit sich selbst beschäftigt sind, vermitteln ihrem Kind die Botschaft: »Deine Gefühle sind nicht wichtig.« Um die eigenen Gefühle schätzen zu können, brauchen Kinder Eltern, die ihre Bedürfnisse achten und ihre Gefühle schätzen. Wenn die eigenen Gedanken, Gefühle und Bedürfnisse niemals anerkannt werden, bekommt man keine Ahnung davon, wer man ist und was man von anderen erwarten kann. Jemand, der seine Gefühle nicht wertzuschätzen gelernt hat, kann keine Identität entwickeln. Für eine gesunde emotionale Entwicklung braucht ein Kind ein positives Rollenvorbild.

Susan Forward beschreibt die Folgen von verbalen Mißhandlungen, die weit verbreitet zu sein scheinen. Schimpf- oder auch nur lächerlich gemeinte Spottnamen, abwertende Bemerkungen und herabsetzende Kritik können Kindern extrem negative Botschaften vermitteln, die dramatische Auswirkungen auf ihr Gefühlsleben haben. »Es stellt eine Mißhandlung dar, wenn man ein Kind häufig wegen seines Aussehens, seiner Intelligenz, Kompetenz und seines Wertes als Menschwesen angreift. Manche Eltern greifen offen, direkt, gemein und degradierend an. Sie nennen die Kinder dumm, wertlos oder häßlich. Sie sagen vielleicht, sie wünschten, das Kind wäre nie geboren worden. Sie mißachten die Gefühle des Kindes und die Langzeitwirkungen ihrer ständigen Angriffe auf dessen Selbstbild. Andere verbale Mißhandler gehen indirekt vor und setzen das Kind einem beständigen Trommelfeuer von Neckereien, Sarkasmen, beleidigenden Spitznamen und subtilen Abwertungen aus. Diese Eltern verbergen ihre Mißhandlungen zuweilen hinter einer Maske aus Humor.«[4] Doch egal, ob direkte oder indirekte verbale Abwertung, es handelt sich immer um einen massiven Angriff auf das Selbstbild und die Gefühlswelt des Kindes. Auch als Scherze verkleidete Angriffe oder unpassende Vergleiche, die alle Anwesenden über das Kind lachen lassen, sind demütigend und unangemessen und dienen dazu, ein Kind gefühlsmäßig ins Schleudern zu bringen. Kinder nehmen Sarkasmus und Scherze ernst, und viele, die auf diese Weise in der Kindheit gedemütigt wurden, können später Witz oder Neckerei von Ernst nicht unterscheiden. Oder sie reagieren überempfindlich, weil sie sich nicht ernst genommen fühlen.

»Manche Eltern mißhandeln verbal unter dem Deckmantel von Ratschlägen. Um grausame und herabsetzende Bemerkungen zu rechtfertigen, benutzen sie Rationalisierungen wie: ›Die Welt ist hart, und wir bringen dir bei, damit klarzukommen.‹«[5] Es gibt auch Eltern, die müssen ihr Kind demütigen und herabwürdigen, um sich selbst überlegen zu fühlen. »Gesunde Eltern erleben die Entwicklung ihrer Kinder mit Aufregung und Freude. Rivalisierende Eltern hingegen fühlen sich oft ängstlich und verbittert.«[6] Rivalisierende Eltern leben in ständiger Angst davor, daß ihre Kinder sie übertreffen könnten.

Eine weitere Variante, wie in der Familie die Gefühlswelt des Kindes beschädigt wird, ist, wenn Kinder für die Bedürfnisse ihrer Eltern verantwortlich gemacht werden. Nach dem Motto: »Du bist schuld, daß es mir so schlecht geht.« Oder aber: »Es geht mir schlecht, jetzt verhalte dich so, daß es mir besser geht.« Auch dieses Verhalten führt durch seine Verschiebung der Verantwortlichkeiten zu einer Verwirrung der Gefühlswelt des Kindes.

Der vielleicht grausamste und schlimmste Verrat an der Seele eines Kindes ist körperliche Mißhandlung und in diesem Bereich der Inzest. Es ist eine absolut zerstörende Erfahrung für das Gefühlsleben eines Kindes, weil das Vertrauen, das es in die hat, von denen es abhängig ist, mißbraucht wird. Inzest ist emotionale Vernichtung. Kinder sind dabei nicht nur völlig von den Tätern abhängig, sie haben auch niemanden, der ihnen glaubt und zu dem sie flüchten könnten. Aus denen, von denen sie geglaubt haben, daß sie Beschützer seien, sind Verfolger geworden, »die Wirklichkeit wird zum Gefängnis schmutziger Geheimnisse«.[7]

Inzestfamilien wirken nach außen hin wie alle anderen, völlig normal. Es ist ein Irrtum zu glauben, Inzest spiele sich nur in der Unterschicht ab. »Inzest kommt nicht in offenen, liebevollen Familien vor. Inzest kommt statt dessen in Familien vor, in denen starke emotionale Einsamkeit, Geheimnistuerei, Hilflosigkeit, Streß und Mangel an Respekt herrschen.«[8] Mit der sozialen Stellung hat es nichts zu tun. Inzest kommt in den »besten Familien« vor. Bezeichnend für solche Familien ist, daß man nicht darüber spricht, wie man sich fühlt. Man verdrängt. Und oft werden die Opfer nicht physisch unter Druck gesetzt, sondern psychisch sehr subtil. »Opfer, die nicht körperlich unter Druck gesetzt werden, unterschätzen oft die erlittenen Schäden, weil sie nicht erkennen, daß emotionale Gewalt genauso destruktiv ist wie körperliche. Kinder sind von Natur aus liebe- und vertrauensvoll und daher leicht Opfer von bedürftigen, unverantwortlichen Erwachsenen. Die emotionale Verletzlichkeit des Kindes ist oft der letzte Hebel, den der Inzesttäter bedienen muß.«[9]

Man weiß heute, daß Gewalterfahrungen, die ein Kind in der Familie gemacht hat, später weitergegeben werden. Schlagende Eltern wurden früher selbst geschlagen, mißbrauchende Eltern selbst mißbraucht, mit Worten demütigende Eltern haben dies selbst erlebt. Die Erfahrungen von Lieblosigkeit, Aggression und Gewalt werden weitergegeben.

Frauen reagieren als Erwachsene häufig mit Depressionen, Männer machen »dicht«. Sie schotten sich nach außen völlig ab, ihre Gefühlswelt ist ein großes Tabu. Für sie selbst und für andere erst recht. Manchmal werden sie »nur« zu großen Schweigern, manchmal geben sie erfahrene Gewalt weiter. Das reicht bis zu Affekthandlungen, die sie schließlich ins Gefängnis bringen können.

Egal auf welche Weise die kindliche Gefühlswelt vergiftet

wurde, gemeinsam ist allen, daß sie als Erwachsene einen neuen Kontakt zu und einen neuen Umgang mit ihren Gefühlen und mit der Wahrnehmung ihrer Gefühle lernen müssen. Daß sie oft jahrelang lernen müssen, ihren Gefühlen zu trauen und diese als wahrhaftig anzunehmen. Vielleicht mit Hilfe einer Therapie.

Eva-Maria

Meine Mutter hat uns nie geschlagen. Sie hat uns psychisch mißhandelt. Durch Mißachtung unserer Gefühle. Wir wurden seelisch niedergemacht. Wir durften nicht als eigenständige Persönlichkeiten aufwachsen. An mir wurde sowieso kein gutes Haar gelassen. Jede Familienkrise wurde mir in die Schuhe geschoben. Meine Mutter fühlte sich unfehlbar. Immer hatten die anderen Schuld. Meine Gefühle, meine Reaktionen sind nie an- und aufgenommen worden. Ich hatte immer das Gefühl, meine Mutter kann keine Mutter sein, sie erwartete von ihren Kindern, daß sie gute Mütter für sie sind. Sie hat mich seelisch sehr verletzt. Man weiß heute, daß ständige psychische Mißachtung und verbale Schläge genauso eine Kinderseele krank machen wie physische Mißhandlung.

Solange ich mich erinnern kann, haben sich die Gedanken meiner Mutter nur um sie selbst gedreht. Die ganze Familie mußte sich so verhalten, daß es ihr gutging. Und wenn sich jemand widersetzte, machte sie Druck bis hin zu der Drohung: »Ich bringe mich um.« Das zieht bei Kindern.

Ich habe, bis ich selber ein Kind hatte, noch immer unbewußt versucht, einmal Nachsicht und Verständnis von meiner Mutter zu bekommen. Vielleicht den Satz: »Es tut mir leid.« Doch diesen Satz kennt meine Mutter nicht. Alles, was sie sagt und tut, ist richtig. Was die anderen sagen und tun, ist falsch. Von meiner Mutter das Gefühl zu bekommen, geliebt zu werden, war ein ewiger Kampf gegen Windmühlenflügel. Sie war und ist hart, verbiestert und kalt. Ohne Herz.

Heute bin ich kurz davor, nichts mehr von ihr zu erwarten. Das hat lange gedauert. Immer wieder kam die Hoffnung auf Einsicht von ihrer Seite. Aber meine Mutter ist uneinsichtig. Nie käme sie auf die Idee, sich selbst in Frage zu stellen. Für mein Gefühl ist das der größte Fehler, den man im Leben machen kann. Ich habe in einem Kinofilm eine alte Frau den Satz sagen hören: »Fehler zu machen ist in Ordnung. Aber wenn man aus dem Leben scheidet, ohne seine Fehler eingesehen zu haben, dann war das Leben sinnlos.« Das spricht mir aus der Seele.

Für meine Mutter war es selbstverständlich, das Kommando über die Familie zu haben. Ihre Meinung, ihre Be- und Verurteilungen waren Maßstab für alle. Meine Mutter kann an niemandem ein gutes Haar lassen. Nur wenn es um sie selbst geht, da ist sie äußerst feinfühlig. Ein falsches Wort und sie ist beleidigt. Noch heute, im hohen Alter von 80 Jahren, wirft sie den Telefonhörer auf die Gabel, wenn sie beleidigt ist. Ich frage mich manchmal, was hatte ihr Leben für einen Sinn?

Sie hat sich nie entschuldigt. Ich kann bis heute – ich bin 50 – keinen Frieden mit ihr machen. Sie wiederholt bereits bei ihrem einzigen Enkelkind – meine Tochter ist zehn – ihre Fehler. Sie droht beispielsweise einem zehnjährigen Kind: »Wenn du nicht aufhörst zu weinen, gehe ich weg und lasse dich ganz alleine.« Ich finde das unerhört. Sie findet das in Ordnung. Und natürlich ist das Enkelkind schuld. Es hat sich angeblich schlecht benommen. Daß das Enkelkind vielleicht auf ihr eigenes ungutes Verhalten extrem reagiert hat, das kommt ihr nicht in den Sinn. Nie kehrt sie vor der eigenen Haustür. Ich habe inzwischen das Gefühl, ich muß mein Kind genauso vor ihr und ihren verbalen Ausfällen schützen wie mich selbst.

Ich habe ab und zu den Versuch gemacht, sie zu erreichen. Aber sie kann nicht die leiseste Kritik ertragen. Sie bricht den Kontakt ab. Ich habe beschlossen, meine Tochter nicht mehr ihrer Großmutter auszusetzen. Das tue ich meinem Kind nicht an. Es ist bitter und tut weh, wenn die Mutter nicht zur Einsicht kommt. Ich finde, meine Mutter hat sich durchs Leben schmarotzt, indem sie andere psychisch ausgebeutet hat. Gegeben hat sie nie etwas. Immer nur gefordert. Und es ist sehr schwer, obwohl ich mich heute erwachsen fühle, mich davon frei zu machen. Vor allem von der Erwartung, von meiner Mutter könnte noch irgend etwas Positives kommen.

Meine Mutter ist giftig. Sie wühlt im eigenen Sumpf und fühlt sich magisch angezogen vom Sumpf anderer. Oft sehe ich keine andere Möglichkeit, mich von ihrem Sumpf abzugrenzen, als den Kontakt für längere Zeit abzubrechen. Ich muß aufpassen, daß ihr Gift nicht zu mir herüberschwappt. Man muß sich vor ihr und der unguten Atmosphäre, die sie verbreitet, schützen.

Bei mir hat dieses ständige psychische Verletztwerden dazu geführt, daß ich eine übergroße Sensibilität für die Emotionen anderer bekommen habe. Ich spüre sofort, was mit jemandem los ist. Ungute Vibrationen erfasse ich sofort. Das ist an sich gut. Ich muß sehr aufpassen, daß ich ungute Ausstrahlungen nicht gleich auf mich beziehe. Aufgrund meiner Geschichte neige ich dazu. Es muß mich nur jemand anmuffeln, dann frage ich mich sofort, was ich ihm getan habe. Mir fällt die Abgrenzung schwer. Ich habe hart an mir gearbeitet. Ich habe eine Therapie gemacht und mir heute ein gutes Handwerkszeug angeeignet, meine eigenen Emotionen wahrzunehmen und damit umzugehen. Und auch auf andere zu- und einzugehen. Ich habe festgestellt, wie wichtig das ist, auch von sich aus auf andere zuzugehen. Zu sagen, he, was ist los? Ich habe die Erfahrung gemacht, wenn ich auf andere zugehe und den Anfang mache in spannungsgeladenen Situationen, dann sind die meist froh und kommen mir entgegen.

Man kann selbst viel dazu tun, ob Fronten sich verhärten

oder ob man einen Weg zueinander findet. Ich kann auch über meine Gefühle sprechen. Nur bei meiner Mutter funktioniert das alles nicht. Sie ist völlig unzugänglich. Unansprechbar, wenn es um mögliche Fehler geht, die sie gemacht hat. Sie ist nicht erwachsen geworden, sie hat nicht an sich gearbeitet und jammert, daß sie ein armes Opfer sei, welches das große Pech hatte, in so schlechten Zeiten groß zu werden. Alles Blödsinn. Man konnte zu allen Zeiten an sich arbeiten, wenn man wollte. Ich habe, weil es mich so sehr interessiert hat, schon öfter ältere Damen, die mir gut gefielen, danach gefragt. Und immer war die Antwort: »Es gab stets Möglichkeiten, sich zu verändern, zu Einsichten zu gelangen, wenn man nur wollte.«

Es ist schwer, seine Mutter loszulassen. Von Zeit zu Zeit hadere ich immer noch damit, daß sie so egozentrisch war. Daß sie immer nur verlangt hat und nie geben wollte. Aber eins fand ich immer tröstlich. Egal, aus was für einem Elternhaus du kommst, du hast im Leben die Chance, vieles auszugleichen, viel für dich zu tun und an dir zu arbeiten. Du kannst dir unbewußte Verhaltensweisen bewußt machen, du kannst Einstellungen verändern und zu neuen Einsichten über dich und das Leben kommen. Du kannst dir Handwerkszeug erarbeiten, wie du mit dir und deinem Leben zurechtkommst. Die Arbeit an dir ist ein lebenslanger Prozeß. Es geht für meine Begriffe darum, seinen Weg immer weiter zu gehen, sich zu verändern, aus Fehlern zu lernen und dann neue Herausforderungen anzunehmen. Emotionen, sofern du einen guten Kontakt zu ihnen hast, sind dabei ein wertvoller Wegweiser.

Sabrina

Ich habe lange nicht bemerkt, daß mein Freund Klaus zu seiner Gefühlswelt überhaupt keinen Kontakt hatte. Doch mehr und mehr wurde mir klar, daß seine Verhaltensweisen ans Pathologische grenzten.

Als ich Klaus zum ersten Mal sah, brillierte er gerade in einer Diskussion über Vor- und Nachteile berufstätiger Mütter, und was er von sich gab, gefiel mir ausgesprochen gut. Welch engagierter, modern denkender Mann. Er brach eine Lanze für berufstätige Mütter, und seine Argumentation war durchdacht und kaum zu widerlegen. So lernte ich Klaus kennen. Ich lebte damals mit meiner Tochter allein, das berühmte schlechte Gewissen alleinerziehender berufstätiger Mütter plagte mich regelmäßig, und ich war dankbar für Klaus' Engagement gegen Vorurteile. Wir kamen uns schnell näher. Klaus hatte gerade eine Scheidung hinter sich, er hatte eine Tochter, genau wie ich.

Was mich anfangs verwunderte, war, daß er zu seinem Kind überhaupt keine liebevolle Beziehung hatte. Weder hatte er das Bedürfnis, sie regelmäßig zu sehen, noch konnte ich irgendwelche herzlichen Gefühle ihr gegenüber feststellen. Ich ließ mich damit abspeisen, die Mutter binde das Kind derart an sich, daß er gar keine Chance habe, seiner Tochter näherzukommen.

Das nächste, was ich feststellte, war, Klaus verbrachte seine Freizeit damit, den Fernseher laufen zu lassen und sich dabei vor seinen Schachcomputer zu setzen und zu spielen. Er prahlte damit, er sei in der Lage, zwei schwierige Dinge synchron zu machen. Das befremdete mich, aber ich dachte, es hat halt jeder seine Macke.

Immer wieder erlebte ich, wie Klaus auf Gesellschaften mit seinen glänzenden, fortschrittlichen Theorien brillierte. Er konnte Stunde um Stunde diskutieren und seine Thesen vehement verteidigen. Er fand immer die besseren Argumente, hatte immer das letzte Wort. Und seine Theorien waren bestechend.

Doch persönlich kam ich nicht an ihn heran. Emotional war er irgendwie abgestumpft. Ein Mann ohne Gefühle. Obwohl er sich auf eine hilflose Art sehr um mich bemühte. Das sah ich wohl, und ich beruhigte mich, indem ich mir sagte, wir müssen uns erst richtig kennenlernen. Er hat eben schlechte Erfahrungen gemacht. Auf das negative Bild, das er von seiner Frau zeichnete, ging ich voll ein. Heute würde mich gleich stutzig machen, wenn jemand sich so über Frau und Kind äußert und sich selbst als machtloses armes Opfer darstellt. Ich würde genau nachhaken, wenn mir einer aufbinden wollte, er könne sein Kind nicht sehen, weil die Exfrau das boykottiere. Damals war ich zu geneigt, ihm zu glauben und ihn zu bedauern.

Ich machte immer wieder Versuche, mich ihm emotional zu nähern. Ich wollte mit ihm über seine Gefühle reden, über sein Befinden. Ich wollte, daß er ausdrückt, was ihm unsere Beziehung gibt. Ich wollte auch alles aus seiner letzten Beziehung wissen. Klaus geriet regelmäßig ins Theoretisieren. Sätze, die mit »Ich bin . . . oder »Ich fühle . . .« anfingen, gab es für ihn nicht. Das frustrierte mich. Vor allem, wenn ich das Bedürfnis hatte, mich ihm anzuvertrauen. Wenn es mir nicht so gutging. Wenn ich Wärme brauchte und in den Arm genommen werden wollte.

Wenn ich versuchte, Klaus meine Bedürfnisse zu zeigen, verschreckte ich ihn regelrecht. Wenn ich versuchte, an ihn heranzukommen, machte er zu. Hatte er anfangs noch versucht, sich in Theorien zu flüchten, so verstummte er plötzlich. Er bekam schmale Lippen und einen starren, abweisenden Blick. Um so mehr, je mehr ich bohrte und forderte.

Es begann ein regelrechter Kampf. Klaus erzeugte in mir das Gefühl, er wolle mich nicht so sehen und annehmen, wie ich bin. Ich warf ihm vor, daß er nur bestimmte Seiten an mir wahrnehme. Nämlich die der strahlenden, im Beruf erfolgreichen Mutter, die Job und Kind hervorragend und allein bewältigt. Meine schwachen Seiten blendete er aus. Damit wollte er nicht konfrontiert werden.

Er kam mir vor wie ein fremdgesteuerter Roboter. Ich machte dann den Versuch, grundsätzlich an seine Problematik zu kommen, und spielte die Therapeutin. Ich machte

Termine mit ihm, um über seine Gefühlswelt zu sprechen. Ich lernte einen völlig verstockten Menschen kennen, und langsam begann ich, ihn zu hassen. Fragte ich: »Hast du überhaupt schon mal über ein persönliches Gefühl gesprochen?« biß er seine Lippen aufeinander und schwieg mich an wie ein Schüler, der seine Vokabeln nicht gelernt hat. Ich hatte den Eindruck, über Dinge zu sprechen, die in seiner Welt nicht vorkommen. Einerseits tat er mir leid, weil er so hilflos schien, andererseits machte er mich aggressiv. Ich dachte, es kann doch nicht wahr sein, daß jemand überhaupt keinen Kontakt zu seinen Gefühlen hat. Ich wurde in solchen Diskussionen meist immer erregter und vorwurfsvoller, was dann regelmäßig dazu führte, daß er aufsprang, seinen Schachcomputer anmachte und in seiner logischen Kopfwelt versank. Ich war verzweifelt.

Anscheinend kannte dieser Mann weder Trauer noch Freude, noch seine anderen Gefühle und Bedürfnisse. Und wütend wurde er nur, wenn jemand seinen Theorien widersprach. Dann wurde er heftig.

Dieses emotionale Ausklinken seinerseits führte dazu, daß ich ihm innerlich nie wirklich nahekam. Das brauchte ich aber, um sexuelle Lust und Freude zu empfinden. Es konnte mich jemand nach allen Regeln der Kunst anmachen, wenn da keine persönliche Nähe war, empfand ich einfach nichts. Klaus dagegen schien sich völlig mit dem rein körperlichen Funktionieren zu begnügen. Nach unseren Auseinandersetzungen, wenn ich enttäuscht und frustriert im Bett lag, wanderten seine Hände an meinem Körper entlang. Es war klar, er wollte mit mir schlafen. Ich hätte ihn schlagen können. So ein Mißverständnis. Ich versuchte, ihm klarzumachen, daß ich mich mißbraucht fühle, wenn ich so mit ihm schlafe. Und daß ich nicht zur Befriedigung seiner rein körperlichen Bedürfnisse zur Verfügung stehe. Einmal warf ich ihm wütend an den Kopf, dafür gebe es Frauen gegen Bezahlung. Er verstand mich nicht und war beleidigt.

Ich entwickelte mit der Zeit eine regelrechte Abneigung gegen Klaus. Trotzdem gab ich die Hoffnung nicht auf. Heute sage ich, ich hätte ihn gleich loslassen sollen. Ich hätte mich gar nicht so intensiv mit ihm einlassen sollen. Damals dachte ich, den knacke ich. Es kann doch nicht wahr sein, daß jemand überhaupt nicht mit seinen Gefühlen umgehen kann.

Eines Tages lernte ich seine Mutter kennen. Da wurde mir vieles klar.

Eine nicht unsympathische, aber völlig besserwisserische und dominante Person, die ihren 38jährigen Sohn nicht nur behandelte wie einen unmündigen kleinen Jungen, sondern die auch niemanden zu Wort kommen ließ. Auf ihre Art genauso fremdbestimmt. Und mir wurde bald klar, die erträgt man nur, wenn man völlig zumacht.

Klaus hatte irgendwann völlig zugemacht und war jetzt nicht mehr in der Lage, an seine Emotionen heranzukommen. Solange es mir relativ gutging, gab ich die Hoffnung nicht auf und machte immer wieder Versuche, ihn zu knacken. Heute weiß ich, daß ich uns beide damit sehr gequält habe. Es war ein Kampf gegen Windmühlenflügel. Aussichtslos.

Doch dann wurde ich von Klaus schwanger. Da mir meine erste Tochter viel Freude machte und ich ein Kind als große Bereicherung im Leben empfand, hätte ich dieses zweite Kind gerne bekommen. Das sagte ich Klaus klipp und klar. Ich werde nie sein Gesicht vergessen, als er die Nachricht aufnahm. Sein Mund wurde ein schmaler Strich, seine Augen blickten durch mich hindurch. Minutenlang starrte er so, als sei ich überhaupt nicht vorhanden. Ich fragte: »Klaus, hast du verstanden, was ich eben sagte? Wir bekommen ein Baby. Freust du dich nicht? Das ist doch eine große Chance für dich.« Aber er sagte kein Wort. Er wirkte auf mich wie ein Autist. Nach minutenlangem Schweigen hatte er sich wieder im Griff, ließ mich einfach stehen, machte den Fernseher an und begann, gegen sich Schach zu spielen. Er tat, als wäre ich

Luft. Ich traute meiner Wahrnehmung kaum. Konnte das wahr sein? Ich rüttelte ihn: »Klaus, du mußt dich doch dazu äußern. Du mußt doch wenigstens sagen, was das in dir auslöst. Wie du das findest. Ob du dich freust oder ob du Angst hast oder was auch immer. Wenigstens, ob du das Kind willst!« Ich war verzweifelt. Und was tat er? Dieser Mann schüttelte meine Hand ab, als wäre ich eine lästige Zecke, und widmete sich seinen Nachrichten und seinem Spiel. Von da an bis nach meiner Abtreibung sprach er kein Wort mehr mit mir, nahm mich nicht wahr. Spätestens da fiel es mir wie Schuppen von den Augen. Klaus ist eine schwer gestörte Persönlichkeit.

Ein Kind mit solch einem emotional verkrüppelten Vater, wollte ich das? Nein. Aber eins wollte ich. So leicht sollte er nicht davonkommen. Wenigstens die Entscheidung zu einer Abtreibung sollte eine gemeinsame sein. Wenigstens dazu, daß er unser Kind nicht wollte, sollte er sich äußern. Vor allem wollte ich wissen, warum. Was in ihm vorging. Was diese Nachricht in ihm ausgelöst hatte.

Er aber zerstörte jeden Versuch, mit ihm zu reden, durch eine Mauer des Schweigens. Als hätte er sich in eine eigene Welt, in einen Kokon eingesponnen. Ich machte dann noch über gemeinsame Freunde Versuche, an ihn heranzukommen. Aber auch die ließ er abblitzen. So daß wir den Eindruck bekamen, dieser Mensch ist einfach nicht ansprechbar. Es war furchtbar für mich, mir das einzugestehen. Ich fühlte mich unendlich allein gelassen. Gleichzeitig kam die Erkenntnis: das hättest du dir nicht antun müssen. Das hättest du dir ersparen können. Daß ich so hartnäckig geleugnet hatte, keinen Zugang zu Klaus zu finden, hatte auch etwas mit mir zu tun. Ich habe das später in einer Therapie aufgearbeitet und mache heute um solche Männer einen großen Bogen.

Damals traf ich meine Entscheidung schließlich alleine. Ich ließ unser Kind abtreiben. Die Verantwortung, zwei Kinder ohne Hilfe, ohne Partner zu erziehen, wollte ich mir nicht aufbürden. Ich hatte das Gefühl, das schaffst du nicht. Das hat aber jeden Rest von Zuneigung zu Klaus in mir zerstört. Mich in solch einer existentiellen Situation allein zu lassen, hat etwas in mir kaputtgemacht. Ich hätte die Abtreibung verkraften können, wenn er mit mir darüber geredet hätte. Wenn er die Entscheidung mitgetragen hätte. Aber daß er mich damit im Regen stehen ließ, konnte ich nicht verzeihen. Jedes Gefühl für ihn starb in mir ab, und ich machte auch nie wieder den Versuch, mit ihm über Gefühle zu reden. Es war wie abgeschnitten.

Wir lebten dann noch einige Monate nebeneinander her. Zu zweit und trotzdem allein. Ich litt, Klaus dagegen schien wieder aufzublühen. Im Sommer machten wir dann noch eine gemeinsame Griechenlandreise. Während dieser Reise litt ich noch mehr. Klaus war sehr freundlich und völlig unpersönlich. Die Welt schien für ihn wieder in Ordnung. In mir tobten die Gefühle, aber ich sagte kein Wort mehr. Eines Abends, als ich endgültig beschlossen hatte, Klaus zu verlassen, fragte ich ihn: »Sag mal, wie findest du unsere Beziehung jetzt?« Und er antwortete strahlend: »So gut wie nie. Endlich keine Auseinandersetzungen mehr. Wir verstehen uns doch jetzt richtig gut.« Ich war fassungslos. Er nahm überhaupt nicht wahr, daß ich resigniert hatte. Daß unerfüllte Sehnsüchte in mir waren, die ich nicht mehr aussprechen wollte, daß ich litt und nur schwieg, weil ich von ihm nichts mehr erwartete. Er lebte munter neben mir her, uns trennten Welten, und er fand das wunderbar. Er hatte völlig andere Erwartungen als ich. Unsere Beziehung war ein einziges Mißverständnis. Am nächsten Tag flog ich verfrüht zurück. Klaus begriff das nicht. Wie sollte er auch. Ich habe ihn nie wieder gesehen.

Gespräch mit dem Diezer Gefängnispsychologen
Alois Diebold über die Möglichkeiten von Therapie
im Strafvollzug

▷ Sie arbeiten mit Gewalttätern und Männern, die Kinder mißbraucht haben. Sind das alles Menschen, die in ihrer Jugend auch Erfahrungen mit Gewalt und Mißbrauch gemacht haben?

▶ Die meisten Gewalttäter, mit denen ich arbeite, haben als Kinder selbst schwere Mißhandlungen erfahren, von Eltern, von Stiefvätern oder Stiefmüttern, von älteren Geschwistern oder von Stärkeren im Heim. Einem Teil von ihnen wurden darüber hinaus erhebliche sexuelle Mißhandlungen zugefügt bis hin zu Vergewaltigungen.

▷ Führen solche traumatischen Erlebnisse dazu, daß ihre Klienten keinen Zugang zu ihren Gefühlen haben?

▶ Natürlich haben diese Menschen Gefühle. Allerdings können sie sie häufig schlecht verbalisieren oder adäquat mit ihnen umgehen. Für Außenstehende unbedeutende Situationen können beispielsweise heftigste Gefühle in ihnen auslösen, wie Wut, Ohnmacht, Haß. Solche Menschen können sich nicht ertragen und hassen sich sogar. Kritik an ihrem Verhalten – und ist sie noch so freundlich und verständnisvoll vorgetragen – verstärkt ihre eigene Abwertung. Kritik muß dann teils aggressiv abgewehrt werden, um das labile Gleichgewicht nicht noch mehr zu gefährden. Durch viele schlimme Erfahrungen in der Kindheit und Jugendzeit haben diese Menschen nie soviel Wertschätzung erfahren, um ein stabiles Selbstwertgefühl aufbauen zu können.

▷ Welche Gefühle sind es vor allem, die nie erfahren werden konnten?

► Menschen mit so vielen negativen Erfahrungen in ihrer Lebensgeschichte hatten nie die Gelegenheit, Vertrauen, Liebe und Zuneigung zu erfahren. So ein Mensch ist nie so akzeptiert und angenommen worden, wie er ist, und hat nie verinnerlicht, »ich bin es wert, geliebt zu werden, ich bin in Ordnung«. Er hat nie das Gefühl entwickelt, sich auf jemanden verlassen zu können.

▷ Was ist Ziel der Therapie?

► Primäres Ziel ist, daß die Straftäter im Leben ohne Straftaten zurechtkommen. Dies bedeutet unter anderem, daß sie ihre oft durch »Kleinigkeiten« ausgelösten heftigen Gefühle verstehen lernen und in den Griff bekommen. Daß sie durch Konflikte, Arbeitslosigkeit, durch Sorgen, durch eine Beziehung, die in die Brüche geht, nicht gleich den Lebensmut verlieren und aus der Bahn geworfen werden. Die oft traumatischen Erlebnisse aus der Kindheit dürfen nicht dazu führen, daß sie die Kontrolle über ihre Handlungen verlieren. Wichtig ist es auch, daß sie sich selbst akzeptieren lernen, sich so annehmen, wie sie sind, und dadurch eben auch frei werden für die Beziehung zu anderen Menschen. Das heißt, daß sie fähig oder reif werden, um Beziehungen eingehen zu können.

▷ Welche Methoden gibt es, einem Gewalttäter Gefühle zugänglich zu machen, die er immer verdrängt hat?

► Nach meinen Erfahrungen werden oft solche Erlebnisse verdrängt, die für den einzelnen traumatisch oder unerträglich waren. Dieser Verdrängungsprozeß gelingt aber längst nicht immer. Ich habe beispielsweise mit einem langjährig Inhaftierten – er war zu lebenslanger Freiheitsstrafe verurteilt worden – nach 14 Jahren Haft angefangen, seine Lebensgeschichte aufzuarbeiten. Dabei hat sich gezeigt, daß es ihm nur zeitweilig gelungen war, die Erinnerung an den traumatisch erlebten sexuellen Mißbrauch zu unterdrücken. Tatsächlich erinnerte er sich immer wieder daran und reagierte äußerst heftig. So zerschlug er den Spiegel, in dem er sich sehen mußte, er griff Mitgefangene an oder brachte sich selbst Verletzungen bei, um diese für ihn so belastenden Erinnerungen verdrängen zu können. Erst dadurch, daß er sich im Gespräch dazu bekennen konnte, mißbraucht worden zu sein, gelang es ihm, diese schlimmen Erlebnisse und damit seine heftigen Gefühle zu verarbeiten. Ein Teil der Menschen, mit denen ich arbeite, fürchten sich vor ihren eigenen massiven Aggressionen und versuchen, diese soweit wie möglich zurückzudrängen. Durch Körpertherapie oder durch Widerspiegelung ihres Verhaltens kann es oft gelingen, ihnen diese Aggressionen zugänglich zu machen. Viele Gefühle, die sie verdrängt haben, kommen auch deshalb hoch, weil eine Therapie eine Art Beziehung ist. Sie übertragen das von ihnen in der Kindheit Erfahrene auf mich, und daher brechen viele Gefühle auf, die sie an früher erinnern und die oft sehr schmerzlich für sie sind. Es können Verlassenheitsgefühle sein oder auch Eifersuchtsgefühle.

▷ Ist es denn möglich, diese großen Defizite, die ein Gewalttäter im emotionalen Bereich hat, auszugleichen?

▶ Durch intensive Therapie können viele Täter mit sich, ihrer Vergangenheit und ihrer Straftat ausgesöhnt werden. Die Straftat stellt ja den Versuch einer Konfliktlösung dar. Die ganze Vergangenheit oder das, was als ungünstig erlebt wird, mündet oft in die Straftat. Agatha Christie hat einmal zutreffend gesagt: Mord ist nicht der Anfang, sondern der Endpunkt einer langen Entwicklung. Diese Entwicklung muß der Strafgefangene verstehen lernen. Wenn es gelingt zu entziffern, auf welche Erlebnisse die Straftat eine Konsequenz war, dann hat er viel von sich verstanden. Einer meiner

149

Klienten hatte extreme sexuelle Vergewaltigungsphantasien, die er auch auslebte. Er war als Kind von älteren Kindern an einen Baum gefesselt worden. Sie hatten eine Plastiktüte über seinem Kopf angezündet und ihm schrecklich Angst gemacht. Unbewußt kompensierte er durch seine Taten und Phantasien dieses entsetzliche Gefühl der Ohnmacht.

▷ Das hat ja viel mit Erwachsenwerden zu tun. Gelingt das im Strafvollzug?

► Natürlich kann dies im Strafvollzug gelingen, wenn den Betroffenen Hilfen angeboten werden. Wer von den Strafgefangenen selbst einen Neuanfang will, wer echte Betroffenheit verspürt und selbst einsieht, daß er Hilfe benötigt, der hat gute Voraussetzungen. Es ist eine gute Motivation für Veränderungen, wenn ein solcher Mensch unter seiner Vergangenheit leidet.

▷ Man hört immer, daß im Gefängnis Gewalt und Mißbrauch herrschen. Wie groß ist das Problem?

► Gewalttätigkeiten unter den Gefangenen, wie in den sechziger oder siebziger Jahren, gibt es heute nicht mehr. Aber was genauso schlimm ist: Gefangene werden ausgegrenzt oder mißachtet. Als besonders verwerflich gelten sexuelle Straftaten an Kindern. Diese Täter leiden furchtbar unter der großen Ablehnung, die ja der gleiche Mechanismus ist, den sie von zu Hause kennen und der vielleicht mit zu der Straftat beigetragen hat. Diese Diskriminierung löst oft schlimme Gefühle aus. Manche ziehen sich dann völlig von den anderen zurück, andere werden aggressiv, wieder andere depressiv. Manche empfinden das Leben nur noch als Qual. Ein Drittel der 600 Strafgefangenen hier sind übrigens Sexualstraftäter.

▷ Können Sie Fälle schildern, welche Veränderungen durch Therapie in Gewalttätern vor sich gegangen sind?

► Ich denke an einen 36jährigen Mann, der eine lebenslange Freiheitsstrafe für einen Mord verbüßen muß. Als ich mit ihm vor einem Jahr die Therapie begann, war er dabei, das von seiner Mutter begonnene Zerstörungswerk fortzusetzen. Die Mutter war Alkoholikerin und lehnte ihren Sohn stark ab. Sie mißhandelte ihn oft extrem, ohne daß er die Ursache, den Anlaß verstehen konnte. Sein Leben war eine ständige Qual: Er bekam schlimmste psychosomatische Beschwerden und wurde extrem gewalttätig bis zum Mord. Es ist in der Therapie gelungen, ihn mit sich und seiner Vergangenheit auszusöhnen. Die Selbstquälerei hat aufgehört, und er hat gelernt, sich zu akzeptiern. Er sagt heute selbst, daß er sich noch nie in seinem Leben so frei gefühlt hat, obwohl er noch in Haft ist. Er ist jetzt offen für seine Zukunft und möchte seinem Leben eine neue Richtung geben.

Ein zweiter Gefangener, jetzt 31 Jahre alt, war zunächst extrem schwierig und zeigte die merkwürdigsten Verhaltensweisen. Er legte sich mit jedem an, schmiß seine Lehre, war ständig wütend und neigte oft zu Kurzschlußhandlungen. Er galt hier lange als extrem verhaltensgestört. Er verbüßt eine Strafe von 15 Jahren, weil er wie von Sinnen auf eine Frau eingestochen hatte. Auch er hat in der Therapie viele ihn belastende Dinge aus seinem Leben verstehen und akzeptieren gelernt und Abstand von den furchtbaren Ekelgefühlen gefunden, die er durch die an sich erlebten Vergewaltigungen erlebte. Diese Ekelgefühle hatte die von ihm traktierte Frau durch ihr Verhalten reaktiviert. Er hat nun neuen Lebensmut gefunden und ist längst nicht mehr so belastet durch die Vergangenheit, wie dies früher der Fall war. Er macht jetzt eine Ausbildung und ist viel offener für die Beziehung zu einer Frau geworden, die er vor einigen Jahren kennengelernt und geheiratet hat.

Einer meiner schwierigsten Fälle war ein heute 38jähriger, der wegen versuchten Mordes eine Freiheitsstrafe von 15 Jahren zu verbüßen hatte. Die dreijährige Einzel- und Gruppentherapie gestaltete sich äußerst schwierig, weil viele seiner früheren Erfahrungen dermaßen traumatisch waren, daß er sich ihnen nur behutsam nähern konnte. Dieser Mann wurde von seiner Mutter, einer Alkoholikerin, und den wechselnden Stiefvätern grausam gequält und mißhandelt. Vermutlich waren auch sexuelle Mißbrauchshandlungen geschehen, die er sich aber nicht eingestehen konnte. Obwohl sich die Therapie oft sehr schwierig gestaltete, lebt er seit über sechs Jahren in Freiheit. Er arbeitet trotz gewisser Schwierigkeiten regelmäßig, hat sogar das Erlebnis einer Ehescheidung verkraften können und befindet sich heute in einer neuen Beziehung. Ich empfinde große Hochachtung vor ihm, daß er sich trotz dieser belastenden Lebensgeschichte so gut bewähren und die Bewährungszeit von fünf Jahren so gut überstehen konnte. Ich stehe nach wie vor in Kontakt zu ihm, er ruft gelegentlich an, wenn er Schwierigkeiten bekommt. Er betont immer wieder, daß er sich nicht mehr »hängenlassen« will. Er weiß also, daß er seine Probleme nicht auf die lange Bank schieben kann, sie möglichst sofort lösen muß.

▷ Was können Staat, Gesellschaft, Kindergärten, Schulen präventiv leisten, wenn Familien versagen?

▶ Kein Staat der Welt kann Gewalt an Kindern verhindern. Gut ist, daß das Tabu gebrochen ist, daß man über Gewalt und Mißbrauch an Kindern spricht. Daß wir sensibilisiert sind, daß in Kindergärten und Schulen beobachtet und über Verhaltensauffälligkeiten gesprochen wird und gesagt wird, wir müssen etwas tun. Ich halte nichts davon, Gruppen von Menschen auszugrenzen. Hilfe ist angebrachter, denn Eltern, die so etwas tun, haben das auch selbst erlebt. Die bessere Lösung, um die Spirale der Gewalt zu durchbrechen, ist Familientherapie. Kinder mit auffälligem Verhalten werden zu schnell ausgegrenzt, wie überhaupt heute wieder stark ausgegrenzt wird. Wir kürzen die Sozialhilfe, Asylbewerber und Arbeitslose werden ausgegrenzt, Herr Waigel spart Gelder im Osten, die für ABM-Stellen ausgegeben wurden, ein. Und keiner denkt daran, daß es wieder die Kinder sind, die leiden.

Eine Generation, die ihre Kinder vergißt

> Die größte Hoffnung einer Nation liegt in der rechten Erziehung ihrer Jugend.
>
> *Erasmus von Rotterdam*

Wir leben in einer Zeit des Zerfalls der klassischen Familie. Es vergeht kaum eine Woche, in der nicht ein großer Artikel in einer Zeitung oder Zeitschrift diese Entwicklung beklagt. Einerseits wünschen sich 70 Prozent der Deutschen, so Allensbach, ein Leben eingebettet in eine Familie. Damit verbunden sind Begriffe wie Geborgenheit, Akzeptanz, ein Nest, sich wohlfühlen, zusammengehören, Zuflucht in einer kalten gefühllosen Welt. Mit Familie wird Lebensglück und soziale Zuverlässigkeit assoziiert. Sie ist der Ort, wo man sich emotionale Wärme erhofft.

Die Fakten sehen anders aus. In den Städten wird fast jede zweite, auf dem Lande jede dritte Ehe geschieden. Es gibt Schulklassen, in denen jedes zweite Kind nur noch einen leiblichen Elternteil hat. Die Zeitschrift Focus titelte im August 1994: »Ein Idyll zerfällt.« Und: »Kinder und ihre Eltern geraten immer mehr ins Abseits, die Geburtenrate stagniert, die Kinderfeindlichkeit wächst, die Familienpolitik stößt an ihre Grenzen.«[10]

Wo früher Familie einspringen konnte, gibt es heute vielfach ein Vakuum. Entweder ist die Familie auseinandergebrochen, oder aber die Eltern sind derart mit sich und der materiellen Absicherung beschäftigt, daß die Kinder zu kurz kommen. Die junge Elterngeneration macht sich oft gar keine Vorstellung davon, was ein Leben mit Kind bedeutet. »Individuelle Vorhaben und Lebenspläne sollen durch die Familiengründung möglichst wenig beeinflußt oder gar verhindert werden. Doch dem großen erwarteten Gewinn, den das Zusammenleben mit Kindern bringt, steht unzweifelhaft ein Verlust gegenüber: Kinder bedeuten eben auch eine Einbuße persönlicher Bewegungsfreiheit und Verzicht, bedeuten langjährigen Einsatz und Verpflichtung. Diese Einschränkung der gewohnten freien Lebensgestaltung scheint Eltern nicht immer klar zu sein«, erklärte mir die Hamburger Journalistin und Autorin Cornelia Nack.

Psychologen und Sozialwissenschaftler beklagen immer häufiger, daß viele Eltern die eigene Selbstverwirklichung, den Beruf, die Konsumwünsche in den Vordergrund stellen und ihre Kinder als Hindernis erleben. Nack: »Besorgt wird eine Zunahme von Beziehungsstörungen zwischen Eltern und Kindern registriert und ein Mangel an Zuwendung. Bedürfnisse und Nöte der Kinder werden oft gar nicht mehr wahrgenommen.«

Der Spiegel konstatiert eine neue soziale Form von Vernachlässigung bei bessergestellten Familien: »Die gutverdienenden Eltern erleben ihre Kinder als Hindernis, wie der Bamberger Soziologe Ulrich Beck in einem Essay über die Zukunft der Familie ausführte. Sie kosten Arbeit und Geld, sind unberechenbar und würfeln die Tages- und Lebenspläne durcheinander. Partner kommen und gehen, die Beziehung zum Kind dagegen ist nicht aufkündbar... Vor allem junge Eltern, beobachtet die Münchner Psychologin Helene Nemetschek, stünden ihrer Rolle häufig unbedarft gegenüber. Nicht selten kommt es dadurch zu Beziehungsstörungen zwischen Eltern und Kindern, die Sprößlinge würden rumgeschubst, abgeschoben, wegorganisiert.«[11] Der Kinderschutzbund stellt schließlich fest: »Unentwegte Erziehungsexperimente und ein neuer Mangel an Zuwendung schlagen dann bei Kindern in Aggressivität, Lern- und Verhaltensschwierigkeiten um.«[12] Psychologen und Sozialpädagogen müssen sich mit diesen Auswirkungen heute genauso befassen wie mit den Auswirkungen von Schlägen.

Andererseits ist festzustellen, daß immer mehr Eltern unter Gefühlen von Unzufriedenheit, Überforderung bis hin zu Depressionen leiden, mit sich selbst immer schlechter zurechtkommen. Unsere Gesellschaft gaukelt vor, dies sei mit Konsum und Statussymbolen zu kompensieren, und so flüchten sich viele Eltern in Arbeit, Konsum- und Erlebnisrausch. Erziehung wird an andere delegiert. Eltern und Kinder verbringen immer weniger Zeit miteinander.

Der Staat stützt sich auf ein Familiensystem, das es längst nicht mehr gibt. Da werden brutal beide Augen zugemacht und rücksichtslos Mittel gekürzt. Kaum ein Bereich ist derart von Kürzungen betroffen wie Kinder und Jugendliche. Nicht nur Kindergartenplätze fehlen, auch Jugendheime und Auffangstellen für junge Menschen müssen sparen und sind mangels finanzieller Förderung von Schließungen bedroht.

Viele Familien sind inzwischen durch Kinder von Armut bedroht. Das statistische Bundesamt hat errechnet, daß Kinder pro Monat durchschnittlich 900 Mark kosten. Daran gemessen ist das Kindergeld eine Farce. Die Arbeiterwohlfahrt schlug Alarm: 1 000 000 Kinder in der Bundesrepublik leben mit ihren Eltern bereits unter der Armutsgrenze: »Die soziale Lage der Kinder ist in Deutschland ein ebenso großes Tabu wie Gewalt, Vernachlässigung und Mißbrauch«, stellten die Autorinnen Andrea Ernst und Sabine Stampfel in ihrem vielbeachteten Kinderreport fest.[13] Die Zahl der sozial benachteiligten Eltern wird immer größer. Beengte Wohnungen, Geldknappheit und chronische Überforderung lassen sich nicht mehr unter den Teppich kehren. Die Familienpolitik versagt auch da völlig.

Im Familienbericht der Bundesregierung heißt es dazu lapidar: Wer heute Elternverantwortung auf sich nimmt, muß im Vergleich zu denjenigen, die auf Kinder verzichten, mit erheblichen ökonomischen Nachteilen rechnen.

Zur familiären Misere kommt, daß Kinder in dieser Gesellschaft eine radikale soziale Entfremdung erleben. Die Arbeitswelt ist geprägt von Konkurrenzkampf, der bereits an den Schulen und Universitäten losgeht. In der Gesellschaft zählen Individualität und Autonomie als Werte. Solidarität dagegen gerät in Vergessenheit, jeder ist sich selbst der Nächste, was schließlich zu wachsender Isolierung des einzelnen und zum Zerfall der sozialen Integration führt. Goleman stellt fest: »Diese schleichende Desintegration der Gemeinschaft und die Durchsetzung eines rücksichtslosen Durchsetzungsstrebens geschehen dabei ausgerechnet zu einer Zeit, in der der ökonomische und soziale Druck, der aus der Ost-West-Einigung entstanden ist, mehr und keineswegs weniger Kooperation und Fürsorglichkeit verlangt.«[14]

Wir leben in einer Atmosphäre des wirtschaftlichen und sozialen Abstiegs. Sitten, moralische und ethische Werte, der gute Umgang der Menschen miteinander bleiben mehr und mehr auf der Strecke. Nicht nur unter Erwachsenen, auch unter Kindern und Jugendlichen geht es folglich immer härter zu. Bei jungen Menschen kann man seit einiger Zeit deutliche Anzeichen einer sich verschärfenden emotionalen Krise beobachten. Aggressionen, Gewaltbereitschaft und Gewalttätigkeiten nehmen zu. Unterdrückte Nöte und Ängste treten im psychischen Bereich zutage. Bereits Kinder werden von Depressionen erfaßt. Goleman: »Bei Menschen, die nach 1944 geboren sind, ist die Wahrscheinlichkeit, irgendwann in ihrem Leben eine ernste Depression zu erleiden, dreimal größer als bei der Generation ihrer Großeltern.«[15] Die Menschen fühlen sich emotional und sozial bedroht. Mitgefühl ist Rationalität gewichen, der Kopf beherrscht das Herz.

Doch statt die Notbremse zu ziehen, verharrt der Staat gleichgültig. Selbst angesichts einer steigenden Zahl obdachloser Straßenkinder, die zu Hause weglaufen oder sich sowieso immer selbst überlassen waren.

7000 Minderjährige sind es bereits, die sich auf Deutschlands Straßen herumtreiben. Der große soziale Brennpunkt ist Berlin. 3000 bis 4000 Kids sollen sich schätzungsweise in der Stadt angesammelt haben. Ausreißer aus Ost und West steuern die Stadt an, um die Abbruchhäuser vor allem im Osten zu besetzen. Die Journalistin Ingrid Hochreither beschrieb im Stern das Leben von Berliner Straßenkids. »Alkoholisierte Schmuddelkinder mit giftgrünen und feuerroten Haaren, gepiercten Augenbrauen, Nasen und Lippen, in löchrigen verdreckten Klamotten... hängen unübersehbar im Zentrum herum... in der Friedrichstraße, auf dem Alexanderplatz, vor der Gedächtniskirche, an Bahnhöfen, vor großen Einkaufspassagen... Die Polizei vertreibt die Störenfriede immer wieder von den Straßen und Plätzen, aus Abbruchhäusern und besetzten Wohnungen, karrt sie in abgelegene Außenbezirke, kilometerweit von der nächsten S-Bahn-Station entfernt. Doch meist dauert es nur ein paar Stunden, bis sie wieder da sind.«[16]

Was diese Jugendlichen gemeinsam haben: sie suchen Zuneigung, Anerkennung, Liebe und Freiheit. Hochreither: »Manche fliehen aus wohlhabenden Elternhäusern, übersatt, aber emotional am Verhungern, andere vor dem Muff, dem Leistungsdruck, der Hoffnungslosigkeit, den Schlägen. Wieder andere werden von den Eltern einfach vor die Tür gesetzt, oder sie türmen aus Heimen, in die man sie abgeschoben hat.«[17]

Eine Mischung aus Aggression, Depression, Resignation aber auch Hoffnung macht sich unter ihnen breit. Der Tag ist langweilig, eintönig ohne Aufgaben und Herausforderungen. Die Jugendlichen lungern herum und fühlen sich nicht gebraucht. Das sowieso geringe Selbstwertgefühl wird so noch mehr untergraben. Aus purer Not und Überdruß werden viele drogenabhängig und kriminell. In einem Interview klagt die Berliner Ärztin Barbara Weichler-Wolfgramm von der Berliner »Schlepp-Klinik«, wo man sich um gestrandete Jugendliche kümmert, an: »Das soziale Elend breitet sich aus. Der Verlust von Arbeitsplatz, von Identität, Idealen und Werten hat die Familienstrukturen zerstört. Eine Generation, die ihre Kinder vergißt, hat eigentlich keine Zukunft mehr. Hier wird kaltschnäuzig das Lumpenproletariat von morgen rangezogen und akzeptiert.«[18]

Das Klima wird emotional immer kälter. Es regiert eine Ellenbogenmentalität. Der Schwächere bleibt auf der Strecke. Daniel Goleman fordert für Amerikas Schulen eine »Schulung der Gefühle«. In San Francisco gibt es eine Privatschule, das Neuva Learning Center, die Kurse in emotionaler Intelligenz auf dem Stundenplan hat. »Self Science« heißt das Fach. Am Beginn der Stunde verteilen die Schüler sich Noten für ihr individuelles Befinden. Es wird in Punkten von null bis zehn bewertet.

Es geht in diesem Fach nicht nur um die eigenen Gefühle, sondern auch um die, die in Beziehungen auftauchen. Lehrer und Schüler befassen sich mit dem emotionalen Gefüge des Schullebens. Goleman: »...ein Thema, das in fast allen Schulen Amerikas entschieden übergangen wird.« Das gilt für Deutschland genauso. Und hier wäre es ebenso nötig. In Self Science werden die Sorgen, Nöte, Spannungen und Traumata der Kinder zur Sprache gebracht: sich verletzt fühlen, weil man übergangen wurde, neidisch sein, Meinungsverschiedenheiten haben. Es wird regelrecht Streiten geübt, ohne die Fäuste zu benutzen. Denn das Lernen in der Schule vollzieht sich nicht im luftleeren Raum und isoliert von den Gefühlen der Schüler. Goleman: »Emotionale Bildung ist für das Lernen ebenso wichtig wie der Unterricht in Rechnen und Lesen.«[19]

Berücksichtigt man diese Tatsachen, so müßte unser Schulsystem gründlich reformiert werden. Es wird immer noch zuviel Wert auf die Vermittlung rein kognitiver Fähigkeiten gelegt. Viele Jugendliche erhalten so nie die Chance, ihre Begabungen herauszufinden, zu entfalten und zu nutzen. Werden Begabungen und Talente nicht entdeckt oder gefördert, verkümmern sie. Zwar können sie reaktiviert werden, aber nie mehr ganz ausgeschöpft.

Es gibt immer wieder Beispiele von Schulversagern, die später sehr erfolgreich werden und beispiellose Karrieren machen. Die erst spät die Chance ergreifen, ihre Talente auszuleben und mit ihren Begabungen etwas anzufangen. Und es gibt immer wieder Beispiele von Überfliegern, die im Leben sehr unglücklich sind. »Mit akademischer Intelligenz ist man auf das Durcheinander und die Chancen, die die Wechselfälle des Lebens mit sich bringen, praktisch überhaupt nicht vorbereitet. Doch obwohl ein hoher IQ keine Garantie für Wohlstand, Ansehen oder Glück im Leben ist, fixieren sich unsere Schulen und unsere Kultur auf akademische Fähigkeiten und ignorieren die emotionale Intelligenz...«[20]

Gespräch mit dem Schleswig-Holsteiner Realschullehrer Klaus Robrahn – seit 12 Jahren Lehrer für Mathematik, Informatik und Technik – über die heutige Schülergeneration, ihr emotionales Befinden und was Schule leistet und leisten sollte:

▷ Welche Veränderungen im Sozialverhalten stellen Sie bei Ihren Schülern fest?

▶ Das soziale Verhalten der Schüler hat sich in verschiedenen Bereichen verändert. Beispielsweise kann ich eine deut-

159

liche Veränderung der Sprache feststellen. Die Ausdrucksweise ist viel aggressiver geworden. Durch die aggressive Sprache wird wiederum mehr Aggression ausgelöst. Nehmen Sie nur die von Mädchen und Jungen gleichermaßen gebrauchte Redewendung: »Hau ab, du Wichser.« Solche Worte rufen natürlich starke Reaktionen hervor. Als ich an der Schule anfing, war die Sprache noch gemäßer. Früher wurden auch die Grenzen eher gezogen, wie weit man gehen kann. Heute kennen die Schüler vielfach keine Grenzen. Wenn einer unten liegt, wird weitergetreten. Bis hin zu richtigen Verletzungen. Generell kann man sagen, die Sitten sind rauher geworden.

▷ Wie hat sich das Verhältnis Schüler–Lehrer verändert?

► Es ist einerseits respektloser, andererseits aber auch offener geworden. Man muß allerdings als Lehrerpersönlichkeit stabiler sein als früher. Ich erlebe es immer wieder, daß Kollegen sich den Schülern nicht gewachsen fühlen. Ständige Überforderung macht krank. Entsprechend hoch ist der Krankheitsstand. Und es gibt immer wieder Kollegen, die hören sogar ganz auf.

▷ Wo liegen die Ursachen?

► Im emotionalen Bereich liegt vieles im argen. Wenn ich beim Wandertag oder bei Klassenreisen mit Schülern spreche, erfahre ich oft, wie sehr Schüler zu Hause sich selbst überlassen werden. Ein offenes Ohr, Reden über ihre Befindlichkeit und ihre Gefühle findet nicht statt. In den Familien hat sich einfach viel verändert. Die klassische Familie mit beiden Elternteilen gibt es immer weniger. Viele Alleinerziehende können sich oft wenig um ihr Kind kümmern. Die sozialen Kontakte zu Hause sind begrenzt. Dort muß viel funktionieren, weil wenig Zeit da ist. Die Zeit, um sich mit den Kindern zu beschäftigen, fehlt, und in der knappen Zeit gibt es viele Anordnungen und Reglementierungen statt Verständnis und Interesse. Mal etwas mit den Eltern unternehmen, ins Theater oder ins Kino gehen, das kennen viele gar nicht. Oder einfach mal dasein, dem Kind Aufmerksamkeit widmen. Da höre ich: »Meine Eltern haben nie Zeit für so was.« Ich denke schon, daß die fehlende soziale Betreuung zu Hause ein ganz wesentlicher Punkt ist für das veränderte Verhalten von Schülern. Ich beobachte als Folge davon, daß Schüler auch gerade in kritischen Situationen mit anderen Schülern Schwierigkeiten haben.

▷ Wie sind denn die häuslichen Verhältnisse Ihrer Schüler?

► Es gibt in meiner Schule Klassen, in denen 50 Prozent der Schüler bei einem alleinerziehenden Elternteil leben. In der Regel bei der Mutter. Die Mütter leben vielfach von der Sozialhilfe. Die Kinder sind auf sich gestellt. Wenn eine Mutter sich nicht bewußt Zeit nimmt für ihr Kind und für die Belange des Kindes, sich interessiert und fragt, findet kein Kontakt statt. Ich denke gerade an eine Mutter, die hat das letzte Zeugnis ihres Sohnes noch nicht gesehen. Es herrscht einerseits ein sehr großes Desinteresse. Andererseits sind solche Eltern überfordert. Dann haben die alleinerziehenden Elternteile natürlich auch eigene Interessen. Da ist die Sehnsucht, neue Bekanntschaften zu machen, Partner zu finden, was noch mal von der Zeit mit dem Kind abgeht. So wird das Kind sogar manchmal zum Störfaktor. Wir beobachten dann in der Schule Verhaltensauffälligkeiten und fragen nach den Gründen. Wir hatten gerade den Fall, daß der neue Freund einer Mutter den Sohn regelrecht gequält hat. Die Mutter hat es in ihrer Verliebtheit nicht wahrgenommen oder wahrnehmen wollen. Das Kind entwickelte sich zum Störer. Die Ursache konnte erst nach einem Gespräch mit der Mutter, die sich inzwischen von ihrem Freund getrennt hatte, aufgedeckt werden.

▷ Es wird in dieser Gesellschaft zu viel den Müttern aufgehalst. Sie werden letztendlich für alle Fehlentwicklungen verantwortlich gemacht.

► Stimmt. Es wird sehr viel dem Familienbereich überlassen, was dort oft nicht geleistet werden kann. Da wären öffentliche Institutionen gefragt. Ich denke an Kinder-, Schüler- und Hausaufgabenbetreuung. Hinzu kommt, daß sich oft Arbeit und Familie nicht vereinbaren lassen, man denke nur an unflexible Arbeitszeiten und die Unmöglichkeit, Arbeit zu reduzieren, vor allem in männlich dominierten Bereichen. Abends sind die Eltern müde und möchten nur noch ihre Ruhe haben.

▷ Wir haben eine Generation von Erwachsenen, die nicht gelernt hat, mit ihren Gefühlen umzugehen. Was kann und sollte Schule auffangen?

► Ich denke, das Fach Lebenskunde, wie es das an bestimmten Schulen in Amerika schon gibt – in Ansätzen auch an deutschen Gesamtschulen –, wäre generell sinnvoll. Es müßte sich in der Schule einiges verändern, damit Kinder besseres Handwerkszeug fürs Leben mitbekommen. Wir sollten nicht nur Fach- und Sachkompetenzen vermitteln, sondern auch Kommunikations- und Konfliktfähigkeit. Erfolge im Umgang mit anderen Kindern sind genauso wichtig wie gute Noten. Das zu fördern ist sicherlich auch Aufgabe eines Klassenlehrers. Nur frage ich mich, wie ich das bei ständig zunehmender Arbeitszeit, bei immer mehr Aufgaben, die ich in der Schule zu erfüllen habe, bei immer größeren Klassen machen und bewältigen soll. Es bleibt für so etwas einfach zu wenig Zeit, und da liegt in unserem

Schulsystem sicherlich einiges im argen. Mir fehlt einfach oft Raum und Zeit, um einen Schüler anzusprechen: »Sag mal, warum bist du heute so schlecht drauf?«

▷ Kann Schule denn ausbügeln, was im Elternhaus schiefläuft?

▶ Bedingt. Nur ein Fach Lebenskunde würde nicht reichen. Es müßten Freizeitangebote hinzukommen, längere Schulzeiten mit pädagogischer Betreuung. Damit ich die Kinder über die 45 Minuten einer Schulstunde hinaus kennenlernen kann, sie ganz anders beobachten kann. Ein Kind in der Schulstunde ist oft ganz anders als draußen in der Gruppe. Dazwischen können Welten liegen. Und das zu beobachten, dazu bräuchte es mehr als nur die Schulstunde. Ich halte Ganztagsschulen für sinnvoll. Lehrer müßten im Team arbeiten, damit man den Austausch hat.

▷ Das sind Zukunftsvisionen. Welche Möglichkeiten haben Sie denn heute, mit schwierigen Schülern zu arbeiten?

▶ Wenig. Wir versuchen in der Schule, so gut es mit unseren begrenzten Möglichkeiten geht, vieles aufzufangen. Indem wir Lehrer erstmal miteinander diskutieren, die betreffenden Eltern ins Gespräch einbeziehen und letztlich auch den Schüler. Als Lehrer bin ich oft in einem Dilemma zwischen dem, was ich tun muß, und dem, was ich möchte. Lehrpläne sind sehr einengend. Spontan sein, individuell auf Gruppen oder Schüler eingehen, das ist kaum machbar. Mehr Projektzeiten wären sinnvoll. So ist es schwierig, Probleme, die im familiären Bereich liegen, in den paar Stunden, die wir die Kinder sehen, aufzufangen. Und trotzdem gelingt es immer wieder, häufig genug aber auch leider nicht.

▷ Das Schulsystem müßte dringend reformiert werden.

▶ Das Schulsystem ist in vielen Bereichen unzeitgemäß. Schulformen, die ich für sinnvoll halte, beispielsweise Gesamtschulen, können mehr leisten als andere Schulen. Mit Blick auf Dänemark wird bei uns zu wenig Wert auf Praxis gelegt. Bei uns ist Lernen ja häufig noch ganz theoretisch und abgehoben vom praktischen Leben. Ich würde mir wünschen, daß Schule sinnerfüllender sein könnte. Mehr aufs Leben bezogen.

Alltägliche Unfreundlichkeit

Das menschliche Miteinander läßt zu wünschen übrig. Wir haben uns zu einer Ellenbogengesellschaft entwickelt, die Höflichkeit und Freundlichkeit nicht mehr kennt. Sich gegen den anderen zu behaupten ist wichtiger, als zu kooperieren. Die soziale Kompetenz hat sehr abgenommen. Unter sozialer Kompetenz verstehen Psychologen die Fähigkeit, im privaten, beruflichen und gesamtgesellschaftlichen Miteinander umsichtig und konstruktiv zu handeln. Soziale Kompetenz erst ermöglicht das reibungslose Miteinander im Zusammenleben.

Vor allem in der Berufswelt gewannen diese Faktoren in den letzten Jahren mehr und mehr an Aufmerksamkeit. »Da in dem tiefgreifenden Umbau der Arbeitswelt anstelle der Waren und Produkte zunehmend die Menschen – als Kunden, Klienten, Kollegen und Mitarbeiter – in den Mittelpunkt rücken, wird soziale Kompetenz als grundlegende Fähigkeit, Menschen zu verstehen und mit ihnen richtig umzugehen, immer wichtiger.«[21]

Soziale Kompetenz beinhaltet Einfühlungsvermögen, Teamfähigkeit, Verständnisbereitschaft und Respekt vor der Persönlichkeit des anderen. Alles Eigenschaften, die in unserer Gesellschaft, in unserem tagtäglichen Umgang miteinander häufig fehlen. Egal, ob es sich um ein Arzt-Patienten-Verhältnis, um eine Verkäufer-Kunde-Beziehung, um ein Dienstleistungs-Klienten-Verhältnis handelt, der Grundton des Umgangs heute ist geprägt durch geschäftsmäßige Kälte bis hin zu Unfreundlichkeit und Genervtheit. Dem Kunden, der etwas will, wird häufig das Gefühl vermittelt, er sei lästig. Und das, obwohl der Verbraucher für die Leistung, die erbracht wird, bezahlt. Dienstleister leben von dem Kunden, den sie behandeln wie einen lästigen Bittsteller. Ein Paradox.

Wie rücksichtslos das Verhalten untereinander geworden ist, dokumentierte der Stern in zwei Artikeln. Einmal unter der Schlagzeile »Störenfried Kunde«, zum anderen in einem Artikel über Radfahrer mit dem Titel »Die Radlerpest«. In beiden Bereichen wird beispielhaft deutlich, wie gnadenlos das Miteinander auf der Strecke geblieben ist. Nachsicht, Rücksicht oder Einfühlungsvermögen sind erwähnenswerte Ausnahmen geworden, an der Tagesordnung sind Terror und Rowdytum. So läßt der Stern-Autor Wolfgang Röhl in seinem »längst überfälligen Wutausbruch« Luft ab: »Für Fußgänger, deren Knautschzone die Nase ist, sind sie (die Radler) die grüne Pest. Ob in der City, im Park oder auf dem Waldweg – sie werden dich scheuchen, anklingeln, anschnauzen, anrempeln und über den Haufen fahren. Die Schwächsten trauen sich kaum noch auf die Straße... Verkehrsregeln sind nicht für ihn geschaffen, glaubt der Radler. Bei Rot über die Ampel, freihändig gegen die Einbahnstraße, mit Karacho durch die Fußgängerzone, das hält er für sein Menschenrecht auf Freizügigkeit... Das Hauptproblem – die permanente Belästigung der Fußgänger durch immer unverschämter auftretende Radrabauken – taucht in keiner Statistik auf.«[22] Dieser Artikel Röhls stieß auf viel Resonanz, und auch mir sprach er aus der Seele.

Ebenso unerfreulich ist der Bereich Verkäufer–Kunde. Mißmutige, unfreundliche und überlastete Angestellte in Lebensmittel-, Bekleidungs- und Möbelgeschäften sind die Regel. Bemühte, freundliche, geduldige Verkäufer sind die Ausnahme geworden. Und nicht nur unfreundliche Verkäufer, sondern auch mieser Service und schlechte Beratung machen dem Verbraucher das Leben schwer. Ganz zu schweigen von der Zunft der Handwerker. Obwohl diese Berufsgruppe vom Verbraucher lebt, stehen Handwerker heute ganz allgemein in dem Ruf, unzuverlässig, unwirsch und viel zu teuer zu sein. Die Autorin Marlies Prigge charakterisiert treffend: »Teuer bezahlten Schrott akzeptieren, sich unfreundlich behandeln zu lassen, vertröstet, belogen und betrogen zu werden – und dabei immer schön dankbar zu sein: Man muß den Hang zum Masochisten haben, um als Kunde in Deutschland glücklich zu werden. Im Lande der Dichter, Denker und Autobauer ist die Qualität der Dienstleistungen nach allen einschlägigen Statistiken unteres Niveau. Der Kunde gilt meist als Störenfried, er soll das Maul halten und zahlen.«[23]

Und so sagt Professor Carl-Heinz Moritz von der Stiftung Warentest: »Was die Leute vor allem nervt, ist die alltägliche Unfreundlichkeit und der seelenlose Bürokratismus. Wo der Service auffallend gut ist, kommt die Idee meistens aus Amerika.«[24] Beispiele sind McDonald's, United parcel Service oder Kurierdienste.

Von der Arbeit an sich selbst

Gefühle lügen nicht

Jeder kennt das: Plötzlich spüren wir blitzlichtartig und mit absoluter Sicherheit, daß wir in unserem Leben etwas falsch machen. Daß wir den falschen Arbeitgeber haben, den falschen Partner oder daß wir in der falschen Umgebung leben. Kurz: daß wir in unserem Leben etwas ändern sollten. Oder auch umgekehrt: Man stellt plötzlich zufrieden fest, ja es ist richtig, Rechtsanwältin geworden zu sein. Zwei Kinder sind genau passend. Jetzt ist der richtige Zeitpunkt, sich wieder fest zu binden . . . Was meldet sich da in uns?

»Jeder Mensch«, sagt die Hamburger Diplompsychologin Eva Wlodarek, »hat in sich ein tiefes Wissen gespeichert, wie er eigentlich leben möchte, was sein individueller Weg ist, sein Lebensentwurf, und was er in seinem Leben vermißt. Eine innere Instanz, die uns leitet. Als würden wir einen Kompaß in uns tragen, der uns anzeigt, in welche Richtung unser Leben verlaufen sollte. Man kann auch sagen, die Seele weiß, wo es langgeht.«[1]

Die innere Instanz ist ein Wissen, von dem man spürt, daß man es hat, aber nicht weiß, woher es kommt. Sie meldet sich über die »innere Stimme«. Manche Menschen nehmen sie als Eingebung wahr, aber auch als Erleuchtung, als überströmendes Glücksgefühl oder bestürzende Einsicht. Manche spüren ein mulmiges Gefühl, ohne daß es einen konkreten Anlaß gibt. Die innere Stimme kann sich in einer körperlichen Befindlichkeit wie z. B. Unwohlsein äußern, das schnell wieder verfliegt, oder auch in einem plötzlichen Druckgefühl auf der Brust oder dem Magen. Manchmal nimmt man sie auch als Stimme wahr, so daß man sich umdrehen möchte und fragen: Wer hat das eben gesagt?

Die innere Stimme ist nicht laut. Aber in dem Moment, wo man mit ihr in Kontakt ist, gibt es keinen Zweifel, ob es stimmt, was sie sagt. Man weiß ganz sicher, daß es stimmt. Sie ist auch treffsicher beim ersten Eindruck, den man von einem Menschen hat. Der erste Eindruck trifft häufiger ins Schwarze, als man bisher angenommen hatte. Anders ausgedrückt, unsere Intuition, unser Bauch liegen meist richtig, wenn es um die schnelle Beurteilung eines Menschen geht. In Sekunden können unsere Sinne eine Vielzahl von Merkmalen erfassen. Ob beim Vorstellungsgespräch oder bei der Partnersuche, der erste flüchtige Blickkontakt hinterläßt bereits ein ziemlich realistisches Bild vom anderen. Zu diesem Ergebnis kam eine Studie der Universität Halle[2] und widerlegte damit die von vielen vertretene Meinung, daß man sich erst einmal gründlich kennenlernen muß, ehe man sich ein Urteil über andere erlauben kann.

Wir registrieren sofort, ob jemand Blickkontakt halten kann oder verklemmt die Augen abwendet, ob er eine offene Ausstrahlung hat oder verschlossen wirkt. Ob die Stimme gepreßt oder frei klingt. Ob jemand eine lockere Körperhaltung hat oder verkrampft den Kopf in den Nacken zieht und sich anspannt. Wir können auch sofort erspüren, ob das, was einer versucht darzustellen, echt oder falsch ist. Ob eine Person stimmig und authentisch ist oder ob sie uns etwas vormacht.

Jeder kennt Menschen, die nach außen signalisieren, es geht mir gut, ich habe alles im Griff, und doch ist nicht zu übersehen, wie sehr sie sich bemühen. Offenbar sind wir im Entschlüsseln nonverbaler Botschaften ausgesprochen talentiert. Nur nutzen wir unser Talent oft nicht oder glauben ihm nicht, weil uns Sätze im Kopf herumspuken, die das Gegenteil behaupten: »Urteile nicht voreilig.« »Lern ihn erst mal richtig kennen.« »Warte ab, wie sie sich in anderen Situationen verhält.«

Unsere innere Instanz ist also ein hilfreiches und wichtiges Pendant zum Verstand, zur Vernunft. Ein Regulator. Und ein Wegweiser für das, was der Philosoph und Psychologe Karlfried Graf Dürckheim formuliert hat: »Der Mensch will als bestimmter Jemand in einer bestimmten Gestalt seiner selbst und seiner Welt seinem Wesen gemäß leben und sich verwirklichen.«[3] Eva Wlodarek erklärt: »Nur wenn der Mensch seinem Naturell gemäß leben kann, geht es ihm wirklich gut. Dann ist er glücklich.«[4]

Wer seine »Bestimmung«, seine natürlichen Talente vergewaltigt, in andere Bahnen lenkt, wird sich nie richtig wohl fühlen in seiner Haut. Übrigens selbst dann nicht, wenn er erfolgreich ist. Wlodarek: »Auch wenn die Person äußerlich alles erreicht, wenn sie Karriere macht, viel Geld verdient, Ansehen genießt. Gegen die eigene Natur zu arbeiten, macht innerlich leer und unerfüllt.« Und: »Wer lernt, sich nach seinem inneren Kompaß zu richten, wird sich stimmig fühlen und persönlichen Erfolg haben. Er wird zur Persönlichkeit reifen.«[5]

Und so können Sie lernen, Ihre innere Instanz oder Stimme wahrzunehmen. Eva Wlodarek beschreibt acht wichtige Momente:

1. Arbeiten Sie an Ihrem Selbstbewußtsein.

Ein geringes Selbstwertgefühl ist *der* Störfaktor schlechthin. Menschen mit hohem Selbstwert nehmen ihre innere Stimme eher wahr, weil sie sich selbst wichtig nehmen und auf sich hören. Sie haben meist auch die Kraft, das Empfundene umzusetzen.

2. Achten Sie auf Ihre Träume.

Sie sind ein Weg, auf dem Ihre innere Stimme zu Ihnen spricht. Es gibt Träume, die Unbewußtes und Verdrängtes und damit etwas sehr wichtiges ausdrücken. Träume spiegeln aber auch Konkretes wider. Wer von einer bisher freundlichen Person im Traum geschlagen wird, sollte dies als Signal verstehen: Achte auch auf diesen Teil der Person.

3. Nehmen Sie Ihre Gefühle ernst.

Hören Sie, was Ihre Gefühle wirklich sagen. Eine typische Situation ist die Depression nach der Geburt. Ein Baby ist gekommen, und die Mutter ist unglücklich, obwohl es gesund und niedlich ist. Eigentlich müßte sie sich freuen und glücklich sein. Falsch. Gestehen Sie sich ein, daß Sie jetzt unglücklich sind. Wer seiner individuellen Gefühlslage folgt, statt sich an Gefühlsnormen anzupassen, ist im Kontakt mit seiner inneren Instanz.

4. Prüfen Sie selbstkritisch, ob Sie zu unangemessenen Ängsten neigen.

Viele Menschen halten aus übertriebenem Sicherheitsbedürfnis an einem Beruf oder einem Partner fest, der nicht zu ihnen paßt. Existanzangst blockiert den Kontakt zur inneren Instanz. Sie kann Menschen sehr stark hindern, auf ihre Gefühle und ihre innere Stimme zu hören.

5. Prüfen Sie, ob Sie sich hinter Ihrer Vernunft verstecken.

Es gibt ein bestimmtes Klima, in dem die innere Stimme gut gedeiht: wenn man sie für möglich hält. Wenn man ein bißchen an das Wunderbare glaubt. Wer sagt, ich muß erst mal nach den Fakten gucken, innere Stimme ist Unsinn, man kann alles rational erklären, der hört sie schlechter.

6. Erzählen Sie nicht gleich jedem, was Ihre innere Stimme gesagt hat.

Haben Sie beispielsweise erkannt, ich will Schauspielerin oder Malerin werden, dann bremsen in der Regel die anderen: »Eine brotlose Kunst, mach lieber etwas Richtiges.« Sie sollten Ihr noch zartes Wissen, solange Sie noch unsicher sind, was Sie wollen, nicht anderen zum Zerreden überlassen. Fast jeder neigt dazu, sich reinreden zu lassen. Die innere Stimme kann schnell totgeredet werden.

7. Seien Sie nicht zu pflichtbewußt.

Wenn Sie sich zu sehr unter Druck setzen, weil Sie meinen, zuerst müßten bestimmte Dinge unbedingt erfüllt werden, können Sie Ihre innere Stimme nicht hören.

8. Gönnen Sie sich Muße.

Bei Streß und Hektik wird sich die innere Stimme nicht melden. Deshalb meiden Sie ständige Ablenkungen. Konzentrieren Sie sich, meditieren Sie und lassen das schlußfolgernde Denken ruhen. Setzen Sie sich einfach mal hin und warten darauf, was auftaucht. Machen Sie Brainstorming mit sich selbst. Vielleicht ordnet sich für Sie auch etwas, wenn Sie es aufschreiben.[6]

Bettina

Früher hatte ich Probleme, meine Gefühle, meine innere Stimme wahrzunehmen. Vor allem, wenn ich Konflikte hatte mit meinem Partner, meinen Freundinnen, mit Menschen, die mir nahestanden. Es passierte mir auch, daß ich bei etwas, das gesagt wurde, kein Problem erkannte. Ich bemerkte nur, daß es mir irgendwie ganz schlechtging. Bis hin zu Depressionen, Kopfschmerzen, Schlafstörungen. Daran merkte ich, daß etwas nicht stimmte. Mein inneres Frühwarnsystem funktionierte einfach nicht. Im nachhinein stellte ich dann fest, daß jemand meine Grenzen überschritten und ich nicht stopp gesagt hatte.

Früher habe ich nie das auslösende Moment für meine Verstimmungen bemerkt, ich dachte immer, die Stimmungen kämen so aus mir heraus. Ich konnte die Ursachen nicht wahrnehmen. Und das war mein Problem. Heute spüre ich schneller, wenn etwas nicht stimmt. Wenn ich mit bestimmten Personen zusammen bin, fühle ich mich manchmal eingesperrt wie im Gefängnis oder wie ein Tiger im Käfig. Allerdings kann ich es weder als klare Aggression noch als Traurigkeit erkennen und einordnen. Meine Wahrnehmung ist immer noch nicht spontan richtig. Ich bemerke lediglich, daß es mir ganz schlechtgeht.

Jahrelang habe ich mich in solchen Situationen gehaßt und selbst bestraft. Ich empfand mich immer als eine leicht depressive, sehr schwierige Person. Alle sind in Ordnung, nur ich nicht. Ich funktioniere nicht normal, ich lächele mal wieder nicht. Ich sitze da, bin innerlich völlig verbiestert und brüte vor mich hin, mir fehlt jede Leichtigkeit. Ich habe von mir gefordert, mich immer ausgeglichen und glücklich zu fühlen, und war es nie. Ich wollte das nach außen ausstrahlen, und plötzlich kamen Wolken, Schatten, ich war nicht so, wie ich sein wollte.

Heute weiß ich, die Depressionen, die ich hatte, waren nicht dazu da, um mich zu quälen. Ich bin getreten worden, ob gewollt oder nicht, und es hat weh getan. Ich habe mich nicht gewehrt, sondern geschluckt. Und das ist diese Dunkelheit. Es ist der Schmerz des Trittes. Das konnte ich jahrelang nicht sehen und habe mich mit den Erwartungen an mich, wie ich eigentlich zu sein hätte, aber nicht zu sein schaffte, gequält. Ich dachte, die Dunkelheit ist mein Wesen, mein Charakter, und der ist schlecht. Das hatte meine Mutter mir immer schon gesagt: »Lächle doch mal wieder. Mach nicht so ein finsteres Gesicht.« Meine Mutter konnte meine dunklen Seiten überhaupt nicht annehmen. Sie hat immer gesagt, ich würde wieder zu »überempfindlich« reagieren, ich sollte mich doch mal anpassen, mal fröhlich sein und mal lachen. Das waren ihre Sprüche, und das war ganz schwierig für mich. Mir wurde so vermittelt, daß ich verkehrt bin. Ich habe sogar lange Jahre geglaubt, ich wäre verrückt. Erst als ich gelernt habe, in mich hineinzusehen, mich selber ernst zu nehmen, habe ich gemerkt, daß ich nicht verrückt bin.

Ich habe es gerade wieder mit meinem Partner erlebt. Ich habe ja auch in Beziehungen immer ein schlechtes Gewissen, weil ich mich als sehr anstrengend empfinde. In meinem geschiedenen Mann hatte ich mir einen Partner gesucht, der dieses Bild von mir fleißig bestätigt hat. Mein neuer Freund macht das nicht, aber auch bei ihm muß ich aufpassen. Gestern haben wir zusammen auf einer Messe Tee verkauft. Mein Liebster flirtet gerne. Und bis zu einem gewissen Grad ist das auch in Ordnung. Er ist ein hübscher Mann und hat immer gerne geflirtet. Gestern hat er es nicht getan, und das hat mich gefreut. Irgendwie finde ich es auch selbstverständlich, daß er nicht flirtet, wenn ich daneben stehe. Wir kamen nach Hause, und da sagte er zu mir, er würde ja nun leider nicht mehr flirten können, weil er mit mir zusammen ist. Und es würde ihm fehlen. Er hat mir sozusagen den Schwarzen Peter zugeschoben.

Das hat mich sehr verletzt. Ich wußte zunächst nicht, wie ich damit umgehen soll, und habe mich die ganze Nacht gequält. Bin ich zu empfindlich? Sollte ich mich nicht so anstellen? Ich konnte nicht schlafen, und als wir aufstanden, habe ich ihn darauf angesprochen. Da hat er mich wütend angefahren. Ich bin zur Arbeit gegangen. Habe mir wieder tausend Schuldgefühle gemacht, daß ich nicht lieb und nett sein kann, daß ich alles so eng sehe und leicht beleidigt bin. Daß ich sein Verhalten nicht einfach ertrage und eine nette Frau bin, anschmiegsam und gut. Diese Litanei habe ich heruntergebetet und hatte dabei rasende Kopfschmerzen. Ich habe mich auf meinen Job konzentriert, was mich sehr anstrengte und mitnahm. Abends habe ich das Thema noch mal zur Sprache gebracht. Ich habe ihm gesagt, daß es für mich schrecklich ist, wenn er es als Opfer sieht, auf Flirts zu verzichten – und mir das obendrein dann noch vorhält.

Ich mußte weinen, meine Trauer konnte heraus, und das war heilend und befreiend für mich. Mein geschiedener Mann hatte mich 15 Jahre lang so behandelt, als wäre es ein großes Opfer, mit mir schwieriger Person zusammenzusein. Und ich habe deutlich gespürt, ich will das nicht mehr. Mein Gefühl sagte mir, kein Mann soll ein Opfer bringen, indem er mit mir zusammen ist. Ich will diese Schuldgefühle nicht mehr haben. Wer mit mir zusammen ist, soll das konsequent und aus Überzeugung sein.

Ich merke häufig, es tut mir etwas weh, und ich weiß noch nicht sofort, was es ist. Ich brauche dann meine Zeit. Heute weiß ich aber, dieses Verletztsein ist eine ganz gesunde Reaktion. Sie führt dazu, daß ich dahinter sehen kann, was passiert ist. Auch wenn es etwas dauert.

Ich habe es lange als krankhaft angesehen, wenn ich mich schlechtfühlte. Dabei ist es doch normal zu sagen, das tat weh, laß es sein. Ich bin froh, daß ich heute weiß, meine Emotionen sind nie grundlos da. Sie tauchen nicht aus dem Nichts auf. Sie haben immer eine Ursache. Diese Ursache ist etwas Reales, und darauf habe ich eine richtige, wahrhaftige Reaktion. Deshalb kann ich heute meine Gefühle als Wegweiser sehen. Wo ich Grenzen setzen muß und wo ich etwas okay finde.

Empfindlich zu sein, sehe ich heute eher als etwas Gutes an. Wir werden trainiert, unempfindlich zu sein. Das macht aber krank. Frauen leiden ja sehr viel, und damit sie ihr Leiden ertragen können, nehmen sie Tabletten. Medikamente sollen die Empfindungen, die sie haben, abtöten und abschwächen. Gefühle hochkommen zu lassen und mit ihnen umzugehen bedeutet ja auch, daß du vielleicht dein Leben ändern mußt. Wenn du mit einem Mann zusammen bist, der dich unempfindlich haben will, damit er machen kann, was er will, mußt du ihn vielleicht verlassen, wenn er sich nicht ändert. Sonst mußt du in dieser Beziehung immer deine Gefühle unterdrücken, damit du mit ihm klarkommst. Und das geht auf Kosten deiner Gesundheit und deines Wohlbefindens. Ein hoher Preis, den ich selbst ja auch jahrelang bezahlt habe.

Die Konsequenzen, die sich ergeben, wenn man seine Gefühle und Bedürfnisse lebt und anerkennt, sind natürlich nicht immer einfach. Ich habe aber auch festgestellt, wenn ich meinen Schmerz authentisch ausspreche ohne Umschweife und Umwege, ohne Vorwürfe und Anklagen, ist oft eine Verständigung möglich. Es ist meine Verantwortung herauszubekommen, was mit mir los ist, was mir fehlt, was ich brauche, was ich will und was mir weh tut, und es dann auszusprechen, für mich zu sorgen und dazu zu stehen.

Sich selber wirklich ernst zu nehmen und mit allen Seiten anzunehmen, darum geht es. Früher habe ich mich zerstört, habe aus Unzufriedenheit übermäßig gegessen, mich betäubt. Wie andere mit Alkohol oder Tabletten. Heute merke ich, ich bin verletzt, und dann versuche ich, wirklich gut zu mir zu sein und mich nicht noch zusätzlich zu strafen, indem ich mich niedermache. Nicht mehr wie meine Mutter, die mich immer gerügt hat: »Schon wieder dieser Flunsch und diese krause Stirn. Eigentlich bist du doch niedlich, warum benimmst du dich immer so?« Ich nehme mich heute ernst, und es ist in Ordnung, wenn ich ein Gesicht ziehe.

Barbara

Meine Eltern haben mich meine Gefühle ausleben lassen. Gefühlsausbrüche wurden nicht bewertet oder unterbunden. So habe ich nicht die heute übliche Einteilung in positive oder negative Gefühle verinnerlicht. Selbst in der Pubertät, als ich in Konkurrenz zu meiner Mutter geriet, durfte ich all meine Empfindungen zeigen.

Dadurch reagiere ich heute sehr emotional. Zu emotional, wie mir manchmal gesagt wird. Manchmal ist sogar mir das zuviel, dann denke ich, Gott, jetzt bist du schon wieder so empfindlich oder traurig. Mir kommen sehr schnell die Tränen. Wenn ich mich aufrege oder wütend bin, fange ich gleich an zu weinen. Dann wünsche ich mir manchmal, unbeteiligter und lässiger zu sein.

Meine Gefühle dürfen immer kommen, aber ich bewerte sie auch. Vor allem die Tränen. Wenn die kommen, wünsche ich mir manchmal, etwas abgebrühter zu sein. Bei Wut finde ich mich okay. Da meine ich, wenn andere damit Probleme haben, müssen die damit klarkommen.

Probleme habe ich bei Menschen, die mir besonders nahestehen. Ich habe ein großes Harmoniebedürfnis, und Menschen, die mir nahestehen, kann ich schlecht die Meinung sagen. Da registriere ich zwar mein Gefühl, bin aber oft nicht ehrlich, aus Angst, den anderen zu verletzen. Bei meinen Schwiegereltern merke ich das immer besonders deutlich. Als ich meinen Mann heiratete, hieß es plötzlich, ich bin »Mutter«, ich bin »Vater«. Es ging mir gegen den Strich, zu diesen Menschen Mutter und Vater zu sagen. Trotzdem dachte ich, das gehört sich so, das ist Familiensinn und gehört zur Harmonie. Ich habe sie gegen meine Überzeugung so genannt. Ich habe noch heute Schwierigkeiten, sie so anzusprechen. Ich würde beide lieber bei ihren Vornamen anreden.

Das haben sie sogar irgendwann gemerkt und mir angeboten, es anders zu machen. Sie sagten, du windest dich immer so. Nenn uns doch bei unseren Vornamen. Und ich konnte es nicht annehmen. Heute ärgere ich mich darüber. Ich fühle mich bis heute nicht gut damit. Andererseits lege ich sehr viel Wert auf Tradition. Und eben diese Harmonie. Auch bei meinem sehr netten Chef hatte ich immer Probleme. Vor allem, wenn es um Gehaltserhöhungen ging. Da konnte ich nur mit Überwindung hingehen und sagen, ich habe jetzt viel Erfahrung und Routine, ich habe viel gelernt, ich habe eine Gehaltserhöhung verdient. Ich habe lange damit gerungen und wollte es immer nicht, weil es mir so schwerfiel. Ich mochte meinen Chef gerne und habe immer gedacht, der ist so nett, das kann ich nicht von ihm fordern.

Meine Eltern sind sehr gut mit mir umgegangen. Die haben immer zu mir gehalten und mich in meiner Meinung unterstützt. Mein Mann hat beispielsweise in unserer Anfangszeit an meiner Kleidung, an meinem Stil herumgenörgelt. Da sagten meine Eltern: »Er hat dich genommen, dann muß er auch deinen Kleidungsstil akzeptieren. Er liebt dich, weil du so bist, wie du bist, und nicht wegen deiner Kleidung.« Sie haben mich in meiner Persönlichkeit gestützt.

Dadurch bin ich in meiner Beziehung sehr eigenständig.

Meine Oma sagt immer: »Die steht nicht unterm Pantoffel, die weiß genau, was sie will.« Und so ist das auch. Die Aufgaben sind frei und bewußt ausgehandelt. Ich kümmere mich beispielsweise ungerne um Gelddinge. Ich habe meinen Mann gebeten, das zu übernehmen. Aber das ist meine freie Entscheidung. Wenn ich eines Tages sagen würde, die Finanzen möchte ich jetzt in die Hand nehmen, weil es mir notwendig erscheint, würden wir das ändern.

Wir hatten zu Hause einen sehr offenen Umgang miteinander. Alles wurde ausdiskutiert, es wurde nichts unter den Teppich gekehrt. Ich habe zu meiner Mutter auch schon mal gesagt: »Na, Alte.« Da kam es auf den Ton an und die Situation. Wenn es passend war und keine Herabwürdigung oder Respektlosigkeit, wurde so etwas durchaus zugelassen. Wir hatten auch harte Auseinandersetzungen. Deshalb nehme ich in meiner Beziehung heute kein Blatt vor den Mund. Bei uns wird offen und ehrlich alles ausgesprochen und nichts geschluckt.

Ich konnte zu Hause auch immer meine Schwächen zeigen und ausleben. In meiner Beziehung ist es jetzt genauso. Wir stehen eine Menge miteinander durch. Ich fühle mich mit Trauer und Wut bei meinem Mann gut aufgehoben. Schwierigkeiten hat er, wenn ich nörgelig werde. Im ersten Babyjahr wurde ich von einer riesigen Unzufriedenheit gepackt. Ich litt unter dem Gefühl, ans Haus gefesselt zu sein und das Leben laufe an mir vorbei. Und da habe ich meinen Mann abends immer sehr frustriert und schlecht gelaunt empfangen. Das hat ihn natürlich genervt. Als ich aber daran ging, meine Situation zu verändern, hatte ich wieder seine volle Unterstützung.

Meine Eltern haben meinen Bruder und mich als kleine Persönlichkeiten akzeptiert und hatten auch immer Verständnis für uns. Mein Vater hat beispielsweise Konflikte, die er mit uns hatte, immer nur mit uns ausgetragen. Ohne meine Mutter einzuschalten. Er sagte dann, komm, wir gehen spazieren, ich muß mal eben etwas mit dir besprechen. Oder, komm, wir ziehen uns mal ins Wohnzimmer zurück, wir müssen reden. Das jeweilige Thema hat er diskret zwischen uns beiden abgehandelt. Unter vier Augen. Das empfand ich als guten Umgang. Sehr korrekt und angemessen. Ich fühlte mich fair behandelt. Wenn meine Mutter mal fragte, na, was gibt's denn, konnte er sogar sagen, das ist eine Sache zwischen Barbara und mir.

Mein Bruder und mein Vater hatten einmal Krach, mein Bruder hatte irgend etwas ausgefressen. Am nächsten Morgen war der Streit immer noch nicht beigelegt. Meine Mutter sagte, warum gerade heute, dein Sohn schreibt eine Arbeit. Da hat mein Vater vormittags im Sekretariat angerufen und darauf bestanden, daß sein Sohn ans Telefon geholt wird. Als man wissen wollte, warum, denn das sei ja ein großer Aufwand, hat er gesagt, er wolle sich bei seinem Sohn entschuldigen. Er hat sich nicht abwimmeln lassen. Daraufhin haben sie meinen Bruder geholt und waren wohl auch sehr angenehm überrascht, daß ein Vater zu so etwas fähig ist. Mein Vater hat sich entschuldigt und noch mal mit meinem Bruder über diese Sache gesprochen. Er hat gesagt, Kopf hoch, alles wieder okay, und mein Bruder hat eine gute Arbeit geschrieben.

In schulischen Dingen konnten wir voll auf meinen Vater bauen, der hat sich eingesetzt. Und er wurde trotzdem gerne gesehen. Ich war immer froh, wenn er kam, ich wußte dann, es kommt alles ins Lot. Ich hatte mich einmal fürchterlich mit dem Hausmeister in die Haare gekriegt, weil ich mit den Jungen Fußball gespielt hatte. Das durften wir zu dem Zeitpunkt nicht. Der Hausmeister hat uns in Reih und Glied in die Turnhalle zitiert, wir mußten strammstehen und sollten die Hände aus den Hosentaschen nehmen. Da habe ich mich geweigert. Er hatte selbst die Hände in den Hosentaschen und nahm die nicht raus. Und als kleines Mädchen dachte ich, gleiches Recht für alle. Ich mußte zum Direktor, mein

Vater wurde in die Schule gerufen und sagte: »Ich finde, meine Tochter hat recht. Es geht nicht, daß Sie selbst die Hände in den Hosentaschen haben und von ihr verlangen, daß sie sie rausnimmt. Sie als Erwachsener sollten doch mit gutem Beispiel vorangehen.« So hat mein Vater uns immer den Rücken gestärkt, und das tut Kindern natürlich gut. Ich kann mit meinem Vater bis heute Dinge besprechen, die sonst niemand weiß. Wir haben ein ganz besonderes Verhältnis.

Meine Mutter stand genauso hinter uns. Sie hatte immer ein Eigenleben, obwohl sie lange nicht berufstätig war. Erst als wir zehn Jahre alt waren, fing sie halbtags an zu arbeiten. Aber sie war eine Leseratte. Die konnte Haushalt Haushalt sein lassen und sich mit einem Buch verkrümeln und war dann nicht mehr ansprechbar. Die kochte eher mal eine Stunde später, weil sie gerade ein Buch hatte, das so spannend war. Der Samstag gehörte immer ihr, darauf hat sie bestanden. Samstags gab es kalte Küche, mein Vater war alleine mit uns unterwegs, und meine Mutter hatte ihren freien Tag.

Was meine Eltern mir mitgegeben haben, ist, daß ich Menschen immer erst mal positiv sehe. Ich beobachte zunächst und bilde mir dann eine Meinung. Und ich fälle auch keine starren Urteile. Es sind immer Änderungen möglich. Ich finde beispielsweise, daß es keine häßlichen Menschen gibt. Ich habe auch Probleme, über Menschen zu lästern. Manchmal leide ich darunter, weil mich das ausschließt. Für andere bin ich sicher unbequem, weil ich Übergriffe sofort wahrnehme und mich wehre. Das hat Vor- und Nachteile. Ich schlucke sicherlich nicht viel. Allerdings muß man dann damit leben, daß man oft für »zickig« gehalten wird. Das ist ja das gängige Wort für Frauen mit einem eigenen Kopf.

Kultivierung des Gefühlslebens

Worum es bei emotionaler Intelligenz letztendlich geht, ist die Kultivierung des Umgangs mit unseren Gefühlen, das Erreichen der Fähigkeit zur Denkhygiene. Sich nicht zum Spielball seiner Emotionen machen lassen. Voraussetzung ist, daß man seine eigenen Gefühle kennt und erkennt. Daß man emotionale Signale wahrnimmt, annimmt und kontrolliert mit ihnen umgeht. Um Gefühle wahrzunehmen, muß man achtsam sein. Auch mal innehalten und in sich lauschen. »Achtsamkeit ist das Sichgewahrwerden und Sichbewußtmachen der eigenen Innenwelt mit dem Ziel, nicht von ihr überwältigt zu werden.«[7]

Denkhygiene betreiben kann ich nur, wenn ich meine Gefühle zulasse, wenn ich mich frage, was der Auslöser für meine Gefühle war, und wenn ich analysiere, welches Signal sie mir geben wollen. Damit das gelingt, sollten Gefühle nicht bewertet, sondern als das, was sie sind, gesehen werden: als Gefühle. Es bringt uns nicht weiter, sie in gut und schlecht einzuteilen. Interpretierte Emotionen vermitteln falsche Botschaften. Zensierte Gefühle führen uns aufs Glatteis.

Sinnvoll ist es auch, seinen Körper und die dazugehörige Körpersprache zu beobachten. Herzrasen, Zittern, Schweißausbrüche, Druck auf der Brust, Kloß im Hals, Verspannungen, Kopfschmerzen, Erröten, Nervosität, Hektik, Gefühle schlagen sich im Körper nieder. Wo spüren wir unser Unwohlsein? Um was kreisen unsere Gedanken pausenlos?

Und letztlich ist es immer hilfreich, sich zu überlegen, woher das Gefühl kommt. Wer oder was hat es ausgelöst? Oft ist uns das nämlich nicht sofort klar. Wir spüren nur ein diffuses Unwohlsein und sind über die Ursache vielleicht schon längst hinweggegangen. Es kann ein Erlebnis sein, Worte, die uns verletzt haben, eine Forderung, der wir zugestimmt haben, obwohl sie nicht richtig für uns ist. Vielleicht haben wir versäumt, Grenzen zu setzen, nein zu sagen.

Alle Gefühle, die wir kennen, gehören zu unserer emotionalen Grundausstattung. Sie fühlen sich unterschiedlich an, weil sie uns verschiedene Signale senden, aber sie sind alle neutral zu werten. Wir haben keinen Einfluß darauf, wann sich welches Gefühl bei uns meldet. Was allerdings in unserer Hand liegt, ist, welche Gedanken wir zu unseren Gefühlen zulassen, wie kultiviert wir mit ihnen umgehen. Ein innerlich freier Mensch, der sich nicht fremdbestimmen läßt, kann zwischen verschiedenen Reaktionsweisen und Handlungsmöglichkeiten wählen. Er kann entscheiden, wie er mit einer Person oder Situation, die bestimmte Emotionen in ihm erzeugt hat, umgehen will. Und wer Bereiche hat, in denen Gefühle ihn schnell überfluten, kann sich Möglichkeiten suchen, den Umgang mit ihnen zu lernen. Unsere besten und effektivsten Lehrer können unsere Eltern sein. Aber auch noch als Erwachsener kann man seine Gefühle verstehen und mit ihnen umgehen lernen. Es ist tröstlich, daß es dazu nicht zu spät ist, sofern man an sich arbeiten will.

Eine Möglichkeit, an sich und seinen Gedanken über Gefühle zu arbeiten, ist das mentale Training. Erfolgreiche Sportler, Manager, Künstler wissen es: Nicht meine gute Leistung allein bringt mich weiter, es ist auch meine geistige Haltung. Dazu paßt der uralte Satz: Glaube versetzt Berge. Wer an sich und sein Können glaubt, entwickelt nämlich viel mehr Kraft und ist viel höher motiviert als jemand, der das nicht tut. Ein optimistisch denkender Mensch setzt sein Potential optimal ein.

Ob wir großen Anforderungen gewachsen sind, hängt nicht nur davon ab, wie gut wir eine Sache beherrschen, wie gut wir vorbereitet sind, sondern auch, wie wir mental dazu eingestellt sind. Ob wir der Aufgabe skeptisch oder gar pessimistisch gegenüberstehen oder uns nicht aus der Ruhe bringen lassen und unserer Prüfung optimistisch entgegensehen. Die mentale Einstellung entscheidet bei Sportlern oft über die letzten 100stel Sekunden.

Optimismus hat nichts zu tun mit dem modern gewordenen naiven Positivismus oder dem Mythos vom positiven Denken. Optimismus ist natürlich in gewisser Weise positives Denken, aber mit realem Bezug ohne das Hoffen auf Wunder. In dem Sinne, daß wir uns nicht entmutigen lassen, auch nicht von Rückschlägen und Stagnationen. Der Optimist glaubt, daß sich trotz aller Widrigkeiten letztendlich doch alles zum Guten wendet. Goleman fügt hinzu: »Aus der Sicht der emotionalen Intelligenz ist Optimismus eine Haltung, die die Menschen davor bewahrt, angesichts großer Schwierigkeiten in Apathie, Hoffnungslosigkeit oder Depression zu verfallen. Und Optimismus zahlt sich im Leben aus, genau wie die eng mit ihm verwandte Hoffnung (es muß natürlich ein realistischer Optimismus sein – ein allzu naiver Optimismus kann verheerend sein).«[8]

Während Optimisten Rückschläge oder Ablehnung als Herausforderung begreifen, als etwas, das sich ändern läßt, wenn man es anders angeht, sieht sich der Pessimist eher als Opfer und glaubt, Ablehnung sei ein unabänderliches Schicksal oder habe vielleicht mit einem Makel zu tun, den er nicht ausmerzen kann. Diese unterschiedliche Sichtweise hat natürlich gravierende Auswirkungen aufs ganze Leben. Pessimismus lähmt, Optimismus motiviert. Der Pessimist fängt nach mehreren Mißerfolgen an, sich als Versager zu fühlen, sich zurückzuziehen und neue Herausforderungen zu meiden. Es könnte ja wieder eine Ablehnung kommen. Der Optimist versucht es immer wieder, macht weiter, auch wenn es streckenweise frustrierend ist, und hat aller Wahrscheinlichkeit und den energetischen Lebensgesetzen nach irgendwann Erfolg.

Menschen, die sich mental hängenlassen, stehen sich selbst im Wege. Sie nörgeln an sich herum, überschütten sich mit Selbstkritik und bremsen sich dadurch selbst aus. Das führt letztendlich häufig dazu, daß sie an sich und der Welt verzweifeln. Negativmalerei aus Prinzip sozusagen, damit wir gar nicht erst vom Leben enttäuscht werden – wir haben ja vorbeugend schon mal das Schlimmste in Erwägung gezogen, und ärger kann es gar nicht kommen –, zerrt uns im Leben zurück und hält uns unreif und unerwachsen – abgesehen davon, daß Situationen so, wie wir sie uns ausmalen, meist gar nicht eintreffen. Schwarzseherei entspringt vielleicht dem tiefen inneren Gefühl, das Leben sei voller unangenehmer Überraschungen, und wenn wir gar nicht erst auf positive Ereignisse hoffen, dann können wir auch nicht enttäuscht werden. Mit dieser Denkweise bringen wir uns aber darum, die schönen Seiten des Lebens zu sehen. Wer sich seinen üblen Stimmungen überläßt und nicht die Notbremse zieht, neigt auch zu falschen Urteilen. Ständige Besorgtheit führt dazu, neutrale Situationen negativ zu beurteilen. Sorgen machen innerlich unfrei und beeinflussen das Denken negativ. Ängstliche Menschen stellen sich, indem sie sich ständig sorgen, »mit übertriebenem Eifer auf vorweggenommene Gefährdungen ein. Diese innere Vorwegnahme wird jedoch zu einer verheerenden kognitiven Störung, wenn sie sich in einen fruchtlosen Trott verrennt, der die Aufmerksamkeit fesselt und alle Versuche, an etwas anderes zu denken, scheitern läßt.«[9]

Jeder kennt diese Menschen, deren Gedanken gefangen sind wie in einem Hamsterlaufrad und nur um einen bestimmten Gegenstand kreisen. Je mehr jemand der Überzeugung ist, »Das schaffe ich nie« oder »Meine Nerven sind viel zu schwach« oder »Ich eigne mich einfach nicht«, um so mehr vergiften die eigenen Gedanken die geistige Klarheit. Die Unbesorgten und Optimisten haben im Gegensatz zu den vorauseilend Befürchtenden einfach dadurch, daß sie ihre Gedanken nicht belasten, mehr Erfolg und weniger Probleme.

Wie ich meine Wut in andere Bahnen lenke

Wut in Bahnen lenken heißt auf keinen Fall, sie weiter zu unterdrücken. Es bedeutet, so mit ihr umzugehen, daß ich ausgeglichen bin. Daß ich sie weder schlucke noch daran platze. Jedes Gefühl hat seine Bedeutung. David Goleman hat sich ausführlich mit dieser Fragestellung befaßt: »Ein Leben ohne Leidenschaft wäre eine öde Wüste der Gleichgültigkeit, abgeschnitten vom Reichtum des Lebens selbst.«[10] Doch wenn wir unsere Gefühle zu sehr explodieren lassen, machen wir uns zu ihren Sklaven. Überwältigender Zorn kann uns genauso krank machen wie unterdrückte Gefühle. Es geht darum, unserer Wut angemessen Ausdruck zu verleihen. Goleman: »Leid kann die Seele mäßigen. Tiefen und Höhen verleihen dem Leben Würze, müssen aber ausgeglichen sein.«[11]

Genauso wenig geht es darum, »negative« Emotionen zu meiden. Das macht das Leben verkrampft und langweilig. Es geht darum, die negativen Emotionen so zu lenken, daß sie unser Wohlbefinden nicht dauerhaft beeinträchtigen. »Wer episodisch heftigen Zorn oder tiefe Depressionen erlebt, kann sich dennoch wohl fühlen, wenn er zum Ausgleich ebenso fröhliche oder glückliche Zeiten erlebt.«[12]

Psychisch gesunde Menschen haben die Fähigkeit, sich selbst zu beruhigen. Aber wir können es auch lernen, wenn wir das Handwerkszeug dazu nicht mitbekommen haben. Wir können allerdings nicht beeinflussen, wann uns eine Emotion erfaßt und welcher Art sie ist. Leichtere Gefühlsschwankungen vergehen oft von selbst, ohne daß wir aktiv etwas dazu tun müßten. Da reicht ein wenig Geduld. Unbezähmbarer Zorn jedoch steigert sich und wird unerträglich für uns und andere, wenn wir uns nicht bremsen können. Zorn erzeugt neuen, heftigeren Zorn. Wenn wir erst einmal in Wallung geraten sind, reichen Kleinigkeiten, um uns noch mehr in Rage zu bringen. Das physikalische Erregungsniveau des

Körpers eskaliert. »Zorn nährt Zorn, das emotionale Gehirn erhitzt sich. Durch keine Vernunft mehr gefesselt, kann Zorn jetzt leicht in Gewalt ausarten. An diesem Punkt sind die Menschen unversöhnlich, sie lassen nicht mehr mit sich reden; ihre Gefühle kreisen um Rache und Vergeltung, ungeachtet der Folgen.«[13]

Wie regt man sich ab, ohne seine Wut zu unterdrücken? Goleman empfiehlt »Abkühlung«. Sofern das geht. Ein langer Spaziergang, körperliche Bewegung oder Entspannungsübungen sind gut gegen Zorn. Solche Ablenkungen holen den Körper von einer hohen Erregungsstufe auf eine niedrigere. »Eine Abkühlungsphase hilft jedoch nicht, wenn man währenddessen weiterhin den zornerregenden Gedanken nachhängt, denn jeder dieser Gedanken ist schon ein kleiner Auslöser für weitere Eskaden des Zorns.«[14] Deshalb empfiehlt Goleman als wirksame Methode, sich zu zerstreuen. Kino, Fernsehen oder Lesen lenken ab und bringen einen auf andere Gedanken, entschärfen den Wutauslöser und Wutentfacher.

Eine weitere Methode, die man lernen kann, ist aufmerksame Selbstbeobachtung, um zynische oder feindselige Gedanken, sobald sie auftauchen, zu erfassen und niederzuschreiben, um dann den Gedanken eine neue Bewertung zu geben. Das sind jedoch alles Methoden, die einen gewissen Zeitaufwand erfordern. Das kann man beim Streit mit dem Partner am Wochenende oder Feierabend machen. Am Arbeitsplatz kann ich schlecht sagen, ich sehe fern oder mache einen schönen Spaziergang.

Harriet Goldhor Lerner bietet einen anderen Weg. Sie sagt: »Zum Klärungsprozeß im Umgang mit unseren Aggressionen gehört auch, daß wir lernen loszulassen; wir müssen die Vorwürfe jenem anderen Menschen gegenüber aufgeben, von dem wir meinen, daß er unsere Probleme verursacht und uns an unserem Glück hindert. Wir müssen von der Vorstellung lassen, es sei unsere Aufgabe, andere zu verändern oder ihr Fühlen, Denken und Handeln zu beeinflussen.«[15] Dabei geht es natürlich nicht um Selbstaufgabe, nicht darum, daß wir jedes Verhalten akzeptieren oder passiv ertragen. Es kommt darauf an, *wie* wir Grenzen setzen, *wie* wir vertreten, was wir für akzeptabel halten und welchen Dingen wir nicht zustimmen können.

Wir neigen dazu, allzu schnell zu kritisieren, Vorwürfe zu machen oder zu belehren. Damit erreichen wir unser Ziel nicht. Das ist destruktiv. Besser wäre es, in Situationen, die uns wütend machen, über eigene Schwierigkeiten zu sprechen. Anstatt zu schimpfen, über uns selbst und die Gefühle zu reden, die der andere durch sein Verhalten in uns ausgelöst hat. Das geht auch beim Chef. Goldhor Lerner: »Wenn wir unsere Aggressionen so artikulieren, daß wir damit etwas über uns selbst aussagen, nehmen wir eine Position der Stärke ein; es geht um uns, um unsere Gefühle und Gedanken – und dagegen kann niemand etwas sagen. Auch wenn das jemand versuchen sollte – wir brauchen uns nicht mit logischen Argumenten zu verteidigen. Wir können ganz einfach sagen: Dir mag das verrückt oder falsch vorkommen, aber für mich ist es halt so.«[16]

Wichtig dabei ist: Wir können vielleicht nicht die Meinung oder Haltung des anderen verändern. Darum geht es auch nicht. Es geht darum, daß wir unsere Gefühle ausgesprochen und herausgegeben haben, anstatt sie zu schlucken. Es ist eine wunderbare Entdeckung und Erfahrung, daß man sich z. B. nicht der Anstrengung eines Wutanfalls unterwerfen muß, sondern einfach seine Empfindungen artikulieren und zu ihnen stehen kann. Es ist ein weitverbreiteter Irrglaube, Wut sei nur wirksam, wenn sie dem anderen an den Kopf geschleudert wird. Und dieser Irrglaube hindert viele, ihre Wut herauszulassen. Weil das Spektakel so groß und anstrengend erscheint. Viel leichter ist es, einfach zu sagen, ich bin da ganz anderer Meinung. Und eine Erlösung ist es, festzustellen, daß ich damit mein Ziel viel leichter erreiche.

Bei der Entwicklung von Individualität und Unabhängigkeit geht es darum, eine Form von Klarheit und Offenheit zu entwickeln, die konstruktiv ist und sich nur erreichen läßt, wenn wir nicht vor Wut im eigenen Saft schmoren. Vielleicht ist es eine Lebensaufgabe, eine reife, erwachsene Persönlichkeit zu werden. Doch Aggression läßt sich nun einmal nicht durch Gegenaggression aus der Welt schaffen. Wenn wir eine große und andauernde Eskalation unterbrechen und uns manchen Umgang erleichtern wollen, sind Ich-Botschaften einfach ein guter Trick, um Wind aus den Segeln zu nehmen. Einfache Sätze wie »Das sehe ich anders«, »Das finde ich nicht gut«, »Da komme ich zu ganz anderen Ergebnissen«, können einem Gespräch die Schärfe nehmen und von Vorwürfen, Klagen, Meckern wegführen. Damit grenzt man sich ab und muß trotzdem nicht wütend um sich schlagen.

Selbstbehauptung ohne Aggression

Von Natur aus gibt es extrem erregbare Menschen und auch sehr gelassene. Es hängt zum Großteil von unserem biochemischen Haushalt ab, wie schnell uns unfreundliche, langsame Postbeamte, der Raser und Drängler auf der Autobahn oder der unzuverlässige, teure Handwerker ärgern. Manche gehen sofort auf die Palme, andere bewahren die Ruhe. Beiden Extremen gehören schätzungsweise je 20 Prozent an, die restlichen 60 Prozent bewegen sich in der Mitte zwischen den beiden Polen.

Ganz gleich, wie wir von unserer Biochemie her veranlagt sind, ist es wichtig, sich durchsetzen zu können, ohne übermäßig aggressiv zu werden. »Ärgerbereite Menschen sind durch ein gefühlsintensives, dynamisches, leicht frustriertes Verhalten gekennzeichnet. Wir erleben sie als ruhelos, zielorientiert, extrem leistungsmotiviert, ungeduldig und spontan in ihren Entschlüssen. Hinzu kommt oft eine misanthropische Einstellung zu anderen Menschen: Wer schon damit rechnet, daß die anderen sich egoistisch, langsam oder bösartig verhalten, wird schnell bei allem und jedem ein Haar in der Suppe finden.«[17]

Daß die individuelle Ärgerbereitschaft nicht nur von unserem biochemischen Haushalt, sondern auch von unserer geistigen Einstellung zu Menschen und Dingen abhängt, ist der Schlüssel zur Veränderung. Unsere kognitive Einschätzung von Verhaltensweisen können wir beeinflussen, mit Vorurteilen können wir aufräumen. In vielen Situationen sind spontane Aggressionen einfach fehl am Platz. Sie bringen uns unserem Ziel nicht näher, sondern entfernen uns davon. Das andere Extrem wäre, Aggressionen zu schlucken, sie sich zu verkneifen. Doch dann arbeiten sie in uns.

Wichtig ist zum einen, an seinen inneren Einstellungen, Vorurteilen und vorgefaßten Meinungen zu arbeiten. Vorgefaßte Meinungen und Vorurteile verstellen uns den Weg, offen und neugierig auf andere Menschen zuzugehen, uns in unbekannte Situationen zu begeben.

Das zweite wichtige Instrument ist die Selbstbeobachtung. In dem Moment, wo negative giftige Gedanken beginnen, in uns aufzusteigen, innezuhalten, diese Tatsache zu registrieren und bewußt wahrzunehmen. Und dann diesen Gedanken die Kraft zu nehmen, indem wir sie neu bewerten. Das können wir durch einfache Fragen tun. Ich registriere, ich werde aggressiv. Ich frage mich, was ist der Auslöser? Dann frage ich mich, welche Konsequenzen befürchte ich? Denn diese befürchteten Konsequenzen sind ja das, was mich so giftig macht. So bekomme ich einen Überblick über meine Gedankengänge, es ist kein unübersichtlicher Gedankensalat mehr, der mich überfällt und in dem ich hilflos und voller Aggression kreise.

Selbstbeobachtung und Achtsamkeit sind die Voraussetzungen dafür, daß ich den Ärger-Automatismus durchbreche und die auslösende Situation, die befürchteten Konsequenzen neu bewerten kann. Ich gehe von einer passiven in eine aktive Rolle, übernehme sozusagen die Führung durch meine Gedanken. Indem ich der Situation dann eine positive Deutung gebe, mir eventuell für die Konsequenzen ein geeignetes Verhalten überlege, entschärfe ich die aggressiven Emotionen. »Wenn wir uns ärgern, erliegen wir oft vorschnellen Eindrücken und Befürchtungen, die bei näherer Betrachtung übertrieben oder ungerecht sind. Doch Verständnis kann Zorn entschärfen.«[18]

Natürlich geht es nicht darum, Ärger zu bagatellisieren, aber es soll ihm die Selbständigkeit genommen und er in umgängliche Bahnen gelenkt werden. Das darf aber nicht davon wegführen, daß wir unsere Interessen vertreten und verteidigen, daß wir Grenzen setzen, wenn jemand sie ohne unsere Zustimmung überschreitet. Aber wir sollten uns bemühen, dieses mit nicht erregtem Gemüt zu tun. Deshalb gilt:

– sich beruhigen, bevor man jemanden zur Rede stellt,
– sich auf das Gespräch vorbereiten, indem man Argumente sammelt,
– sich um einen sachlichen Ton bemühen und vor allem bei der Sache bleiben. Pauschalurteile vermeiden.

Susanne

Ich habe jahrelang Wut heruntergeschluckt. Ich hatte die Vorstellung, Wut bringt man angemessen zum Ausdruck, indem man laut wird, tobt und schreit. Davor hatte ich Angst.

Hinzu kam, wütend sein, sich wehren, war in unserer Familie gleichgesetzt mit sich schlecht benehmen. »Mußt du dich schon wieder danebenbenehmen?« war ein geflügeltes Wort, wenn man sich seiner Haut wehren wollte. Oder aber es hieß: »Du bist schon wieder hysterisch.« Das kam, wenn man sich über eine Kränkung oder Verletzung aufregte und dabei mal lauter wurde. So habe ich nie gelernt, mich auseinanderzusetzen, angemessen Grenzen zu setzen. Und schon gar nicht, mich zu wehren, wenn mir jemand zu nahe trat. Wut war gleichgesetzt mit Entgleisung. Und so hatte ich mir früh angewöhnt, mich immer selbst zu hinterfragen: »Sehe ich das jetzt zu eng?« »Übertreibe ich und reagiere hysterisch?« »Was sollen die anderen von mir denken, wenn ich jetzt wütend reagiere?« Dazu gehörte die Angst, nicht geliebt zu werden, sobald ich sage, was mich stört. Und so bin ich eine stille Dulderin geworden, die immer viel geschluckt hat und sich selten gewehrt hat.

Im Bekanntenkreis galt ich als extrem umgänglich. Ich habe es anderen immer leicht gemacht. Mit mir mußte man sich nicht groß auseinandersetzen, ich war weder »zickig« noch »schwierig« noch bockig. Halt ein einfacher, angenehmer Umgang. Ich hatte auch den Ruf, mein Leben im Griff zu haben. Klar, ich scheute Probleme und Auseinandersetzungen. Dadurch lief bei mir immer alles glatt. Aber ich habe einen hohen Preis dafür bezahlt. Man mochte mich zwar, aber respektiert wurde ich nicht.

Das habe ich vor allem im Berufsleben gemerkt. Eine Situation grenzte an Mobbing. Ich wurde in eine neue Redaktion bei einer Tageszeitung versetzt. Vordergründig war man freundlich zu mir. Aber ich merkte bald, daß hinter meinem Rücken über mich geklatscht wurde. Mein Chef hatte eine Crew ihm sehr ergebener freier Mitarbeiter. Mich akzeptierten die gar nicht. Wenn die mit mir zusammenarbeiten mußten, wurde ich boykottiert. Ich saß sonntags morgens um zehn Uhr in der Redaktion und wartete vergeblich auf die Texte und Fotos vom Wochenende, bis die freien Mitarbeiter dann mittags endlich kamen. Damit sollte demonstriert werden, du fängst sonntags viel zu früh an. Unser Chef kommt am Wochenende auch erst mittags, und daran hast du dich zu halten. Daß ich sonntags lieber früh anfing, um auch früh fertig zu sein, fand man unmöglich. Auf der anderen Seite stand aber der Anspruch, die Wochenendtermine zu bekommen. Als ich nämlich an einem Wochenende andere freie Mitarbeiter einsetzte, die sich nach meinen Ansprüchen richteten, entstand ein Sturm der Empörung, und der Chef stärkte ihnen den Rücken, statt mich zu unterstützen. Und ich wagte nicht, auf meine Rechte zu pochen.

Was auch nicht respektiert wurde, war, daß ich wenig Lust hatte, an den vielfältigen Festivitäten und Kneipentreffs teilzunehmen, die der Chef und »seine Freien« regelmäßig abhielten. Da hieß es dann, die kann nicht feiern, die ist ungesellig. Und so fühlte ich mich permanent unwohl und nicht so respektiert, wie es sich für mich als Redakteurin gehört hätte. Ich hatte immer das Gefühl, die Kollegen tanzen mir gehörig auf der Nase herum. Ich habe mich aber nicht gewehrt. Damals war mir noch nicht klar, daß ich mir Respekt hätte verschaffen müssen.

Aber statt auf den Tisch zu hauen und zu fordern, daß ich als eigenständige Person respektiert werde, anstatt denen klarzumachen, ich bin ich, und bei mir läuft es anders, habe ich noch übermäßig versucht, mich anzupassen. Habe mich abends spät aufgerafft und bin doch noch in die Kneipe gegangen, wo sich alle trafen. Um nicht ungesellig zu sein. Ich habe beide Augen zugedrückt, wenn die kleinen Redaktionszimmer wieder völlig verqualmt waren, obwohl ich kaum Luft bekam. Ich habe es mir bieten lassen, wenn sie sonntags erst gegen Mittag antanzten. Und dabei fühlte ich mich natürlich schlecht.

Meine Gedanken kreisten ständig um diese nie angesprochenen Ärgernisse. Ich litt, weil ich mir so viel gefallen ließ. Aber ich traute mich nicht, mich dem entgegenzustellen, aus Angst, daß sie mich dann gar nicht mehr mögen. Meine Wut wurde immer größer und arbeitete in mir. Meine Gedanken waren ständig belegt von inneren Zwiegesprächen. Ich malte mir aus, wie ich meine Wut zum Ausdruck bringen könnte, und traute mich dann doch nicht. Das hat mir viel Energie geraubt. Es war eine harte Zeit, in der ich viel Alkohol trank, um die Situation überhaupt zu ertragen. Ich hätte mir Respekt verschaffen müssen und habe mich nicht getraut. Und bewegte mich immer haarscharf an Depressionen vorbei. Mein Zorn wütete in mir, und ich richtete meine Aggressionen gegen mich, anstatt sie dahin zu leiten, wo sie hingehörten. Ich habe den Zusammenhang von unterdrückter Wut und Depression richtig spüren können. Später, als ich eine Therapie machte, habe ich dann merken können, wie gut man sich selber tut, wenn man seine Wut angemessen lenkt, wenn man nicht schluckt.

Am wichtigsten war für mich in diesem Lernprozeß die Erkenntnis, daß ich meine Wut nicht herausschreien muß. Daß ich diese unsinnige Vorstellung, Wut zeigt man angemessen, indem man heftig schimpft und tobt, korrigieren konnte. Und es war eine Offenbarung zu entdecken und zu spüren, daß ein unangestrengtes »Nein« an der richtigen Stelle eine viel größere Erleichterung bringt als anstrengende laute Auseinandersetzungen. Es kostet ja Kraft, Wut lauthals herauszulassen. Und es macht auch angst, wenn man meint, Wut muß laut sein. Klar, daß das dazu führt, daß man sich dreimal überlegt, ob man sich abgrenzt. Seit ich einfach sagen kann: »Ich sehe das anders, ich finde das so nicht okay«, kann ich viele meiner Belange streßfreier regeln als früher. Ich habe gelernt, es gibt keine Norm dafür, wie man Wut zeigt. Das muß jeder so tun, wie er es am besten kann. Und die ruhige Art hat den Vorteil, daß der Gegenstand des Zorns, das Gegenüber, sich nicht vor den Kopf gestoßen fühlt.

Ich habe gelernt, mit Wut besser umzugehen. Vor allem so, daß ich mich nicht belaste, sondern es zurückgebe dahin, wohin es gehört. Ich kann es nur nicht immer sofort und spontan. Es kommt vor, daß ich manchmal drei Tage an einem Problem »herumdenken« muß, bis ich es für mich geklärt habe. Und dann muß ich denjenigen, der mich verletzt hat, noch mal um ein Gespräch bitten. Das ist heute in Ordnung für mich.

Gefühle fließen lassen

Eine Methode, besser mit Gefühlen umzugehen, ist, sie fließen zu lassen. Wie wir gesehen haben, neigen wir dazu, starke Gefühle festzuhalten. Wenn uns etwas betrübt oder wütend macht, klammert unser Kopf den Gedanken fest. Wir käuen bestimmte Ereignisse in Gedanken wieder und wieder. Wir machen uns völlig unfrei, sind nicht in der Lage, uns auf etwas anderes zu konzentrieren, weil ein bestimmter Gedanke, der ein starkes Gefühl ausgelöst hat, uns beherrscht. Jeder kennt das. Es kann Tage dauern.

Ich kann mich an eine unhöfliche Bemerkung eines Nachbarn erinnern, die mich verletzt und tagelang beschäftigt hat. Weder war ich in der Lage, so zu reagieren, daß die Sache für mich erledigt war, noch konnte ich den Gedanken verdauen. Wie von Sinnen habe ich Hunderte von Variationen durchgespielt und durchdacht, wie ich mit der Situation hätte umgehen können. Ich habe mich von meiner Verletztheit und meinem Zorn fremdbestimmen lassen und war nicht einmal in der Lage, mich vernünftig auf meine Arbeit zu konzentrieren. Mein Klammern hat mich richtig behindert. Und ich fühlte mich wahnsinnig unwohl. Ich habe gelitten und war verzweifelt.

Wer sich so verhält, verkennt eine grundsätzliche Gesetzmäßigkeit von Gefühlen. Gefühle verändern sich von Moment zu Moment, und sie kommen, steigen an in ihrer Intensität und vergehen wieder. Leiden, so schreibt der amerikanische Autor Philip Golabuk, entsteht nur, wenn wir uns mit schmerzlichen Gefühlen, Gedanken, Empfindungen identifizieren. Wenn wir mit Kurzschlußreaktionen auf unsere Gefühle reagieren.

Wie aber können wir das vermeiden? Indem wir auf Distanz gehen zu unserem Gefühl. Indem wir quasi einen Schritt zurücktreten und es nur wahrnehmen. Spüren, was da ist, an Emotionen und damit verbundenen körperlichen Empfindungen, wie Druck auf der Brust, Schwindel, Kribbeln, Herzrasen oder was auch immer. »Es ist möglich, Gefühle anzuerkennen und darauf zu antworten, statt bloß zu reagieren. Es ist möglich zuzusehen, wie ein starkes Gefühl entsteht, seinen Höhepunkt erreicht, nachläßt und schließlich wieder vergeht. Wenn wir üben, auf unsere Gefühle als Gefühle achtzugeben, erkennen wir allmählich, daß wir unsere starken Gefühle erleben können, ohne loszuspringen und uns in ihnen zu verlieren.«[19]

Wer es schafft, sich bei großer Deprimiertheit, bei Wut oder Leid einmal ruhig hinzusetzen, sich zu sagen, ja, ich empfinde jetzt dieses Gefühl, und in sich hineinlauscht, um es wahrzunehmen, der wird dies bestätigen. Ein Gefühl kommt, wird stark, schwillt ab und vergeht. Ganz von selbst. Und das Beste, was wir tun können, ist, unser Gefühl zu beobachten. Mit Anteilnahme. Wir können uns in Momenten von starken Gefühlen selbst eine »gute Mutter« sein, indem wir uns gut zureden und verständnisvoll registrieren, was in uns passiert.

Golabuk rät: »Halten Sie inne. Atmen Sie. Seien Sie aus dem Herzen heraus aufmerksam. Nehmen Sie sanft alle Gefühle wahr, die sich Ihnen zeigen. Beobachten Sie, wie die Gefühle kommen. Beobachten Sie, wie sie gehen. Lösen Sie sich von ihnen.«[20] Dann merken wir, wie sich die Gefühle auch von uns wieder lösen.

Auf diese Weise verhindern wir, daß wir uns in dem Gefühl verlieren, daß es uns beherrscht und unglücklich macht. Selbst die schmerzhaftesten Gefühle kommen und gehen, wenn wir sie wahrnehmen, ohne sie festzuhalten. »Wenn wir beobachten, wie sich ein Gefühl wandelt, und besonders, wenn seine Intensität endlich nachläßt, können wir zu seinem Vergehen beitragen, indem wir einfach mit diesem natürlichen Vorgang zusammenarbeiten, indem wir nicht daran festhalten, keinen Widerstand leisten, indem wir uns lösen und das Gefühl spüren.«[21]

Um das zu erleichtern, sollten wir uns klarmachen: Unsere Gedanken spielen sich im Kopf ab. Als Zentrum unserer Gefühle sehen wir das Herz. Mit dem Herzen »spüren« wir unsere Emotionen. Deshalb ist wichtig, daß wir bei der Wahrnehmung unserer Gefühle die Aufmerksamkeit unserem Herzen zuwenden. »Indem wir auf diese Weise Bewußtsein erlangen, können wir die Kurzschlußreaktionen auf unsere Gefühle durch Antworten ersetzen, die von Herzen kommen und die uns mit unserer ungeheuren inneren Integrität in Verbindung halten.«[22]

Fitneß und Laune

Die Schauspielerin Maren Kroyman schwört auf ihr tägliches Joggen. Ohne das sei sie nicht guter Stimmung. Ähnlich geht es vielen von uns: Nach einer Stunde Sport, wenn wir uns so richtig ausgetobt und verausgabt haben, sind wir selten schlechter Laune. Und waren wir vorher verärgert oder bedrückt, merken wir, der Stimmungspegel hat sich gehoben. Das ist nun auch erforscht. Es gibt wohl kein Mittel, um Spannungen effektiver abzubauen, als sportliche Betätigung. Sogar depressive Verstimmungen können durch Sport deutlich gebessert werden. Bewegung reißt uns aus dem Loch, nicht Hochleistungssport, sondern die körperliche Anstrengung, die uns ein bißchen ins Schwitzen bringt und Spaß macht.

Stimmungen sind nämlich, wie man inzwischen weiß, nicht nur von äußeren Ereignissen abhängig, sondern auch von unseren körperlichen Zuständen. Ob wir ausgeschlafen sind, ob wir uns vernünftig ernähren, ob wir sportlich fit sind. Ob wir frische Luft und Bewegung haben oder im klimatisierten Büro unter Streß und Spannung stehen. Der Autor und Chefredakteur Heiko Ernst behauptet sogar in Psychologie

Heute: »Stimmungen sind das Abbild unserer körperlichen Verfassung und der daraus resultierenden psychischen Befindlichkeit. Wir sind gutgelaunt, wenn wir ausreichend Energie spüren und nicht allzu sehr angespannt sind. Wir werden nervös und muffig, wenn wir uns kraftlos fühlen und die innere Anspannung steigt.«[23] Unsere innere Anspannung aber ist situationsabhängig. Heiko Ernst: »Spannung ist eine angeborene körperliche Reaktion auf wirkliche oder vermeintlich bedrohliche oder anstrengende Situationen. Die kognitive Bewertung dieser Situation kann entscheidend sein – der Grad der Anspannung hängt auch davon ab, ob wir sie gedanklich entschärfen oder dramatisieren. Theoretisch könnten wir also jeder enervierenden Spannung durch positives Denken vorbeugen.«[24]

Positives Denken und Fitneß hängen wiederum zusammen. Sind wir körperlich erschöpft, ergreifen auch negative Gedanken von uns Besitz. Und wenn wir sowieso in einem tiefen Loch stecken, kommen wir auch so leicht nicht wieder hinaus. Oft ist es dann so, daß wir eine Nacht darüber schlafen müssen, bis die Welt am nächsten Morgen wieder anders aussieht. Denn auch im Schlaf tanken wir Energie. Ebenso, wenn wir Entspannungstechniken praktizieren wie Autogenes Training, Yoga, Meditation, Massage, Atemtechniken oder gute Musik hören, Malen und uns bewegen.

Heiko Ernst: »Gerade, weil schlechte Laune ein so unangenehmer Zustand ist, der uns und anderen Menschen das Leben vermiesen kann, sollten wir lernen, diesen Zustand nicht als persönliches Versagen oder gar als Charakterschwäche zu begreifen. Gegen schlechte Stimmung hilft auch kaum, sich am Riemen zu reißen. Es kommt darauf an, die natürlichen Schwankungen in Energie und Leistungsfähigkeit ins Kalkül zu ziehen, wenn wir den Alltag planen: Schlaf, Ernährung, Tageszeit, Bewegung, körperliche Fitneß sind mehr als andere Faktoren entscheidend für unsere Stimmung. Wenn wir diese biologischen Einflüsse erkennen und nutzen lernen, können wir vermeiden, uns selbst zu überfordern, und der unvermeidliche Streß des Lebens kann uns die Laune nicht verderben.«[25]

Motivierende Beziehungen

Zur Pflege des Gefühlslebens gehört auch, darauf zu achten, welche Kontakte ich suche und eingehe, mit wem ich Beziehungen habe, auf wen ich mich einlasse. Dies gilt vor allem im Beruf und überall dort, wo ich mir die Menschen, mit denen ich zusammen wohne und mit denen ich arbeite, nicht aussuchen kann. Grundsätzlich sollte ich mich, wo es geht, mit Menschen umgeben, die mir guttun. Bei denen ich mich und meine Gedanken gut aufgehoben fühle. Von denen ich mich geachtet und respektiert fühle. Und in deren Gegenwart ich mich wohl fühle. Was meine persönlichen Beziehungen angeht, sollte ich sorgfältig auswählen und keine faulen Kompromisse eingehen.

Unter Freundinnen kommt es z. B. häufig vor, daß die eine die andere regelmäßig als »Beziehungsmülleimer« benutzt und all ihre Sorgen ablädt, ohne eine entsprechende Gegenleistung zu bieten. Aus falsch verstandener Freundschaft hören viele Frauen sich die Jammereien der Freundin an. Besser wäre es zu sagen: »Ich möchte nicht mit deinen Problemen belastet werden. Das bekommt mir nicht.«

Andere Frauen nehmen unbefriedigende Partnerschaften in Kauf, nur weil sie nicht alleine sein können. Nach dem Motto: lieber den Spatz in der Hand als die Taube auf dem Dach. Ehe ich mich diesem unangenehmen Alleinsein stelle, weil ich aufmerksam und wählerisch bin, arrangiere ich mich lieber mit einem Partner zweiter Wahl.

Was bei der Suche nach Zweisamkeit oft übersehen wird, ist, daß Beziehungen, wenn sie nur ein Kompromiß sind, aber nicht wirklich passen, uns regelrecht vergiften können. Psychische Hygiene ist genauso wichtig wie körperliche Hygiene. Psychische Gifte, die sich in schlechten Beziehungen entwickeln, können uns körperlich krank machen, die Energie rauben und unglücklich machen.

Unsere Redewendungen verdeutlichen, was wir fühlen: »Er nimmt mir die Luft zum Atmen.« »Er bricht mir das Herz.« »Sie verursacht mir Magengeschwüre.« »Die Beziehung bringt mich noch um den Verstand.« Und obwohl wir so fühlen, trauen wir uns nicht etwas dagegen zu unternehmen. Oft reden wir uns das Unerträgliche noch schön. Haben Entschuldigungen parat. »Niemand ist perfekt.« »Jeder Mensch hat Fehler.« »Man kann nicht alles haben.« Und mit Hilfe dieser faulen Entschuldigungen verharren wir weiter in unserem Sumpf.

Wir wissen heute aus der Psychologie, daß unsere Beziehungen uns spiegeln, wer wir sind und wo wir stehen. »Enge Beziehungen bieten wichtige Informationen über die Persönlichkeit des Menschen, mit dem wir uns einlassen. Gleichzeitig dienen diese Beziehungen auch als psychische Spiegel, die uns zeigen, wer wir sind. Die Formen des Umgangs miteinander haben direkte Auswirkungen auf unser Selbstwertgefühl und formen das geistige Bild, das wir von uns haben – das heißt unser Selbstbild. Unser Selbstverständnis wird in hohem Maße durch unsere engsten zwischenmenschlichen Beziehungen geformt – zuerst durch die zu unseren Eltern, als Erwachsene dann durch unsere Liebesbeziehungen und andere wichtige Bindungen.«[26]

Bekannt ist auch, daß wir uns solche Partner suchen, die dafür sorgen, daß wir bekannte Gefühle wiederbeleben. Oder anders ausgedrückt: Unsere Erfahrungen in Liebesbeziehungen – die erste war die mit unseren Eltern – prägen, welche Art von Beziehungen wir immer wieder suchen. Viele Menschen, die sich von ihren Eltern nicht geliebt, angenommen, akzeptiert, gemocht fühlten, suchen diese Erfahrungen und Gefühle in späteren Liebesbeziehungen wieder. Es ist das vertraute Muster. Dieses ist auch die tiefere Ursache, warum wir uns auf giftige Beziehungen einlassen. Sie reproduzieren ein bekanntes Gefühl. Und wenn wir nie gelernt haben, dem Grenzen zu setzen, uns zu entziehen und etwas besseres zu entdecken, nehmen wir Unglücklichsein in Kauf. Aber giftige Beziehungen schwächen, sie laugen aus und machen krank.

Aus einer vergiftenden Beziehung herauszukommen, ist Arbeit an sich, an seiner Persönlichkeit. Zunächst ist es wichtig zu erkennen, welche Bedürfnisse signalisieren mir meine Gefühle? Und welche tiefen Wünsche und Sehnsüchte kommen ständig zu kurz? Worauf verzichte ich ständig? Was verkneife ich mir? Wo lasse ich mich treten, ohne mich zu wehren? Giftige Beziehungen können nur gedeihen, wenn jemand eine ganz schlechte Beziehung zu seinen Emotionen hat. Wenn er nicht wachsam ist für seine Gefühle. Wahrscheinlich haben die Gefühle schon zigmal protestiert, aber der Verstand hat sie mit seinen Entschuldigungen ständig niedergehalten.

Es gibt zwei Möglichkeiten, sich einer giftigen Beziehung zu entziehen. Einmal, die Beziehung zu verändern, indem ich anfange, zu meinen Bedürfnissen und Gefühlen zu stehen, mich nicht mehr verbiegen zu lassen und anzupassen. Das geht manchmal, aber nicht immer. Nicht jeder Partner kann damit umgehen, wenn der andere plötzlich deutlich sagt, was er will und kann und was nicht. Die andere Möglichkeit ist, auf Abstand zu gehen, sich vielleicht sogar zu trennen. Doch nicht, um sich gleich den nächsten anzulachen!

Es ist manchmal ein langer Lernprozeß, seinen Gefühlen Vertrauen zu schenken und sie als Wegweiser zu sehen. Wer gesund bleiben will, sollte diesen Weg beschreiten. In dem Maße, in dem ich mich verändere, sende ich auch an verständnisvollere, einfühlsamere Partner Signale aus. Wenn ich mit mir selbst wahrhaftiger umgehe, kann einer kommen, der das auch tut. »Gesunde Beziehungen funktionieren wie ein Schutzwall gegen die vermeintlichen Wechselfälle des Lebens. Sie weisen die gleichen Strukturen auf, die auch der widerstandsfähigen Persönlichkeit Schutz bieten. Weil sie über die Schlüsselelemente der Widerstandsfähigkeit – Kontrolle, Verantwortung und Herausforderung – verfügen, bieten gesunde Beziehungen den Partnern eine psychische Rüstung, die sie vor den schädigenden Auswirkungen des Lebensstresses schützt.«[27]

Alleinsein

Der verplante Mensch hat verlernt, mit seinem Ruhebedürfnis umzugehen. Alleinsein ist für Menschen in unserem Kulturkreis zu einem großen Problem geworden. Es wird oft als quälende Einsamkeit, dominiert von Langeweile, empfunden. Dabei wäre es wichtig, sich der Auseinandersetzung mit dem Alleinsein und sich selbst zu stellen. Und sich zu fragen, was passiert, wenn wir allein sind und von außen keine Reize kommen? Wenn wir unseren Gedanken ausgeliefert sind. Auch das macht vielen Menschen angst. Wer nicht mit sich allein sein kann, leidet. Fühlt sich einsam. Muß stets für Zerstreuung sorgen, immer irgendeine Aktivität suchen. Das macht unfrei.

Alleinsein wird deshalb als so schrecklich empfunden, weil wir nicht wahrhaben wollen, daß es zum Menschsein gehört. Bei den meisten stellt sich das verzweifelte Gefühl ein, ein Defizit zu haben, wenn sie länger mit sich allein sind, sie fühlen sich ergänzungsbedürftig.

Der amerikanische Psychologe Melvyn Kinder empfiehlt Patienten, die mit ihren Gefühlen in Einklang kommen wollen, sich dem Alleinsein zu stellen. Um spüren zu lernen, welche emotionalen Zeichen und Signale der Körper aussendet. In

Lärm und Trubel kann sich das zuinnerst liegende natürliche Wesen in uns nicht melden.

Wir können uns nur im Zustand des wirklichen Alleinseins entdecken, wenn wir uns Pausen zugestehen und überhaupt nichts tun. Nicht einmal lesen, bügeln, nachdenken über Arbeit, Beziehungen oder Aufgaben. Nur einfach ganz ruhig und ohne Beschäftigung sein. In einem stillen Raum, in den keine Reize von außen dringen. Keine Stimmen, keine Musik, keine Gespräche, kein Fernsehen, keine Ablenkungen.

Es ist für die meisten von uns schwierig, eine Zeit in Stille zu verbringen. Menschen, die sich von Zeit zu Zeit der Stille von Klöstern aussetzen, berichten, wie schwer ihnen der Umgang mit Abgeschiedenheit und Stille fiel. Daß es ihnen anfangs ganz schlecht damit ging. Sie konnten die Ruhe nicht genießen. Im Gegenteil, Stille und Muße haben sie unruhig und nervös gemacht, waren kaum zu ertragen.

Kinder berichtet von seinen Erfahrungen: »Vielleicht bekommt man Schuldgefühle, weil man nichts tut und doch so viel zu tun hätte. Und mit dem Ausschluß von sinnlichen Reizen tauchen möglicherweise hartnäckig bohrende Überlegungen und Sorgen auf; über Schwierigkeiten am Arbeitsplatz, Probleme in der Familie, Enttäuschungen oder Verstimmungen. Es ist nämlich leider so, daß negative Dinge besser hochkommen als positive.

Manche Patienten sagen, daß diese Übung anfangs zu einem bitteren Bewußtwerden der eigenen Einsamkeit führen und sehr traurig machen kann. Einsamkeit ist offensichtlich ein Zustand, den die meisten Menschen unter allen Umständen vermeiden wollen.«[28] Doch auch wenn die Einsamkeit schmerzt, ist es wichtig, sie auszuhalten. Kinder: »Es geht in dieser Übung darum, sich seines Körpers und der emotionalen Signale, die er aussendet, bewußt zu werden. Dazu sind Übung und Konzentration nötig, aber gestatten Sie Ihren Gedanken einfach auseinanderzuwirbeln, während Sie sich darauf konzentrieren, was Sie empfinden.«[29]

Man sollte sich in regelmäßigen Zeitabständen, einmal pro Woche oder alle zwei Wochen, solch eine Phase der Einsamkeit gönnen. Um in sich hineinzuspüren und zu bemerken, welche Emotionen sich breitmachen wollen, was der Körper uns sagen will. Dabei sollte man seine Gedanken kommen und gehen lassen. Sich weder auf sie konzentrieren noch sie bekämpfen. Empfindungen sollen einfach aufsteigen dürfen, ohne interpretiert zu werden.

Kerstin

Bei mir traten umwälzende Veränderungen ein, als ich mit meinem zweitältesten Sohn, der damals 16 war, überhaupt nicht mehr klarkam. Ich habe das als so schlimm empfunden, daß alles über mir zusammenbrach. Und ich gleich mit. Ich war 40 und hatte gerade mein viertes Kind geboren.

Bis dahin hatte ich an ein Input-Output-System geglaubt. Geglaubt, wenn ich viel Zeit, Mühe, viel von mir in die Erziehung investiere und alles so angenehm und schön wie möglich mache, meine eigenen Bedürfnisse zurückstecke und mich nach den Bedürfnissen meiner Kinder richte, dann kommen zufriedene, gesunde Menschen dabei heraus. Ich habe geglaubt, daß meine Kinder glückliche Menschen werden müssen. Das war mein Ziel. Und plötzlich fiel diese Vorstellung in sich zusammen. Ich hatte das Gefühl, ich habe alles gegeben, und es war umsonst.

Mein zweiter Sohn fing mit 16 an, sich zu verweigern. Mit der Schule ging es los. Und zu Hause ging es weiter. Er hat überhaupt nichts mehr gemacht. Er hat gelogen, er hat uns beklaut, er hat andere beklaut. Er ist sogar einmal vor Gericht gestellt worden. Es war dramatisch. Wir haben jeden Tag Krach gehabt, konnten überhaupt nicht mehr miteinander reden. Das war so, als ob mir jemand den Boden unter den Füßen weggezogen hätte. Auch die Gespräche mit meinem Mann drehten sich zum Schluß ausschließlich um unseren Sohn. Das hat unsere Beziehung sehr mitgenommen.

Ich hatte bald das Gefühl, für mich bleibt nichts mehr übrig. Ich habe mich selbst in Frage gestellt. Ich bin in eine richtige Identitätskrise gerutscht. Ich dachte, ich habe keinen Wert mehr. Ich habe mich schlecht gefühlt und überfordert.

Eine Freundin empfahl mir eine Therapeutin für meinen Sohn. Das ist jetzt zwei Jahre her. Ich dachte, eine Therapie würde ihm helfen. Ich habe sehr schnell gemerkt: Es geht gar nicht in erster Linie um meinen Sohn. Es sind meine eigenen Muster, die mir im Wege stehen und meinen Sohn blockieren. Es ging um mich. Sehr viele Dinge aus meiner Kindheit kamen hoch. Mein Hauptproblem: Ich habe bestimmte Gefühle, vor allem Ärger, Wut, Trauer, weder fühlen noch ausdrücken können. Wut gab es für mich überhaupt nicht. So habe ich nie die sein können, die ich eigentlich bin. Ich bin immer jemand anders gewesen. Die, die ich aufgrund meiner Erziehung zu sein hatte. Und da ich nicht authentisch war, keinen Zugang zu meinen Gefühlen hatte, konnte ich das auch nicht an meine Kinder weitergeben. Man weiß ja heute, daß Kinder aus dem Vorbild der Eltern lernen.

Ich war überhaupt nicht in der Lage, meine eigenen Bedürfnisse zu erkennen, geschweige denn zu äußern und schon gar nicht durchzusetzen. Das ging bei so einfachen Dingen los, wie eine Stunde ungestörte Ruhe für einen Mittagsschlaf oder zum Lesen zu fordern.

Ich habe dann in der Therapie festgestellt, daß meinem Sohn das am wenigsten bekommen ist. Dieses nachgiebig sein, nie nein zu sagen, nie Grenzen zu setzen. Er hatte diese Grenzen von Anfang an gefordert, aber nie bekommen. Ich konnte nie sagen, bis hierhin und nicht weiter. Ich hätte auch nie gewagt, deutlich zu machen, was mir gutgetan hätte. Statt dessen habe ich immer viel gejammert und genörgelt. Immer so ein unzufriedenes Gemecker. Kein klares Wort. Das habe ich erst mühsam in der Therapie gelernt.

Im Laufe der Therapie bin ich immer klarer geworden. Und je klarer ich wurde, was meine Gefühle, meine Bedürfnisse anging, um so besser wurde unser Zusammenleben. Auch mit dem Rest meiner Familie. Meine Familie hat sehr deutlich bemerkt, daß ich mich verändere.

Ich habe einen klaren Tonfall gewonnen und innere Sicherheit. Dadurch bin ich überzeugender. Das problematische Verhältnis zu meinem Sohn ist durch meine Veränderung ausgesprochen gut geworden. Was für ihn sehr wichtig war: Ich habe ihm nahegelegt auszuziehen. Das war eine meiner ersten Handlungen. Er hat sich ein eigenes Zimmer genommen und eine Zeitlang den Kontakt abgebrochen. Fast ein halbes Jahr. Das ging von ihm aus. Für mich war es wahnsinnig schwer. Hinzu kam, daß alle um uns herum, Freunde, Verwandte, Bekannte, uns schwere Vorwürfe machten.

Doch mein Sohn kam von selbst wieder. Und er sagte auch, es hätte ihm gutgetan, und er wäre mir sehr dankbar, daß ich ihn allein gelassen hätte, er habe das wirklich gebraucht. Seitdem entwickelt es sich so, daß sich immer mehr Möglichkeiten eröffnen, miteinander zu reden.

Ich habe das Idealbild, das ich von ihm hatte, völlig losgelassen. Früher war er in meinen Augen der Tollste. Ich hatte ihn auf ein Podest gestellt. Er hat sich selbst dort heruntergeholt. Er hat jetzt einen Rahmen für sich gefunden. Er hat sich bei der Bundeswehr verpflichtet. Für ihn scheint es im Moment das richtige zu sein. Dort hat er seinen Rahmen, seine Grenzen. Dort ist alles klar, festgelegt, vorgeschrieben, und das braucht er wohl. Es scheint ihm gutzutun. Und er ist überrascht und froh, daß wir es akzeptieren. Daß es keine Diskussionen und Probleme gibt. Er wird so akzeptiert, wie er ist. Mit seinen Schwierigkeiten. Er muß jetzt nicht mehr der Größte sein. Wir haben das Vertrauen entwickelt, daß er für sich seinen eigenen Weg finden wird.

Mein Lebensgefühl insgesamt ist leichter geworden. Ich bin ruhiger geworden. Ich fange wieder an, etwas fröhlicher zu werden, was ich lange vermißt habe. Ich war oft verbissen. Weil ich so viel in mich hineingefressen habe. Selbst mit meiner Mutter komme ich heute besser klar. Sie hat und hatte immer schwere Depressionen. Entsprechend ist meine eigene Kindheit verlaufen. Schon als Kind mußte ich viel Verantwortung übernehmen und durfte mich nicht abgrenzen. Was ich erlebt habe, mußte ich in der Therapie noch mal durchleiden. Inzwischen kann ich mit meiner Mutter umgehen. Richtig mit ihr reden konnte man nie und kann man auch heute nicht. Ich habe inzwischen eine andere Art ihr gegenüber. Ich bin offener, fordernder und direkter. Ich kann sie heute ertragen. Es gab Zeiten, da ging das nicht. Es ist rundum angenehmer geworden.

Es hilft mir, sobald es mir schlechtgeht, innezuhalten und mich zu fragen: Was belastet mich jetzt? Was fühle ich? Welche Gefühle habe ich einfach übergangen? Habe ich wieder keine Grenzen gesetzt? Und meist komme ich schnell dahinter, was los ist. Ich habe gelernt, Unwohlsein als ein Signal meines Körpers zu akzeptieren, daß ich mir zuviel aufhalse. Daß ich eine Rolle spielen soll, die ich gar nicht will. Jemand sein soll, die ich nicht bin. Ich habe angefangen, Dinge nur für mich zu tun. Heute meine ich, nur wenn man selbst sein Leben im Griff hat, kommt man mit seinen Mitmenschen klar. Worauf es ankommt, ist, daß man sich selbst ändert.

Was wir mit Therapie erreichen können

Wir alle haben primär durchs Elternhaus, später durch Kindergarten, Schule, Gesellschaft und ihre Institutionen, durch Medien und andere wertevermittelnde Stellen fehlangepaßte emotionale Gewohnheiten angenommen. Als Kinder waren wir abhängig, unseren Eltern auf Gedeih und Verderb ausgeliefert. Wir durften uns nicht wehren. Goleman spricht von den »gewöhnlichen Qualen«[30], die man als Kind durchleidet, weil Eltern einfach keine perfekten übernatürlichen

Wesen sind, sondern Menschen mit Defiziten, Fehlern, Stimmungen und einer begrenzten Belastbarkeit.

So haben wir Mechanismen entwickelt, um mit einem uns schmerzenden Umgang zurechtkommen zu können. Wir haben uns, so gut es uns möglich war, angepaßt. Dazu gehört beispielsweise, Tränen herunterzuschlucken, obwohl wir uns verletzt fühlen. Stumm zu ertragen, daß Eltern uns ignoriert haben, uns Zärtlichkeit oder Aufmerksamkeit versagt haben, uns zurückgewiesen oder gar verlassen haben – kurz, nicht als komplette Persönlichkeit mit allen Facetten angenommen und geliebt worden zu sein.

Als Erwachsene brauchen wir diese Angepaßtheiten meist nicht mehr. Die Mechanismen der Kinderzeit erübrigen sich. Wir schleppen sie aber mit, weil wir sie verinnerlicht haben. Obwohl sie uns als Erwachsene sogar behindern können. Denn so kommt es, daß man einen Partner akzeptiert, der uns ignoriert wie der Vater, oder den Mund hält, wenn der Chef uns ungerecht behandelt hat wie unsere Mutter, und wir eigentlich wütend sind. Oder daß wir distanziert bleiben, obwohl wir uns nach Nähe sehnen, das Gefühl haben, ein Versager zu sein, obwohl wir ganz erfolgreich sind. Die emotionalen Narben hindern uns daran, unsere Persönlichkeit zu entfalten.

Viele Menschen beginnen heute deswegen eine Psychotherapie. Eine gute Therapie ist wie emotionaler Nachhilfeunterricht. Sie ermöglicht ein Umlernen emotionaler Reaktionen. Eine gelungene Therapie versetzt uns in die Lage, angemessen mit unseren Gefühlen umzugehen. Tränen und Wut nicht mehr zu unterdrücken, nicht mehr stillzuhalten, wenn uns Unrecht geschieht. Aber auch, keinen Tobsuchtsanfall oder Weinkrampf zu bekommen, wenn wir Wut oder Trauer erkennen. Sich nicht hilflos von seinen Emotionen überfluten zu lassen.

Selbst Traumata wie Mißbrauch, Vergewaltigung, Gefangenschaft, Tod oder Schockerlebnisse können – wie wir heute wissen – so verarbeitet werden, daß wir damit leben, ohne unerträgliche Qualen zu leiden.

Wir können zwar nicht verhindern, daß wir in bestimmten Situationen wütend oder traurig werden, uns verletzt fühlen und entsprechende Gefühle ausgelöst werden. Wir haben keinen Einfluß darauf, wann das geschieht. Aber wir können lernen, mit den Gefühlen umzugehen, ohne hilflos von ihnen überrollt zu werden. Und wir können lernen, zu beeinflussen, wie lange ein emotionaler Ausbruch dauert. So stellt Goleman fest: »Was sich im Laufe einer Therapie vor allem zu ändern scheint, sind die Antworten, die gegeben werden, wenn einmal eine emotionale Reaktion ausgelöst ist; was hingegen nicht gänzlich verschwindet, ist die Tendenz zum Auslösen der Reaktion.«[31] Und er sagt weiter: »Wenn es darum geht, zu lernen, wie man geschickt mit emotionsgeladenen Reaktionen fertig wird, kommt im allgemeinen die emotionale Intelligenz ins Spiel.«[32]

Ein Beispiel: Lisa hat von den Eltern das Gefühl vermittelt bekommen, in zweiter Reihe zu stehen. Vater und Mutter, beide Journalisten, gingen engagiert ihrem Beruf nach, ergänzten sich dadurch vortrefflich als Paar, das Familienleben und auch die Kinder wurden dem Beruf untergeordnet. Lisa entwickelte das Gefühl, nicht wichtig zu sein, und hat dieses quälende Gefühl mit in ihre Partnerschaften genommen. Sie überfordert ihre Partner damit, daß sie ständige Liebesschwüre und -beweise einfordert. Dem liegt die tiefe Sehnsucht zugrunde, für jemanden wirklich wichtig sein zu wollen. Was kann Lisa in der Therapie lernen?

Ihre spezielle Empfindlichkeit wird nicht vergehen. Ihr Bedürfnis, wichtig zu sein, die erste und nicht die zweite Geige zu spielen, wird sicherlich nicht völlig verschwinden, und es ist für Lisa von Bedeutung, einen Partner zu finden, der ein Grundverständnis für diese Sehnsucht entwickeln kann. Aber Lisa kann lernen, erwachsen mit ihrem Bedürfnis umzugehen und nicht wie ein trotziges Kind ständig Liebesbeweise zu fordern, indem sie sich einmal klarmacht, wodurch das Bedürfnis entstanden ist, und einen Weg findet, dies dem Partner auch zu vermitteln. Lisa könnte beispielsweise einen spielerischen Umgang mit ihrem Bedürfnis lernen, so daß ihm die Belastung für die Beziehung genommen wird und sie sich nicht mehr gekränkt zurückziehen muß, wenn erwartete Signale des Partners ausbleiben, was Gefühle wie Groll, Zorn, Trauer, Spannung und Hoffnungslosigkeit zur Folge hatte. Wichtig dabei ist, nicht den Partner dafür verantwortlich zu machen, daß sie sich zu wenig geliebt fühlt. Lisa kann also erreichen, daß ihre emotionale Reaktion auf die auslösenden Ereignisse weniger beklemmend und belastend ausfällt. Manche Menschen entwickeln sogar eine Gelassenheit im Umgang mit belastenden Gefühlen.

Von der Haltung zu anderen

Viele Menschen neigen dazu, mit ungeeigneten Verhaltensmustern auf ihre Mitmenschen zu reagieren, indem sie alles, was diese sagen oder tun, auf sich beziehen. Um für uns selbst und andere befriedigend miteinander umgehen zu können, kommen wir sicherlich nicht umhin, auch ein Gespür für die Gefühle anderer zu entwickeln. Ganz wichtig dabei ist jedoch, nicht jede schlechte Laune, die der andere ausstrahlt, sofort auf sich zu beziehen.

Der Dreh- und Angelpunkt ist, mit anderen auszukommen, ohne sich ständig dabei aufzureiben. Viele brauchen ihre ganze Kraft und Energie dazu, im Zusammenleben mit anderen irgendwie zu überleben. Weil sie alle Reaktionen und Verhaltensweisen der anderen mit sich in Verbindung bringen. Das führt zu ständiger Anspannung und kostet viel Kraft. Wer das Zusammensein mit anderen als Streß empfindet, zieht sich zurück und kapselt sich ab.

Wir haben meist einen vertrauten Kreis von Menschen mit ähnlicher oder gleicher Wellenlänge, bei denen wir nicht das Gefühl haben, auf der Hut sein zu müssen, wo wir uns emotional fallen lassen und erholen können, weil wir nicht ständig achtsam sein müssen. Der größere Teil der Personen, mit denen wir zu tun haben, hat aber nicht unsere Kragenweite. Und bei einigen davon stimmt die Chemie überhaupt nicht.

Der amerikanische Autor Melvyn Kinder sagt: »Die bloße Gegenwart eines anderen übermittelt uns Energie. Das hat nichts zu tun mit Intimität, sondern ist eine Art Basisinformation, das heißt, wir empfangen die Vibrationen des anderen.«[33] Emotionen können ansteckend sein. Ein Mensch, der seine schlechte Laune offen zur Schau trägt, kann uns unsere eigene gute Laune verderben. Jemand, der »gut drauf« ist und ansteckend lacht, kann uns mitreißen. Andere verursachen durch ihre bloße Ausstrahlung bereits Unwohlsein, selbst wenn wir kein Wort mit ihnen wechseln.

Worum es im Kontakt mit anderen geht, ist, sich von deren Launen nicht abhängig zu machen. Sich nicht verunsichern zu lassen. Bei uns und unserer Laune zu bleiben, statt wie ein Strohhalm im Winde zu schwanken, immer abhängig davon, mit wem wir es zu tun haben.

Dazu sind zwei Eigenschaften nötig: Toleranz und Akzeptanz. Kinder: »Das Verständnis für Temperamente führt nicht nur zu größerer Selbsterkenntnis und emotionalem Selbstvertrauen, sondern auch zu taktvollerem Umgang mit anderen, sei es der mürrische Nachbar oder der unzuverlässige Neffe, der unberechenbare Chef oder der launische Untergebene.«[34]

Hinzu kommt, daß auch ich auf andere wirke. Wenn ich meine eigenen positiven Gefühle vermitteln kann, werde ich die anderen positiv beeinflussen. Wer das eigene Naturell nicht kennt und akzeptiert, der muß sich nicht über häufig schwierigen Umgang mit anderen wundern. Auch hier gilt: Wie ich in den Wald rufe, so schallt es hinaus.

Wir hätten unsere Mitmenschen gerne weniger frech, patzig, mürrisch, schlecht gelaunt und cholerisch. Und was tun wir, damit sich die anderen ändern? Wir sind beleidigt, sprechen nicht mehr mit ihnen, meiden sie und demonstrieren, daß sie uns egal sind. Und wundern uns, wenn die Atmosphäre spannungsgeladen und unangenehm ist. Wir wollen nicht mit den anderen zurechtkommen, wir wollen, daß sie sich so ändern, daß sie in unsere Erwartungen und Vorstellungen passen. Das geht natürlich nicht.

Melvyn Kinder hat sechs Punkte erarbeitet, die zu einem befriedigenden Umgang mit unseren Mitmenschen verhelfen:

– Verstehen und akzeptieren Sie Ihr eigenes Naturell.
– Verhalten Sie sich natürlich – teilen Sie anderen Ihre Gefühle und Empfindungen offen und direkt mit.
– Machen Sie sich bewußt, wie Sie sich fühlen und wie die Person, mit der Sie es zu tun haben, sich fühlt.
– Verstehen Sie das Naturell der anderen und akzeptieren Sie sie, wie sie sind – versuchen sie nicht, sie zu ändern.
– Respektieren und tolerieren Sie die Unterschiede und Verschiedenheit zwischen sich und anderen.
– Seien Sie unvoreingenommen und distanziert in dem Sinne, daß sie persönliche Grenzen anerkennen. Machen Sie sich bewußt, wo ihre eigene Person aufhört und die andere Person beginnt. Ein sicheres Gefühl für die Limitierungen der Persönlichkeit gestattet oder verbietet Ihnen den Prozeß der emotionalen Osmose, so daß Sie entscheiden können, ob Sie die Emotionen anderer aufgreifen und an sich heranlassen oder ob Sie sich dagegen wappnen wollen.[35]

Es wäre sicherlich zuviel verlangt, mit allen Menschen auszukommen. Es gibt Personen, die sind so unzugänglich, abweisend und schwierig, daß unsere eigenen Anstrengungen vergebene Liebesmüh sind. Ganz wichtig ist zu entscheiden, mit wem will ich mich umgeben, mit wem mag ich zusammensein, meine – oft knapp bemessene – Zeit teilen und mit wem nicht.

Aber wir müssen bei uns selbst anfangen, wenn es darum geht, bessere Beziehungen herzustellen. Wie offen und vorurteilsfrei wir beispielsweise auf andere Menschen zugehen, hängt davon ab, welches Selbstwertgefühl und welches Selbstvertrauen wir haben. Wenn wir uns sicher fühlen, wenn wir uns kennen, wissen, wie wir reagieren und wie wir mit welcher Situation umzugehen haben, sind wir zugänglicher und offener. Haben wir ein schwaches emotionales Selbstvertrauen, »schwimmen« wir, dann haben wir alle möglichen Befürchtungen, welche Gefahren in der Welt und unter Menschen auf uns lauern, und sind entsprechend verschlossen.

Minderwertigkeitsgefühle fallen oft erst in einem Kreis von Menschen auf. Dann bemerken wir plötzlich, wir ziehen uns zurück, werden schüchtern, trauen uns nicht, jemanden anzusprechen, und wollen auch nicht angesprochen werden. Wir fremdeln. Gutaussehende Menschen sehen plötzlich noch besser aus, eloquente Redner stellen wir auf einen Sockel und fühlen uns daneben klein und mickrig. Wir haben Angst, nicht bestehen zu können, und wirken arrogant, weil wir uns abkapseln.

Wer Selbstwertgefühl hat, fühlt sich auch unter vielen Menschen nicht kleiner. Und aus einem starken Selbstwertgefühl heraus können wir ganz anders auf andere zugehen, können uns freundlich und neugierig dem anderen zuwenden.

Deshalb ist es so wichtig, am eigenen Selbstwertgefühl zu arbeiten, wenn wir den Eindruck haben, mit anderen Probleme zu haben. Kinder: »Ich bin überzeugt davon, je genauer wir wissen, wer wir sind (und welches Naturell wir besitzen), desto stabiler und stärker sind wir und, logischerweise, desto offener und kommunikationsfreudiger können wir durchs Leben gehen. Wer das Wissen um die eigene Persönlichkeit und sein emotionales Temperament hat, agiert und reagiert mit einem Gefühl für die eigene Kraft und sein emotionales Selbstvertrauen. Er hat ein Bedürfnis nach Schutz oder Selbstschutz und kann offen sein für andere Menschen und Erfahrungen.[36]

Wichtig in der Kommunikation mit anderen Menschen ist, daß man sich traut, Gefühle zu zeigen, sie nicht nur für sich wahrzunehmen, den anderen darin zu spiegeln. Wie Kinder sagt, zu emotionalen Fähigkeiten im Umgang mit anderen gehört eine gewinnende, »umgängliche Art, die andere Menschen für Sie einnimmt, Selbstvertrauen, ein optimistisches Beharrungsvermögen bei Mißerfolgen und Frustrationen, die Fähigkeit, Aufregungen rasch zu verwinden, und ein unbeschwertes Wesen«.[37]

Einfühlungsvermögen

Um mit anderen Menschen klarzukommen, bedarf es eines gewissen Einfühlungsvermögens. Goleman nennt es Empathie, die Fähigkeit, sich emotional auf andere einzustellen. Voraussetzung dafür ist Offenheit für die eigenen Emotionen. Je besser unsere Selbstwahrnehmung, desto besser können wir uns hineinversetzen, wie der andere sich fühlt.

Wir treffen immer wieder auf Menschen, die sich gefühlsmäßig wie Elefanten im Porzellanladen benehmen, und fühlen uns von ihrem mangelnden Einfühlungsvermögen wie vor den Kopf geschlagen. »Die emotionalen Töne und Akkorde, die sich durch die Worte oder Taten anderer ziehen – der vielsagende Klang einer Stimme, die aufschlußreiche Änderung einer Körperhaltung, das beredte Schweigen oder ein verräterisches Zittern –, entgehen ihnen völlig.«[38] Dabei werden, das weiß man heute, 90 Prozent der gefühlsmäßigen Botschaften nonverbal herübergebracht. Rationale Gedanken drücken wir in Worten aus, Emotionen über Körpersprache, Gesichtsausdruck, Stimmlage und Blick. Es kommt also darauf an, *wie* man etwas sagt, nicht allein, *was* man sagt. »Nur selten fassen Menschen ihre Emotionen in Worte; meistens drücken sie sie auf andere Weise aus. Um die Gefühle eines anderen deuten zu können, muß man nonverbale Zeichen zu deuten wissen.«[39]

Das Einfühlungsvermögen ist übrigens – das wurde in vielen Tests in Amerika immer wieder festgestellt – unabhängig von der akademischen Intelligenz. Einfühlungsvermögen hat eher etwas mit Herzensbildung zu tun. Ich kenne Menschen in einfachsten Verhältnissen, mit denen ich mich aufgrund ihrer emotionalen Fähigkeiten sehr gut verstehe. Mir persönlich ist diese Art des Verstehens auch wichtiger als der Kontakt mit hochgebildeten, aber herzlosen oder uneinfühlsamen Menschen.

Vom Klarsein

Wie oft kommt es vor, daß wir Botschaften aussenden, die der andere nicht verstehen kann. Wir glauben, wenn wir nur unfreundlich blicken, muß der andere doch wahrnehmen, daß uns seine Entscheidung nicht paßt. Oder wir gehen davon aus, er müßte mich eigentlich gut genug kennen, um zu merken, daß mir dies jetzt nicht gefällt. Wir erwarten, daß unsere Wünsche und Bedürfnisse erfüllt werden, ohne klar Stellung bezogen zu haben. Und geschieht dies nicht, sind wir gekränkt.

Nonverbale Botschaften sind wichtig, aber wir dürfen uns nicht alleine darauf verlassen. Im Zusammenleben müssen wir uns um Klarheit uns selbst und anderen gegenüber bemühen. Wir können nicht erwarten, daß der andere erahnt, was in uns vorgeht und was wir wollen. Gerade in der Partnerschaft baut man oft auf dieses blinde Verständnis. Und wenn der andere unsere Botschaft – Nörgeln, Verweigern, Muffeln – falsch interpretiert, sind wir enttäuscht.

Wer nicht zueinanderfindet, weil er sich nicht deutlich machen kann, braucht einen Lehrer. Eine neutrale Person, die hilft, für den anderen zu entschlüsseln, was wirklich gemeint ist. Paartherapie ist so eine Möglichkeit der zielgerichteten Kommunikation. In einer Paartherapie werden das gemeinsame Gespräch und das richtige Zuhören als wichtiges Instrument des gegenseitigen Verstehens gelernt.

Die Diplompsychologin Julia Onken schreibt in ihrem Buch *Geliehenes Glück*: »Das Gespräch ist das wichtigste Instrument. Es gibt keine andere Möglichkeit, als über Gespräche zu klären, zu verstehen, sich zu versöhnen. Nur mit Worten kann ich meine seelische Not und meine Verzweiflung aufzeigen und dem anderen Einblick in mein Inneres geben.«[40] Aber meistens hapert es daran. Wir lassen den anderen nicht ausreden, ereifern uns, beschimpfen uns oder bezichtigen den Partner der Lüge. Viele Männer entziehen sich »klärenden Gesprächen« und schweigen lieber.

Wir sollten uns klarmachen, wie wichtig es ist, die richtigen Worte zu wählen. In der Partnerbeziehung wie in allen anderen Lebensbereichen. Viele Verletzungen geschehen einfach dadurch, daß wir nicht in der Lage sind, passende Worte zu finden. Voraussetzung ist natürlich zu wissen, welches Ziel ich erreichen will. Will ich den anderen strafen, beleidigen oder ihm Vorwürfe machen? Oder will ich erreichen, daß er einsieht und versteht, was ich ihm sagen will? Es ist oft gar nicht so leicht, sich das klarzumachen.

Eine weitere Gefahr lauert darin, daß wir mit Wortschwällen den aussichtslosen Versuch unternehmen, unseren Partner, unser Gegenüber, zu Verhaltensänderungen zu bewegen. Das ist ein Kampf gegen Windmühlenflügel. Ändern müssen wir uns selbst, nicht unseren Partner. Aber wir können mit klärenden Worten erreichen, daß der Partner uns besser versteht, unsere Gefühle besser begreifen kann.

Michael Thiel hat Ratschläge zusammengestellt, wie Sie lernen können, mit Ihrem Partner effektiv zu kommunizieren:

Woran kann ich erkennen, ob die Kommunikation zwischen meinem Partner und mir in Ordnung ist? Folgende Sätze gelten für beide:

– Ich bemühe mich, mich im Gespräch so weit wie möglich in meinen Partner einzufühlen.
– Ich verstehe, was er sagt, ohne es zu interpretieren und zu werten.
– Ich kann auch im Streitgespräch meine Achtung vor ihm, meine Sorgen um ihn und meine Wärme für ihn ausdrükken.
– Ich kann mich im Gespräch echt und ohne Fassade zeigen.
– Wichtig: »Ich« statt »Man« sagen. Persönliche Betroffenheit zeigen. Gute Kommunikation ist gespickt mit Ich-Botschaften.

Das sind natürlich Idealvorstellungen und zeigen eher an, in welcher Richtung man an sich arbeiten muß. Doch diese Gesprächshaltungen sind nicht nur beziehungs- sondern auch gesundheitsfördernd. Dran denken: auf sämtlichen Ebenen gleichmäßig kommunizieren. Sich nicht unterbuttern lassen, aber auch nicht versuchen, den Partner zu dominieren. Es geht darum, sein individuelles Anliegen deutlich zu machen, damit beider Bedürfnisse befriedigt werden.

Die Gespräche müssen nicht immer inhaltsschwer sein. Kommunikationstrainer empfehlen: Auch der Austausch von banal wirkenden Dingen ist bedeutsam, denn der Partner nimmt damit am Leben des anderen teil, wird nicht ausgeschlossen, auch nicht aus dem Alltagsleben.

Gespräche trainieren die Kommunikation zwischen den Partnern. Miteinander reden muß und kann man lernen, es muß aber auch immer wieder trainiert werden. Dazu eignet sich das konfliktfreie Reden über Alltagserlebnisse gut.

So lassen sich Defizite in der Kommunikation überwinden:

- Versuchen Sie, Ihren Partner wirklich zu verstehen. Vermitteln Sie ihm durch Worte, Fragen und Gesten, daß Sie ihn lieben und achten. Aber setzen Sie auch Ihr Anliegen durch. Ohne zu schauspielern, ohne eine Rolle zu spielen.
- Wenn Sie gestritten haben, versuchen Sie, über den Streit zu sprechen. Helfen Sie sich gegenseitig. Nehmen Sie den Partner in jedem Fall ernst, aber nicht immer wörtlich.
- Lachen Sie viel, haben Sie Spaß miteinander. Damit ist nicht das unechte Lachen gemeint, um andere Gefühle zu verbergen. Aber Humor entspannt, nimmt Schärfe aus den Konflikten und ist ein psychisch-körperlicher Gesundbrunnen.
- Der Nährboden für eine gute Kommunikation ist eigenes Erleben. Nur wer etwas erlebt, kann auch etwas mitteilen. Machen Sie nicht alles gemeinsam. Behalten Sie Ihre eigenen Freunde und Hobbies.
- Keiner kann Gedanken lesen. Auch wenn Sie ein eingespieltes Team sind, sprechen Sie auch über Dinge, die Sie »eigentlich« schon für selbstverständlich halten.

Zuhören können

Genauso wichtig, wie die richtigen Worte in der richtigen Situation zu wählen, ist das Zuhören. Die meisten Menschen können nicht richtig zuhören. Sie lassen einen nicht ausreden, schneiden einem das Wort ab, benutzen uns als Stichwortgeber für eigene Geschichten und antworten auf etwas, das man gar nicht gesagt hat. Sie haben nur halb zugehört. Das liegt daran, daß sie automatisch ihre eigenen Wertvorstellungen in die Welt des anderen projizieren. Sie haben im Laufe der Jahre eine bestimmte Sicht der Dinge erworben und gehen unausgesprochen davon aus, daß das die Sichtweise ist, die alle haben. So ist es aber nicht.

Die zweite Fehlerquelle beim Zuhören besteht darin, daß viele Menschen aus einem weitverbreiteten Harmoniebedürfnis heraus der Meinung sind, man müsse letztendlich zu einer Übereinstimmung kommen. Es fällt schwer, eine konträre Ansicht stehenzulassen.

Dabei geht es beim Zuhören darum, sich in die Welt des anderen hineinzuversetzen. Wir alle sind Individuen und haben eine unterschiedliche Sozialisation und Geschichte. Wir sehen die Dinge alle aus anderen Blickwinkeln und mit unterschiedlichen Schwerpunkten und Gewichtungen. Beim Zuhören geht es darum, diesen anderen Blickwinkel zu verstehen. Das kann ich nur, wenn ich nicht in meiner eigenen Position verharre. Ich muß mich vorübergehend davon lösen und durch Nachfragen in eine andere Position hineindenken.

Julia Onken: »Es ist ein Grundbedürfnis des Menschen, verstanden zu werden, und zwar genauso, wie er es meint – ohne irgendwelche Abstriche. Wir sollten lernen, dem anderen so zuzuhören, als gingen wir in eine fremde Wohnung und betrachteten die Gegenstände. Wir gehen nicht einfach hin, hängen Bilder ab oder stellen Möbel um. Wir wissen, das ist die Welt des anderen.«[41]

Wie mir in einer fremden Wohnung beileibe nicht alles gefällt, so muß ich respektieren, wie der andere sich eingerichtet hat. Genauso ist es mit Meinungen, Sichtweisen. Das, was uns nicht gefällt, müssen wir akzeptieren. Wir haben aber die Möglichkeit zu sagen, da bin ich anderer Meinung.

Gerade in Partnerschaften mangelt es häufig an der Fähigkeit, sich in dieser Art und Weise mitzuteilen. Oft sind Mann und Frau darum bemüht, sich den anderen so zu formen, daß er der gleichen Meinung ist, statt ihn zu sehen und zu nehmen, wie er ist. Das sind in der Regel aussichtslose Grabenkämpfe.

Eine Hilfe, sich dem anderen mitzuteilen, ist es, wenn man aus der subjektiven Perspektive heraus spricht, in der Ich-Form. Eine Position, die wir häufig genug übersehen. Wir lieben die Verallgemeinerung und sprechen in der dritten Person, weil wir glauben, so überzeugender zu sein. Doch Verallgemeinerungen sollten wir meiden. Und auch Schuldzuweisungen sind nur dazu angetan, daß der andere sofort abblockt und sich zurückzieht. Teilen wir unsere Empfindungen und Gefühle in Form der Ich-Botschaft mit, hat der andere die Chance, etwas über uns zu erfahren, ohne sich angegriffen zu fühlen. So kann man auch besser über heikle Themen sprechen.

Männer verhalten sich oft gemäß dem Sprichwort »Was ich nicht weiß, macht mich nicht heiß«. Es ist ein Irrtum zu glauben, unausgesprochene Dinge berührten den anderen nicht. Julia Onken meint: »Unausgesprochenes hat eine noch viel größere aber völlig unkontrollierbare Macht und ist deshalb viel gefährlicher. Es gibt genügend Beispiele von Ehepartnern, die körperlich und seelisch auf etwas reagierten, was sie nicht wußten.«[42] Zum Aussprechen gehört jedoch auch, daß der Zuhörer mir das Gefühl gibt, es ist gut aufgehoben, was ich sage. Wer immer befürchten muß, sofort Widerspruch zu erregen, mag natürlich nicht reden.

Eine Reise zum Bewußtmachen von Gefühlen

Sie haben jetzt viel gelesen über unseren Umgang mit unseren Gefühlen, was wir falsch machen, was wir besser machen können. Vielleicht haben Sie entdeckt, daß Sie auch zu den Menschen gehören, die ihre Emotionen noch besser kennenlernen könnten und das auch wollen. Vielleicht befinden Sie sich gerade in einer schwierigen Situation, haben schon lange den Wunsch, etwas für sich zu tun, an sich zu arbeiten. Oder Sie fühlen sich manchmal einfach nicht gut, kennen die beschriebenen körperlichen Anspannungen und Beklemmungen.

Nicht jeder braucht gleich eine Therapie. Meist reicht es aus, sich bewußt Zeit für sich zu nehmen, um in sich zu gehen und zu lauschen, was die innere Stimme zu sagen hat. Um Situationen zu überdenken, mit denen wir unzufrieden waren. Oder einfach aus Neugier, um einen tieferen Kontakt zu unserem Gefühlsleben zu bekommen. Meine Yogalehrerin, die Hamburgerin Sat Hari Kaur Stülpnagel, empfiehlt folgende Entspannungsübung, um in besseren Kontakt zu seinen unterdrückten Gefühlen zu kommen:

Die Übung heißt Reise zum Bewußtmachen von Gefühlen. Sie ist einfach aber wirkungsvoll. Es geht bei dieser Reise um die »negativen« Gefühle, die wir gelernt haben wegzublenden. Die Gefühle, die sich uns z. B. in diffusem Druck auf der Brust, Kloß im Hals oder Atemnot zeigen und die wir nicht klar benennen können.

Ein ruhiges Zimmer ist für diese Übung empfehlenswert. Sie können sich die Übung von einer vertrauten Person vorlesen lassen. Wenn Sie sie allein machen wollen, besprechen Sie sich vorher eine Kassette. Bei den Pausen im Text sollte der oder die Vorlesende langsam bis zehn zählen, damit Sie das Bild auf sich wirken lassen können.

Als erstes nehmen Sie eine Ruhestellung ein. Sie können sitzen oder liegen. Schließen Sie die Augen. Dadurch können Sie sich besser auf innere Vorgänge einstellen.

Natürlich haben Sie alle vermeidbaren Störquellen wie Telefon oder Hausklingel abgestellt und sich so eine Insel der Ruhe geschaffen. Sie sollten sich zudecken, damit Ihnen nicht kalt wird und Sie nicht durch Frieren in ihrer Konzentration gestört werden.

Übung:

Du fühlst deinen Körper bewußt und intensiv.

Pause.

Du fühlst den intensiven Kontakt zum Boden (Stuhl oder Bett).

Pause.

Du bist ganz ruhig.

Pause.

Dein Atem ist tief, lang und gleichmäßig.

Pause.

Du entspannst dich tiefer und tiefer.

Pause.

Konzentriere dich auf das Gefühl, das dein Unwohlsein auslöst.

Pause.

Du bist ganz ruhig und entspannt.

Pause.

Gehe tief in das Gefühl hinein.

Pause.

Versuche, dem Gefühl einen Namen zu geben. Vielleicht ist es Wut, Trauer, Enttäuschung.

Pause.

Begrüße dein Gefühl und betrachte es genau.

Pause.

Frage, was dir dein Schmerz sagen will.

Pause.

Nimm dir Zeit, die Botschaft wahrzunehmen.

Pause.

Nimm Abschied von deinem Gefühl und entscheide, wie du damit umgehen willst.

Längere Pause.

Nach dieser Übung atmen Sie tief durch. Ballen Sie die Fäuste. Recken und strecken Sie sich.

Öffnen Sie die Augen und stehen Sie langsam auf.

Sprechen Sie über ihre Gefühle und Gedanken, schreiben Sie sie auf oder drücken Sie sie in einem Bild aus. Negative Gefühle tragen eine Botschaft. Tränen können ein Zeichen von Entspannung sein. Alle Gefühle sind da, um Sie zu schützen.

Anmerkungen

Vorwort

1 Daniel Goleman: EQ, München 1996, S. 12.

Wie wir funktionieren

1 Klaus Lange: Herz, was sagst du mir?, Stuttgart 1991, S. 10.
2 Klaus Lange, a.a.O., S. 11.
3 Klaus Lange, a.a.O., S. 12.

Welche Irrtümer unser Denken beherrschen

1 Melvyn Kinder: Machen Sie das Beste aus Ihren Stimmungen, München 1996, S. 37.
2 Melvyn Kinder, a.a.O., S. 38 ff.
3 Melvyn Kinder, a.a.O., S. 41.
4 Melvyn Kinder, a.a.O., S. 44.
5 Melvyn Kinder, a.a.O., S. 50.
6 Melvyn Kinder, a.a.O., S. 53.
7 Melvyn Kinder, a.a.O., S. 56.
8 Melvyn Kinder, a.a.O., S. 58.
9 Melvyn Kinder, a.a.O., S. 61.
10 Melvyn Kinder, a.a.O., S. 61.
11 Melvyn Kinder, a.a.O., S. 64.
12 Thorwald Dethlefsen: Schicksal als Chance, München 1979, S. 69.
13 Thorwald Dethlefsen, a.a.O., S. 69.
14 Stern 15/94, S. 47.
15 Melvyn Kinder, a.a.O., S. 50.
16 Thorwald Dethlefsen, a.a.O., S. 71.
17 Melvyn Kinder, a.a.O., S. 45.
18 Melvyn Kinder, a.a.O., S. 53.

Über Frauengefühle und Männergefühle

1 Daniel Goleman, a.a.O., S. 169.
2 Wilhelm Johnen: Die Angst des Mannes vor der starken Frau, Frankfurt 1992, S. 86.
3 Wilhelm Johnen, a.a.O., S. 86.
4 Wilhelm Johnen, a.a.O., S. 90.
5 Ute Ehrhardt: Gute Mädchen kommen in den Himmel, böse überall hin, Frankfurt 1995, S. 11.
6 Harriet Goldhor Lerner: Wohin mit meiner Wut?, Frankfurt 1990, S. 9.
7 Harriet Goldhor Lerner, a.a.O., S. 9.
8 Harriet Goldhor Lerner, a.a.O., S. 11.
9 Harriet Goldhor Lerner, a.a.O., S. 12.
10 Harriet Goldhor Lerner, a.a.O., S. 10.

Vom Umgang mit Gefühlen

1 Daniel Goleman, a.a.O., S. 33.
2 Daniel Goleman, a.a.O., S. 41.
3 Daniel Goleman, a.a.O., S. 41.
4 Kurt Tepperwein: Krise als Chance, München 1995, S. 92.
5 Kurt Tepperwein, a.a.O., S. 92.
6 Kurt Tepperwein, a.a.O., S. 92.
7 Kurt Tepperwein, a.a.O., S. 93.
8 Kurt Tepperwein, a.a.O., S. 93.
9 Kurt Tepperwein, a.a.O., S. 94.
10 Melvyn Kinder, a.a.O., S. 105.
11 Daniel Goleman, a.a.O., S. 271.
12 Jerome Kagan: Galen's Prophecy, New York 1994.
13 Daniel Goleman, a.a.O., S. 271.
14 Daniel Goleman, a.a.O., S. 278.
15 Daniel Goleman, a.a.O., S. 283.
16 Philip Golabuk: Herzkitt, Hamburg 1995, S. 78.
17 Philip Golabuk, a.a.O., S. 80.
18 Philip Golabuk, a.a.O., S. 81.
19 Philip Golabuk, a.a.O., Klappentext.
20 Philip Golabuk, a.a.O., S. 62.
21 Philip Golabuk, a.a.O., S. 74.
22 Philip Golabuk, a.a.O., S. 74.
23 Philip Golabuk, a.a.O., S. 65.
24 Philip Golabuk, a.a.O., S. 82.
25 Philip Golabuk, a.a.O., S. 172.
26 Philip Golabuk, a.a.O., S. 171.

27 Philip Golabuk, a.a.O., S. 19.
28 Regine Schneider: Krisen als Chancen, Frankfurt 1996, S. 158.
29 Regine Schneider, a.a.O., S. 158.
30 Regine Schneider: Powerfrauen, Frankfurt 1993, S. 59.
31 Klaus Lange, a.a.O., S. 130.
32 Thorwald Dethlefsen/Rüdiger Dahlke: Krankheit als Weg, München 1983, S. 65.
33 Thorwald Dethlefsen/Rüdiger Dahlke, a.a.O., S. 65.
34 Thorwald Dethlefsen/Rüdiger Dahlke, a.a.O., S. 21.

Wenn Emotionen krank machen

1 Susan Forward: Vergiftete Kindheit, München 1990, S. 34.
2 Susan Forward, a.a.O., S. 39.
3 Susan Forward, a.a.O., S. 40.
4 Susan Forward, a.a.O., S. 101.
5 Susan Forward, a.a.O., S. 104.
6 Susan Forward, a.a.O., S. 106.
7 Susan Forward, a.a.O., S. 138.
8 Susan Forward, a.a.O., S. 143.
9 Susan Forward, a.a.O., S. 144.
10 Focus 8/94, S. 38.
11 Spiegel 35/90, S. 178.
12 Hamburger Morgenpost, 2. 6. 95, S. 5.
13 Andrea Ernst/Sabine Stampfel: Kinderreport, Köln 1991, S. 11.
14 Daniel Goleman, a.a.O., S. 7.
15 Daniel Goleman, a.a.O., S. 8.
16 Stern 26/96, S. 24.
17 Stern 26/96, S. 24.
18 Stern 26/96, S. 26.
19 Daniel Goleman, a.a.O., S. 329.
20 Daniel Goleman, a.a.O., S. 56.
21 Andreas Huber: EQ, München 1996, S. 38.
22 Stern 20/96, S. 36.
23 Stern 21/96, S. 58.
24 Stern 21/96, S. 59.

Von der Arbeit an sich selbst

1 Regine Schneider: Powerfrauen, S. 114.
2 Men's Health 9/96, S. 14.
3 Regine Schneider: Powerfrauen, S. 114.

4 Regine Schneider, a.a.O., S. 115.

5 Regine Schneider, a.a.O., S. 115.

6 Regine Schneider, a.a.O., S. 116.

7 Doris Märtin/Karin Boeck: EQ. Gefühle auf dem Vormarsch, München 1996, S. 69.

8 Daniel Goleman, a.a.O., S. 117.

9 Daniel Goleman, a.a.O., S. 112.

10 Daniel Goleman, a.a.O., S. 79.

11 Daniel Goleman, a.a.O., S. 80.

12 Daniel Goleman, a.a.O., S. 80.

13 Daniel Goleman, a.a.O., S. 86.

14 Daniel Goleman, a.a.O., S. 88.

15 Harriet Goldhor Lerner, a.a.O., S. 97.

16 Harriet Goldhor Lerner, a.a.O., S. 99.

17 Doris Märtin/Karin Boeck, a.a.O., S. 44.

18 Daniel Goleman, a.a.O., S. 45.

19 Philip Golabuk, a.a.O., S. 32.

20 Philip Golabuk, a.a.O., S. 31.

21 Philip Golabuk, a.a.O., S. 32.

22 Philip Golabuk, a.a.O., S. 33.

23 Psychologie Heute 8/96, S. 22.

24 Psychologie Heute 8/96, S. 23.

25 Psychologie Heute 8/96, S. 26.

26 Harriet Braiker: Giftige Beziehungen, Frankfurt 1992, S. 24.

27 Harriet Braiker, a.a.O., S. 296.

28 Melvyn Kinder, a.a.O., S. 306.

29 Melvyn Kinder, a.a.O., S. 307.

30 Daniel Goleman, a.a.O., S. 268.

31 Daniel Goleman, a.a.O., S. 269.

32 Daniel Goleman, a.a.O., S. 268.

33 Melvyn Kinder, a.a.O., S. 35.

34 Melvyn Kinder, a.a.O., S. 351.

35 Melvyn Kinder, a.a.O., S. 351.

36 Melvyn Kinder, a.a.O., S. 353.

37 Melvyn Kinder, a.a.O., S. 323.

38 Daniel Goleman, a.a.O., S. 127.

39 Daniel Goleman, a.a.O., S. 128.

40 Julia Onken: Geliehenes Glück, München 1992, S. 219.

41 Julia Onken, a.a.O., S. 214.

42 Julia Onken, a.a.O., S. 214.

Literaturverzeichnis

Braiker, Harriet: Giftige Beziehungen, Frankfurt 1992

Dethlefsen, Thorwald: Schicksal als Chance, München 1979

Dethlefsen, Thorwald / Rüdiger Dahlke: Krankheit als Weg, München 1983

Ehrhardt, Ute: Gute Mädchen kommen in den Himmel, böse überall hin, Frankfurt 1995

Ernst, Andrea / Sabine Stampfel: Kinderreport, Köln 1991

Focus 8/94

Forward, Susan: Vergiftete Kindheit, München 1990

Goleman, Daniel: EQ. Emotionale Intelligenz, München 1996

Golabuk, Philip: Herzkitt, Hamburg 1995

Hamburger Morgenpost, 2. 6. 1995

Huber, Andreas: EQ, München 1996

Johnen, Wilhelm: Die Angst des Mannes vor der starken Frau, Frankfurt 1992

Kagan, Jerome: Galen's Prophecy, New York 1994

Kinder, Melvyn: Machen Sie das Beste aus Ihren Stimmungen, München 1996

Lange, Klaus: Herz, was sagst du mir?, Stuttgart 1991

Lerner, Harriet Goldhor: Wohin mit meiner Wut?, Frankfurt 1990

Märtin, Doris / Karin Boeck: EQ. Gefühle auf dem Vormarsch, München 1996

Men's Health 9/96

Onken, Julia: Geliehenes Glück, München 1992

Psychologie Heute 8/96

Schneider, Regine: Krisen als Chancen, Frankfurt 1995

Schneider, Regine: Powerfrauen, Frankfurt 1993

Spiegel 35/90

Stern 15/96, 20/96, 21/96, 26/96

Tepperwein, Kurt: Krise als Chance, München 1995

Regine Schneider / Bärbel Raulf

Nimm die Männer, wie sie sind – es gibt keine anderen

Partnersuche in der Lebensmitte

254 Seiten. Broschur

Warum haben gerade selbstbewußte, erfolgreiche und gutaussehende Frauen um die Vierzig Schwierigkeiten, den richtigen Mann zu finden? Schenkt man den Statistiken Glauben, gibt es in jeder Altersstufe nicht weniger Singlemänner als Singlefrauen. Dennoch haben viele Frauen das Gefühl, den passenden Partner nicht finden zu können. Sie schalten Anzeigen, gehen auf Singletreffen, sehen sich im Kollegenkreis um, doch kein Mann entspricht ihren Vorstellungen. Sie haben ein genaues Bild von ihrem Wunschpartner und der Beziehung, die sie führen wollen. Treffen sie dann auf einen potentiellen Partner, kommt es meist zu einer Enttäuschung. Der vermeintliche Traumprinz entpuppt sich als Reinfall.

Tatsächlich haben viele Frauen um die Vierzig ein falsches Beziehungsideal. Weil sie selbst so vieles erreicht haben und zu Recht stolz auf sich sein können, soll auch der Mann an ihrer Seite perfekt sein. Dabei übersehen sie, daß sie selbst nicht frei von Schwächen und Fehlern sind. Der Weg aus diesem Dilemma ist die Erkenntnis, wie widersprüchlich das eigene Denken und Verhalten ist. Die Autorinnen zeigen, wie sich Ansprüche und Realität vereinbaren lassen und Frauen das ersehnte Glück zu zweit finden können.

Wolfgang Krüger Verlag

Regine Schneider

Entdecken, was wirklich zählt

Das Konzept der Neuen Bescheidenheit

223 Seiten. Broschur

Die goldene Ära des Wirtschaftswachstum ist vorbei, der erwartete Aufschwung scheint eine trügerische Hoffnung gewesen zu sein. Bescheidenheit, Sparsamkeit, freiwillige Selbstbeschränkung und den Gürtel enger schnallen sind nicht nur für die vielen Arbeitslosen die Schlagworte unserer Zeit. Immer mehr Menschen sind gezwungen, ihre Ansprüche zurückzuschrauben und mit dem Vorhandenen hauszuhalten. Das ist die eine Seite.

Auf der anderen Seite hat der übermäßige Konsum unserer Überflußgesellschaft groteske Züge angenommen. Zur Not der Konsumenten, alles zu haben, kommt die Not der Produzenten, kaum noch etwas verbessern zu können. Marktforscher und Soziologen stellen einen zunehmenden Überdruß am Überfluß fest – die einen haben genug von all dem teuren Zeug, die anderen haben zu wenig Geld, um im Konzert des fröhlichen Ausgebens mitzuspielen. Bescheidenheit ist wieder angesagt, ganz gleich, ob erzwungen oder freiwillig. Einfachheit ist selbst bei denen angesagt, die sich noch alles leisten könnten, es aber inzwischen unmoralisch finden, ihren Reichtum zur Schau zu stellen.

Wolfgang Krüger Verlag

Regine Schneider

Krisen als Chancen

Zur Bewältigung scheinbar auswegloser Situationen

Band 14084

Das Gefühl kennen populäre Spitzensportler ebenso wie stille Angestellte, Models und Politiker ebenso wie Hausfrauen und Mütter: Die Angst, vor einer großen Leere zu stehen, vor Veränderungen, die dazu zwingen, den Lebensplan von einem Tag auf den nächsten völlig umstellen zu müssen, die Angst vor dem Leben »danach«. Der Abschied von einer Sache, mit der man sich völlig identifiziert hat, ob im Beruf oder im privaten, ist sehr schmerzhaft. Dabei geht es einer Monica Seles, die nach der Attacke eines Fanatikers zwei Jahre nicht mehr ihrem Beruf nachgehen konnte, nicht anders als dem Arbeitnehmer vor dem Ruhestand, einer prominenten Mutter wie Isabel Allende nach dem Tod ihrer Tochter nicht anders, als dem, der nach langjähriger Partnerschaft plötzlich allein ist: Was tun, wenn das alte Leben unwiderruflich vorbei ist und das neue noch nicht begonnen hat? Regine Schneider zeigt, daß die Angst vor einem Neuanfang ganz verständlich ist. Entscheidend aber ist, diese Angst anzunehmen und zu überwinden.

Fischer Taschenbuch Verlag

Regine Schneider

Gute Mütter arbeiten

Ein Plädoyer für berufstätige Frauen

Band 13623

Schuldgefühle – wohl jede berufstätige Mutter hat sie. Frauen fühlen sich als schlechte Mütter, wenn sie ihre Kinder nicht rund um die Uhr selbst betreuen. Dies, so drohen Experten, verursache Fehlentwicklungen und Persönlichkeitsstörungen. Der Mythos, daß eine gute Mutter zu ihrem Kind gehöre, diszipliniert alle Mütter und beordert sie, vor allem wenn Arbeitsplätze knapp werden, zurück in die Küche. Die Autorin räumt umfassend und gründlich mit diesem Muttermythos auf und weist nach, daß Kinder zufriedene Mütter brauchen, die eigene Interessen haben. Kinder benötigen verschiedene Bezugspersonen, den Kontakt zu anderen Kindern und ihren eigenen Freiraum. Das Fazit: Kinder berufstätiger Mütter sind selbstbewußter, selbständiger und verantwortungsvoller als Kinder von Vollzeitmüttern.

Fischer Taschenbuch Verlag

Regine Schneider
Powerfrauen
Die neuen Vierzigjährigen
Band 12946

Natürlich ist die Mitte des Lebens mit Veränderungen verbunden. Auch mit unangenehmen. Die Krise, die viele Frauen während dieser Zeit erfaßt, wird heute jedoch zur bewußten Bilanzierung genutzt. Sie wird als Chance begriffen, Weichen anders zu stellen, und als Möglichkeit, etwas Neues anzufangen. Viele Frauen stellen um 40 ihr bisheriges Leben völlig in Frage, beginnen eine Therapie, lassen alte, unbrauchbare Muster hinter sich und finden heraus, was ihnen persönlich am besten entspricht. Sie stellen sich Entscheidungen, packen Probleme an und finden ein neues Selbstbewußtsein. In der Folge lassen sie oft verkrustete Beziehungen hinter sich, leben allein oder gründen erst jetzt eine Familie. Sie verabschieden die Kinder aus dem Haus oder bekommen ihr erstes Baby. Sie geben eine Karriere auf oder legen nach der Familienpause erst richtig los. In Protokollen erzählen Frauen von ihren Veränderungen, ihren Krisen und was sie daraus gemacht haben. Dazu gehört jeweils ein Theorieteil, der sich mit der Bedeutung der Lebensmitte, mit Themen, die in dieser Zeit anstehen, befaßt.

Fischer Taschenbuch Verlag

Regine Schneider / Clemens von Luck

Schwiegermütter/Schwiegertöchter

Eine schwierige Beziehung

Band 13198

Wie wird die Mutter heute zur Rivalin? Blickt man in die vielfach erschienenen »Männerbücher«, findet man das Ergebnis: durch die herrschenden Familienverhältnisse. Der Vater ist den ganzen Tag abwesend, abends will er seine Ruhe. Die Folge: Symbiose mit der Mutter, Distanz zum Vater. Die Mutter ist es, die den Sohn erzieht, die seine Entwicklung zum Mann bestimmt, die ihn prägt. Die Möglichkeit, stabile Bindungen zu Mutter *und* Vater gleichzeitig zu leben, bietet sich selten. Der Sohn schafft es in dieser Konstellation nur schwer, sich von der Mutter zu lösen, sich zu distanzieren und sich unabhängig zu machen. Die niederschmetternde Bilanz: Die Schwiegertöchter sind die Leidtragenden, denn durch diese Konstellation sind Konflikte mit der Mutter des Ehemannes vorprogrammiert. Gerade dort, wo der Sohn sich von der Mutter befreit glaubt – in der Ehe –, werden die Probleme besonders deutlich.

Fischer Taschenbuch Verlag

fi 1744 / 1

Clemens von Luck

Innere Kündigung in Beziehungen

Vom allmählichen Rückzug in sich selbst

Band 13831

Wer kennt es nicht, das Klischee vom alten Ehepaar, von zwei
Menschen, die sich nach langen gemeinsamen Jahren aufeinander
»eingespielt« haben und gegenseitig in Ruhe lassen? Doch wenn
man genauer hinschaut, fällt auf, daß heute immer mehr und immer jüngere Paare diesem Bild entsprechen.

Seit einigen Jahren hat dieses stark tabuisierte und deshalb schwer
zu durchschauende Phänomen zumindest im Berufsleben einen
Namen: die ›Innere Kündigung‹. Innere Kündigung beginnt immer mit einem Rückzug – weil einer der Partner sich als zu über-
mächtig erweist, Perspektiven verlorengehen oder Alternativen
nicht erkennbar sind –, und sie endet mit einer Fassade, die den
Zugang zu den eigenen Bedürfnissen und denen des anderen mehr
und mehr versperrt.

Clemens von Luck beschreibt das weitverbreitete und zugleich
äußerst diskrete Phänomen in allen seinen Spielarten im Privat-
und Berufsleben. Dabei geht es nicht um die Frage, ob eine innere
Kündigung berechtigt ist oder nicht, als vielmehr um das Mach-
bare, Veränderbare und eine mögliche Wende zum Besseren.

Fischer Taschenbuch Verlag

Eva Wlodarek

Mich übersieht keiner mehr

Größere Ausstrahlung gewinnen

Band 14458

Sie wird umschrieben als »ein geheimnisvoller Zauber«, »das gewisse Etwas, das Menschen auf uns aufmerksam macht« oder als »eine Art Harmonie«. Und obwohl sie für jeden im Detail etwas anderes bedeutet, so wissen wir doch alle: Unsere positive Ausstrahlung bestimmt unser Auftreten. Mit ihr steht und fällt unsere Wirkung auf andere, sie ist damit die Voraussetzung für Erfolg in allen Bereichen des Lebens.

Doch wer ist schon richtig glücklich mit seiner Ausstrahlung? Frauen jeder Bildungsstufe, jeder Altersgruppe und jeglichen Aussehens haben Probleme. Sie zweifeln an sich selbst und an ihrer Wirkung auf andere. Sie stellen ihr Licht unter den Scheffel. Sie sind sich ihrer eigenen Wirkung nicht bewußt und reagieren mit Staunen, wenn sie ein positives oder negatives Feedback bekommen.

Die Autorin bietet das psychologische und praktische Know-how, um an der eigenen Ausstrahlung zu arbeiten. In zehn Schritten lernen Sie, Ihre persönliche Ausstrahlung zu entwickeln.

Fischer Taschenbuch Verlag

Eva Wlodarek

Den richtigen Mann finden

Sechs Schritte zur passenden Partnerschaft

Band 14080

Ob wir den Mann fürs Leben finden, liegt nicht an den äußeren
Umständen, sondern vielmehr an uns selbst. Haben wir mög-
licherweise »blinde Flecke«? Kennen wir uns nicht gut genug?
Leiden wir an einer unbewußten Zwiespältigkeit? Verlieben wir
uns immer in den Falschen, oder fehlt uns das Know-how, einen
Mann kennenzulernen? Das läßt sich ändern!

Eva Wlodareks Programm in sechs Schritten hilft Ihnen, durch
bessere Selbsterfahrung den passenden Partner zu finden. Zu jedem Schritt bietet Eva Wlodarek den Leserinnen Übungen, psychologische Informationen und Ratschläge. Ein Buch für alle, die
ernsthaft Schluß machen wollen mit dem Alleinsein!

Fischer Taschenbuch Verlag

Ellen M. Zitzmann

Keine Lust auf Frust

Mehr Lebensfreude gewinnen

Band 14324

Frust ist ein Alltagsphänomen. Er entsteht, wenn unsere Bedürfnisse und Erwartungen nicht so befriedigt werden, wie wir uns dies gewünscht, erträumt, ersehnt haben, wenn wir also gezwungen werden, auf etwas zu verzichten, oder weil wir uns selbst Wünsche versagen. Die Welt wird nie aufhören, uns mit Situationen zu konfrontieren, die wir nicht mögen, die uns Angst machen, in Wut versetzen, die uns belasten. Aber wie gehen wir mit Situationen um, die uns bedrücken?

Dieser Ratgeber leitet uns zum einen dazu an, unseren persönlichen Frust und unsere bisherigen Strategien im Umgang mit Frust zu erkennen. Zum anderen zeigt er uns, wie wir den konstruktiven, kreativen und flexiblen Umgang mit diesem alltäglichen Problem erlernen können.

Fischer Taschenbuch Verlag

fi 1742 / 1

Wilhelm Johnen

Die Angst des Mannes vor der starken Frau

Einsichten in Männerseelen

Band 12269

Männer haben vielerlei Ängste. Diese Ängste werden geleugnet, kaschiert und verdrängt, denn sie widersprechen immer noch dem sozialen Anspruch an Männlichkeit. Es besteht eine Verbindung zwischen der Stärke der Frauen (die immer vorhanden war, die sich heute aber deutlicher zeigt) und den zunehmenden Ängsten von Männern.

Das Buch zeigt, woraus die ›Stärke‹ der Frauen resultiert, und daß die Ängste der Männer große Hindernisse bilden auf dem Weg zu gleichberechtigten Partnerschaften. Ein unsicherer Mann braucht die Unterlegenheit der Frau, um seinen versteckten Selbstzweifeln zu entkommen. Hört eine Frau auf, dem Mann Signale ihrer Unterwerfung zu übermitteln, erlebt er dies als Liebesentzug – und ihm bleiben nur noch Flucht oder Aggression.

Durch den Verfall typisch männlicher Werte wie Macht und Aggression in unserer Gesellschaft, die zunehmend ersetzt werden durch eher weibliche wie Kooperation und Kommunikation, entsteht bei Männern nicht nur Verunsicherung, sondern auch eine immer weniger verdeckte Rivalität zwischen den Geschlechtern.

Fischer Taschenbuch Verlag

fi 805 / 7

Ruth Morgan Raffaeli

Wenn die Liebe zur Hölle wird

Eine zerstörerische Beziehung erkennen und ihr entkommen

Aus dem Amerikanischen von Vera Pagin
236 Seiten. Broschur

Mißbrauch beginnt mit Angriffen auf die Seele und Würde der Frau und endet im schlimmsten Fall mit brutaler körperlicher Gewalt. Jede Frau sollte über Mißbrauch in Beziehungen informiert sein. Denn das Wissen, wie man sich wehrt, kann ihr Selbstbewußtsein, ihre Gesundheit und letztlich ihr Leben retten.

Das Buch bietet Tests, Fallstudien und Beispiele, die es Ihnen ermöglichen, Ihre eigene Beziehung zu überprüfen und festzustellen, ob Sie mit einem potentiell gewalttätigen Partner zusammen sind. Ruth Morgan Raffaeli zeigt die Möglichkeiten auf, dieser Situation zu entkommen und das eigene Selbstwertgefühl zurückzugewinnen. Zugleich wendet sich die Autorin an Freunde und Verwandte, die dem Opfer häuslicher Gewalt helfen wollen, aber nicht wissen, wie sie ihre Hilfe anbieten sollen.

Wolfgang Krüger Verlag

fi 1755 / 1